Doktor Louis Glackemeyer

in

Hannover

und

sein Kampf gegen die Organisation und die Grundlehren

von

Schulze-Delitzsch.

Nach Doktor Glackemeyers Schriften und Aufsätzen

im Lichte der Wahrheit

dargestellt

von

Ludolf Parisius.

Ein Beitrag zur Geschichte der deutschen Genossenschaftsbewegung.

„Theorie und Praxis stimmen immer überein, und wenn ein scheinbarer Widerspruch zwischen ihnen besteht, so ist entweder die Theorie **nicht richtig oder die Praxis faul.**“

Schulze-Delitzsch 23. Aug. 1869).

Berlin.
J. Guttentag, Verlagsbuchhandlung.
1894.

Inhaltsverzeichniß.

Erstes Kapitel.

Etwas über Entstehung dieser Schrift.

Das Widerwärtige mußt du besiegen,
Sonst wirst du immer unterliegen;
So oft du ihm auch weichest aus,
Es kommt dir dennoch immer ins Haus.
Hoffmann von Fallersleben.

Wie ich dazu komme, Dr. Louis Glackemeyer in Hannover den deutschen Genossenschaften im Lichte der Wahrheit vorzuführen, ist bald erzählt. Nach dem, was ich 1886 und 1887 nach zwei Verbandstagen des Niedersächsischen Unterverbandes erlebte, die ich als Vertreter des Anwaltes des deutschen Genossenschaftsverbandes besucht hatte, kam ich im September 1887 zu dem Entschlusse, fortan Herrn Dr. Louis Glackemeyer, wie man zu sagen pflegt, „als Luft" anzusehen. Nach meinen Grundsätzen und Lebensanschauungen war es mir nicht mehr möglich, persönlich mit ihm zu verkehren. Selbstverständlich habe ich ihm auf Genossenschaftstagen in öffentlicher Diskussion, wo es mir erforderlich erschien, sachlich geantwortet, — aber sonst existirte er für mich nicht. Die Gründe dieses Verhaltens werde ich nicht umhin können, später darzulegen.

Den „Credit-Verein", den Dr. Louis Glackemeyer seit Inkrafttreten des neuen Genossenschaftsgesetzes, seit Oktober 1889 veröffentlicht, las ich nicht, und wenn mir befreundete Genossenschafter auf Unterverbandstagen Nummern vorlegten mit der Bemerkung, daß sich der Herausgeber darin in seiner Manier mit meiner Person beschäftige, so wies ich die Lektüre des Blattes zurück, da ich grundsätzlich verschmähe, es zu lesen. Seit Gründung des Niedersächsischen Verbandes standen die beiden Herren, die als unbesoldete Mitglieder des Magistrats ihres Wohnortes gemäß der hannoverschen Städteordnung den stolzen Titel Senatoren führen, der Doktor Louis Glackemeyer von Hannover und der Buchhändler (Buchdrucker) Hermann Schulze von Gifhorn an der Spitze des Verbandes; alljährlich vor und nach der Einreihung des Verbandes in den allgemeinen Verband wurden sie auf dem Unterverbandstage durch Acclamation einstimmig wiedergewählt, Dr. Glackemeyer als Verbandsdirektor trotz Sträubens und Schulze-Gifhorn als sein Stellvertreter ohne Sträuben. Als diese Herren im Sommer 1891 den Austritt des Verbandes aus dem allgemeinen Verbande beschließen ließen, meinte ich noch weniger nöthig zu haben, mich um sie zu kümmern.

Da beschloß im Frühjahr 1893 (7. April) der engere Ausschuß unseres Verbandes einen Antrag „gegen die auf Abbröckelung vom Allgemeinen Verbande und Scheidung zwischen Kredit- und Konsum-Vereinen gerichteten Bestrebungen der Gegner" auf die Tagesordnung des Allgemeinen Genossenschaftstages zu setzen und den Verbandsdirektoren diesen Punkt als

Gegenstand der Vorberathung der Unterverbandstage zu empfehlen. Da ich vom Anwalt Schenck aufgefordert war, ihn auf sechs Unterverbandstagen zu vertreten und mich dazu bereit erklärt hatte, war es mir unbequem, daß ich über jene Bestrebungen, soweit sie in Dr. Glackemeyers Credit-Verein betrieben wurden, nicht durch Lektüre des Blattes unterrichtet war, indessen hielt ich es doch nicht für nothwendig, deshalb meinem Vorsatz, Dr. Glackemeyers Blatt nicht zu lesen, untreu zu werden. Da bekam ich auf dem Unterverbandstage der Rheinisch-Westfälischen Kreditvereine zu Karden an der Mosel (25. Juni 1893) ein Druckexemplar des von „Hannover" im Juni 1893 datirten „an die Creditgenossenschaften Deutschlands!" gerichteten Aufrufs zu lesen, in welchem zur Anbahnung einer freien Vereinigung der Kreditvereine Deutschlands zu einer Versammlung aller Kreditgenossenschaften „jedes Namens und jedes Systems" auf den 12., 13. und 14. August nach Hannover einluden

„mit genossenschaftlichem Gruße ergebenst
Die Creditgenossenschaften in:"

(Es folgten 201 Namen von Ortschaften des Deutschen Reiches.*)

---

*) Zur Erleichterung der Erforschung der Wahrheit will ich hier die sämmtlichen Ortsnamen mittheilen. Die Unterschrift lautet: Die Creditgenossenschaften in: Aerzen. Alpirsbach. Alt-Rahlstedt. Amberg. Angstedt. Arnstein. Aschersleben. Auma. Aurich. Atzenhausen. Babenhausen. Ballenstedt. Bartenstein. Bayreuth. Bergedorf. Berlin (3 Genossenschaften). Bockenem. Bodenwerder. Brakel. Breslau. Brotterode. Brome. Bruchsal. Buer. Calw. Celle. Charlottenburg. Coburg. Coerrenzig. Cottbus. Crailsheim. Crefeld. Crone a./Br. Curhaven. Delmenhorst. Diez. Dissau. Dornberg. Dresden. Driedorf. Einbeck. Ellwangen. Elmshorn. Elsfleth. Elsterwerda. Erfurt (2 Vereine). Esens. Fallersleben. Finkenwärder. Forchheim (bei Karlsruhe). Franzburg. Freiburg a. U. Friedeberg N.M. Fürstenwalde a. Spree. Gehrden. Geilsdorf. Geislingen. Gelenau. Gieselwerder. Gießen (1 Verband). Gifhorn. Glan-Münchweiler. Gmünd. Göppingen. Gottleuba. Groß-Gerau. Großheirath. Groß-Rhüden. Groß-Bottwar. Grünberg i. Hessen. Gütersloh. Hagenburg. Hagnau. Hamburg (3 Genossenschaften). Hameln. Hankensbüttel. Hannover (3 Genossenschaften). Haigerloch. Harburg (2 Genossenschaften). Heidelberg. Helmershausen. Helmstedt. Hermannsburg. Hiltrup. Hirschberg. Homberg. Holzhausen. Holzminden. Hünfeld. Ichtershausen. Jülich. Kempen. Kirchen a. Sieg. Kirchwärder. Königsberg i. Pr. Kreuzburg O.-Schl. Künzelsau. Kupferzell. Laboe. Lage i. L. Landsberg a. W. Langenbrücken. Leer. Lehrte (2 Genossenschaften). Leobschütz. Leubsdorf. Lemförde. Liegnitz. Linden. Lindhorst. Lorsch. Luckau. Ludwigsburg. Lüneburg. Magdeburg. Marienwerder. Meerane. Meinersen. Memel. Mengen. Metzingen. Meuselbach. Mohrungen. Mühlberg a. E. Münsterberg Naugard. Neuhaus a. E. Neu-Ruppin. Neustadt a. R. Neuwied. Niebüll. Nienburg a. S. Norden. Ober-Mockstadt. Ober-Sitzko. Ober-Stedten. Oehringen. Oldenburg i. H. Osterode. Passau. Pfaffendorf. Pirmasens. Polle. Potschappel. Prichsenstadt. Querfurt. Radeberg. Rathenow. Raudten. Riedlingen a. D. Rodenberg. Roebel. Rottweil. Sasbach. Schandau. Schivelbein. Schmalkalden. Schmiedeberg. Schorndorf. Schramberg. Schwarmstedt. Schwedt a. O. Schwerin. Schwerzen. Seelow. Seesen. Senftenberg. Siegburg. Soldin. Sommerfeld. Stadthagen. Steinhude. Suhl. Tarnowitz. Tettau. Tettnang. Teutschenreuth. Thiengen. Treffurt. Treis a. d. Mosel. Treptow a. T. Treuen i. V. Tuchel. Tuttlingen. Vaihingen. Varel. Verden. Vernawahlshausen. Viernheim. Vorsfelde. Waiblingen. Waibstadt. Waldsee. Wandsbeck. Weilmünster. Weingarten. Weinheim. Werder a. H. Wertheim. Wiedensahl. Wildbad. Winsen a. A. Woldegk. Wollstein. Wollmirstedt. Zell i. W. Ziegenhals.

Dieser Aufruf war augenscheinlich ein eigenartiges Machwerk Louis Glackemeyerscher Schlauheit behufs „Abbröckelung" möglichst vieler Kreditvereine vom Allgemeinen Genossenschaftsverbande, künstlich zurechtgemacht zur Einfangung gutgläubiger, wenig unterrichteter oder mißvergnügter Kreditvereins-Vorstände. Von vornherein erschien es undenkbar, daß „**die**" Kreditvereine in den 201 Orten die Einladung nach Hannover erließen, ohne ihren Namen, d. h. ihre Firma unter den Aufruf zu setzen; — undenkbar, daß sie statt des Namens nur den Ort darunter setzten, also (um den beliebten Ausdruck Dr. Glackemeyers zu gebrauchen), „hinter dem Busch"*) blieben; — undenkbar vollends, wenn an demselben Orte mehrere und bekanntere Kreditvereine ihren Sitz haben, sie diese Vereine also in falschen Verdacht brachten. Den fünf Ortsnamen: Berlin, Erfurt, Hamburg, Hannover, Harburg, waren in Klammern beigefügt „3" oder „2 Genossenschaften" Dadurch konnte doch nur eine Ausnahmestellung dieser Städte dahin bezeichnet werden, daß in ihnen, im Gegensatz zu den 196 andern Städten nicht alle Kreditvereine, sondern nur 2 oder 3 den Aufruf erlassen hätten. Nach dem „Jahresbericht" der Anwaltschaft für 1892 gab es in Berlin 41, in Erfurt 4, in Hamburg 5, in Hannover 6, in Harburg nur 2 Kreditvereine. „**Die** Kreditgenossenschaften" in den übrigen 196 Ortschaften waren danach **alle** Kreditgenossenschaften derselben. So muß es jeder verstehen, der deutsch versteht. Einem Schüler in einer hessischen oder hannoverschen Volksschule würde von seinem Lehrer ein grober Fehler angestrichen werden, wenn er von einer unter mehreren Kreditgenossenschaften in Königsberg, Breslau, Rathenow etwas zu erzählen hätte und „**Die** Kreditgenossenschaften in Königsberg, Breslau, Rathenow" schriebe, statt „**je eine** Kreditgenossenschaft" oder allenfalls „**Kreditgenossenschaften**" in Königsberg, Breslau, Rathenow.

Nun aber weiter: Wer von den Kreditgenossenschaften in Breslau, Freiburg a./U., Königsberg, Rathenow Kenntniß hat, konnte, wie ich, der ich in jeder dieser Städte bereits auf Verbandstagen als Anwaltschaftsvertreter thätig gewesen war, in Karden that, sofort die bestimmte Versicherung abgeben, daß die angesehenen und allbekannten Kreditvereine dieser Städte,

der Vorschußverein in Breslau eingetr. Genossenschaft m. beschr. Haftpflicht (1892 2631 Mitgl. 13,286,701 Mk. Kredite),

der Vorschußverein in Freiburg a./U. eingetr. Genossenschaft m. unbeschr. Haftpflicht (1892 456 Mitgl. 1,877,757 „ Kredite),

die Kreditgesellschaft in Königsberg i. P., eingetr. Genossenschaft m. unbeschr. Haftpflicht (1892 869 Mitgl. 5,451,131 „ Kredite),

der Bankverein in Rathenow, eingetr. Genossenschaft m. unbeschr. Haftpflicht (1892 828 Mitgl. 13,454,760 „ Kredite),

den Locktönen des Dr. Glackemeyer niemals folgen, einen solchen Aufruf niemals unterzeichnen würden. Freilich giebt es neben den genannten Vereinen in diesen Städten noch kleinere und jüngere Kreditgenossenschaften, in Breslau 4, in Königsberg 2, in Rathenow und Freiburg a./U. je eine. Falls eine von diesen den Aufruf unterzeichnet haben sollte, so liegt die Vermuthung nahe, weshalb der schlaue Doktor diese Unterzeichner, statt ihre

Namen abzudrucken, „hinter den Busch“, hinter den „dunklen, sichern, anonymen Busch“*) des Ortsnamens zu stellen beliebte.

Aber damit nicht genug: Wer den Inhalt des Aufrufs mit der Einladung nach Hannover und die darin enthaltenen Wahrheitsentstellungen prüfte, dem mußten Zweifel kommen, ob wirklich 201 deutsche Kreditgenossenschaften dieses Schriftstück unterzeichnet haben könnten. Der Verdacht mußte entstehen, den Vereinen, welche die Einladung erließen, habe das Schriftstück in Wirklichkeit gar nicht vorgelegen. Auf dem Verbandstage der Rheinisch-Westfälischen Kreditvereine in Karden waren Vertreter von Vereinen, die als einzige Kreditvereine in Orten ihren Sitz haben, die unter dem Aufruf stehen. Auf Befragen des Verbandsdirektors Moras-Ruhrort erklärten diese Vertreter: ihr Verein habe vor längerer Zeit eine Zuschickung des Dr. Glackemeyer erhalten, mit der Aufforderung, auf einer beigefügten Postkarte die Zustimmung zur Idee einer freien Vereinigung der Kreditgenossenschaften auszusprechen; da ihnen versichert wurde, daß sie keine Verpflichtung übernähmen (und daß es nichts koste, setzte der Eine hinzu), so hätten sie die Karte unterschrieben und abgesendet, — aber keineswegs in der Absicht, aus dem Unterverbande auszuscheiden. Ein Entwurf des Aufrufs zur Einladung nach Hannover sei ihnen nicht übersandt und unbekannt geblieben.

Andere Vertreter theilten mit, daß auch sie vor einigen Monaten die Zuschickung des Dr. Glackemeyer mit der Postkarte erhalten, aber letztere nicht unterschrieben und nicht abgesendet hätten und daher vorlegen könnten.

Die Karte enthielt auf der einen Seite die Adresse:

„An Creditbank zu Hannover (E. G. m. u. H.) Hannover“.

Auf der andern Seite ist gedruckt

. . . . ., den . . . . 189 .

Die Idee, eine freie Vereinigung der Creditvereine (Creditgenossenschaften) Deutschlands in's Leben zu rufen, findet unsern Beifall und sehen wir den weiteren Schritten mit Interesse entgegen.

(Firma) . . . .

Auch auf anderen Unterverbandstagen, wo Dr. Glackemeyer's Machenschaften besprochen wurden, hat, so weit ich vernommen, kein Vertreter, auch kein Unterzeichner einer Postkarte, erklärt, daß seinem Verein der Aufruf mit der Einladung nach Hannover vorgelegen, und er denselben unterzeichnet habe. Darnach blieb der schwerwiegende Verdacht bestehen, daß die nicht genannten Kreditgenossenschaften in den 201 Ortschaften, die unter dem Aufruf mit der Einladung zum 12. bis 14. August 1893 nach Hannover standen, sämmtlich oder doch mit wenigen Ausnahmen **den Aufruf nicht gesehen und nicht unterschrieben** haben.

Dieser Verdacht wurde durch die Verhandlungen des Genossenschaftstages in Stettin nicht beseitigt. Aus den Vorträgen des Dr. Crüger und des Verbandsdirektors Morgenstern gewann ich die Ueberzeugung, daß **der Kampf, den Dr. Louis Glackemeyer** seit Jahren zu seiner Lebensaufgabe gemacht hat, **gegen Schultze-Delitzsch's Organisation und Grundlehren gerichtet** ist, und daß er mit Haß und Erbitterung unter wahrheitswidrigen

*) Vgl. den Aufsatz „der Mann hinter dem Busche“ S. 124 Credit-Verein 1893 Nr. 12.

Beschuldigungen, Verdächtigungen und Beleidigungen derer, die in des verstorbenen Meisters Sinne genossenschaftlich thätig sind, vor allem der alten Freunde und Schüler desselben geführt wird. Der mit allen gegen fünf Stimmen gefaßte Beschluß des allgemeinen Genossenschaftstages, wonach er es als Pflicht aller Genossenschaften und aller Organe des Allgemeinen Verbandes erkennt, den gegen den Verband gerichteten Bestrebungen auf Trennung der Kreditgenossenschaften von den Genossenschaften anderer Gattungen mit Entschiedenheit entgegenzutreten, kehrt sich in erster Linie gegen das Treiben des Dr. Louis Glackemeyer in Hannover. Dieser Beschluß veranlaßte mich im September 1893 auf den Jahrgang 1893 des „Credit-Vereins" zu abonniren und mir durch die Hülfe genossenschaftlicher Freunde auch die früheren Nummern dieses Blattes nach und nach zu beschaffen. Dr. Glackemeyers Blatt erschien 1889 vom October an in 4 Nummern und 1890 in 9 Nummern unter dem Titel „Der Credit-Verein. Organ der Genossenschaften des Niedersächsischen Verbandes. Redigirt und herausgegeben von Dr. Glackemeyer in Hannover." Bis dahin konnte darauf nicht abonnirt werden; es erschien auf Kosten des Verbandes. Viele Nummern wurden andern Kreditvereinen unter Kreuzband zugesendet. Von 1891 an wurde ein Post- und Buchhandel-Abonnement zum Preise von 3 Mk. für 12 Nummern eröffnet. Der Titel blieb derselbe auch das Jahr 1892 hindurch. Vom 1. Januar 1893 war nur ganzjähriges Abonnement gestattet. Der Titel wurde dahin geändert „Der Credit-Verein, Organ für die Creditgenossenschaften Deutschlands. Begründet vom Niedersächsischen Verbande. Redigirt u. s. w. wie vorher."

In der letzten Nummer vom Dezember 1893 wird versichert, daß die Zahl der Leser und Freunde von Jahr zu Jahr gestiegen sei.*) Von Neujahr an erscheint das Blatt in größerem Format und kostet 4 Mk. jährlich.**)

Der Inhalt seines Credit-Vereins, in Verbindung mit seinen Anträgen und Reden auf den allgemeinen Vereinstagen und seinen Berichten auf Niedersächsischen Unterverbandstagen u. s. w. machten mir begreiflich, daß Dr. Glackemeyer, der sein Blatt massenhaft unter den Kreditvereinen des ganzen Reichs verbreitete, in der That dadurch Unruhe erzeugte und Einfluß gewann. Wenn ich von gewissen Mißvergnügten und Eigenbrödlern absehe, die in manchen Verbänden existiren, so kommen vorzugsweise die vielen hundert Kreditvereine in Betracht, die bis zur Einführung der Zwangs-

*) Dr. Glackemeyers Abneigung gegen Zahlen zeigt sich auch darin, daß er keine Angaben über die Zahl der Abonnenten macht. „Von Jahr zu Jahr" wachsen die Abonnenten, aber wie viel es sind erfährt Niemand.

**) Dr. Glackemeyer ist mit seinem Hetzblättchen nicht billig. Der Jahrgang 1893 brachte 132 Seiten für 3 Mk. Die Versammlung vom 12. bis 14. August 1893 in Hannover hat in dem einstimmig ohne Debatte angenommenen Statut der Freien Vereinigung das Fachblatt „Der Credit-Verein" für das Organ derselben erklärt. Künftig wird die Kosten dieses Blattes also die „Freie Vereinigung" tragen, während bisher die Kosten der Niedersächsische Verband zu tragen hatte. Was dieser Verband an Zuschuß zu zahlen hatte, hat Dr. Glackemeyer nicht verrathen. Ueber die Rechnung des Verbandes wird nichts veröffentlicht. In solchen Dingen ist Verbandsdirektor Dr. Glackemeyer konsequent: Was die Niedersächsischen Kreditvereine für das Hetzblättchen zu bezahlen haben, darüber ward vor den übrigen deutschen Genossenschaften stets strenges Geheimniß bewahrt, wie überhaupt über die Verwendung der Einnahmen des Verbandes niemals etwas veröffentlicht worden ist.

revision sich von der Organisation Schulze-Delitzsch's beharrlich ferngehalten, oder sich an ihr nur in geringem Maße betheiligt, namentlich Genossenschaftstage nicht beschickt hatten. Die Vorstände solcher Kreditvereine, die von der Entwicklung des Genossenschaftswesens, von seiner Organisation und von den Grundlehren Schulze-Delitzsch' herzlich wenig wußten, lasen Jahr aus Jahr ein, wie ein Mann, der sich der treuen Anhänglichkeit **„an den unsterblichen Meister“** Schulze-Delitzsch berühmte, durch heftige Angriffe alle bewährten Einrichtungen der Organisation zu brechen und allgemein anerkannte Grundlehren als Irrlehren nachzuweisen suchte, während die geschmähten und verdächtigten Freunde und Schüler Schulzes „in vornehmer Ruhe“ stillschwiegen. War es nicht erklärlich, daß solche Männer schließlich zu Dr. Glackemeyers Führung Vertrauen faßten?

Ich muß Herrn Verbandsdirektor Morgenstern und den Herren P. A. und Freimuth im Sprechsaal Nr. 46 und Nr. 47 der Blätter für Genossenschaftswesen darin zustimmen, daß jenes „vornehme Schweigen“ schädlich war und aufhören muß. Dem Treiben jenes Mannes, der mit ungemeiner Zähigkeit und mit Geringschätzung der Wahrheit den Kampf gegen Schulze-Delitzsch's Werk führt und sich gleichzeitig berühmt, in seinem Vorgehen „stets auf den Prinzipien **unseres unsterblichen Meisters Schulze-Delitzsch** zu stehen“ muß mit Entschiedenheit rückhaltlos entgegengetreten und dadurch das Versäumte nach Möglichkeit nachgeholt werden.

Der Entschluß, nach Kräften mein bescheidenes Theil, dem Beschlusse des Genossenschaftstages entsprechend, dazu beizutragen, stand bei mir fest, bevor in den vorerwähnten Sprechsaal-Aufsätzen besondere Vorschläge gemacht wurden. Der Vorschlag des Herrn Freimuth, daß die Geschmähten und Verdächtigten sich zusammenthun und in gemeinsamer Druckschrift eine sachliche Entgegnung der Angriffe des Dr. Glackemeyer mit Laune, Witz und Spott veröffentlichen und in besonderen Kapiteln die genossenschaftlichen und juristischen Leistungen des Mannes in seinen verschiedenen Eigenschaften und Aemtern schildern sollten, erscheint mir unpraktisch. Möge Jeder, der nach dem gleichen Ziele arbeiten will, seinen Arbeitsplan selbst feststellen. Ich werde z. B. die vielleicht dankbare Aufgabe, die beiden juristischen das Wechselrecht betreffenden Bücher des Nichtjuristen einer strengen Beurtheilung zu unterziehen, vorläufig Andern überlassen.

Es scheint mir vor allem erforderlich, den Uebermuth des sich so sicher fühlenden Herrn schnell zu dämpfen durch eine Schilderung seines Treibens *im Lichte der Wahrheit*, durch eine sachgemäße Darstellung seines Kampfes gegen Schulze's Einrichtungen und Grundlehren im Allgemeinen und durch eine scharfe Kennzeichnung seiner verwerflichen, der Wahrheit unaufhörlich in's Gesicht schlagenden Methode, dabei auch seine unzureichende Kenntniß, seine Oberflächlichkeit, seine Prahlerei und Ueberhebung bei Behandlung genossenschaftlicher Fragen hell zu beleuchten.

In einem zweiten Theile möchte ich, wenn mein Vorgehen Beifall findet und nicht andere, jüngere Kräfte sich der Fortsetzung meiner Arbeit unterziehen, die von Schulze-Delitzsch geschaffenen und hochgehaltenen, von Dr. Glackemeyer mißachteten, verunglimpften und bekämpften Einrichtungen (Organisation) behandeln, und darlegen, wie sie sich allmählich entwickelt haben und wie sie Dr. Glackemeyer durch rastlose Wühlarbeit zu erschüttern sucht, — sodann ebenso mit den einzelnen von Dr. Glackemeyer geschmähten und stetig befehdeten Grundlehren Schulze's verfahren. Ich hoffe, dadurch Vieles, was wir alten Schüler und Freunde von Schulze-Delitzsch mit erlebt und mit erstrebt und in harter rastloser Arbeit mit errungen haben, den jüngeren Genossen bekannter zu machen. Ihnen dürfen wir ihre geringe Kenntniß dieser Dinge nicht vorwerfen. Denn um über diese Thätigkeit Schulze's und seiner Schüler sich zu unterrichten genügt nicht das Studium seiner zahlreichen Schriften, sondern es bedarf dazu der genauen Durchsicht seiner Jahresberichte und der Blätter für Genossenschaftswesen (Innung der Zukunft) seit 1855, sowie der Mittheilungen über die allgemeinen Vereinstage seit 1859 und endlich seiner in den parlamentarischen Körperschaften, im preußischen Abgeordnetenhause (1861 bis 1872), im norddeutschen und im deutschen Reichstage (1867 bis 1883) gehaltenen Reden über Genossenschaften und Genossenschaftsrecht.

Ob es mir möglich wird, diese Arbeit nach Wunsch zu vollenden, hängt nicht von mir ab. In meinem Alter kann ich nur hoffen, nicht versprechen. Jedenfalls werde ich meine Körper- und Geisteskräfte daran setzen, den großen Mann, dessen Freundschaft ich mich mehr als zwanzig Jahre hindurch rühmen konnte, zu schützen gegen den Mißbrauch, den hartnäckige Feinde seines großen Werkes mit seinem Namen treiben.

Zweites Kapitel.

Wie Dr. Louis Glackemeyer nicht blos die Unterzeichner der Einladung zur Augustversammlung 1893, sondern auch die dort vertretenen Kreditgenossenschaften „hinter dem Busch" versteckt. (Ein eingeschobenes Kapitel.)

Was vertragen nicht kann den Sonnenschein,
Das hüllt man gern in Nebel ein.
Hoffmann von Fallersleben (Hannover).

Erst nach der Niederschrift des vorigen ersten Kapitels erhielt ich von genossenschaftlichen Freunden den gedruckten „Bericht über die Versammlung der deutschen Creditgenossenschaften vom 12., 13. und 14. August 1893 in Hannover", erstattet vom Senator Dr. Glackemeyer, — wie es auf dem Titelblatt heißt, — „im Auftrage des Vorstandes der Freien Vereinigung der deutschen Creditgenossenschaften."*)

Dieser Bericht erinnert in Form und Inhalt an die gedruckten sogenannten „Berichte",**) die Dr. Glackemeyer als Direktor des Nieder-

*) Der Vorstand besteht aus 15 Personen. Diese wählten zum Vorsitzenden Dr. Glackemeyer, zum Schriftführer Verbandsrevisor Preiser, zum Kassirer Kontroleur Myrus zu Hannover (diese drei bilden das „Exekutiv-Komité") und zu Stellvertretern derselben den Direktor Schulze-Gifhorn, der also Vertreter des Vorsitzenden Dr. Glackemeyer ist, und zwei Hannoveraner.

**) Ich besitze solche Berichte über die Verbandstage II in Hannover 1883, III in Hameln 1884, IV in Gifhorn 1885, V in Hannover 1886, VI in Harburg 1887, IX in Lüneburg 1890. Ueber die Verbandstage VII (1888 in Hannover), VIII (1889 in Hannover) und X (1891 in Pyrmont) hat Dr. Glackemeyer keine Berichte veröffentlicht. Ebensowenig über die späteren, nach dem Austritt des Niedersächsischen Verbandes aus dem Allgemeinen Verband. Die erschienenen Berichte werden später besprochen.

sächsischen Verbandes vor und nach dem Eintritt dieses Verbandes in den Allgemeinen deutschen Verband über jene Verbandstage veröffentlichte. Im Vergleich mit vielen zu gleicher Zeit über andere Unterverbandstage veröffentlichten Berichten stehen sie jedenfalls auf einer so niedrigen Stufe, daß man schließen könnte, Dr. Glackemeyer sei in seiner Eigenart überhaupt nicht im Stande, einen objektiven Bericht über Verhandlungen, an denen er theilgenommen hat, zu erstatten. Schlimmer aber noch steht es mit dem sogenannten „Bericht“ über die Versammlung vom 12. bis 14. August 1893. In einem Vorbericht ist der vorbesprochene Aufruf der Kreditgenossenschaften vom Juni 1893 mit den 201 Ortsnamen wörtlich abgedruckt. Die Bemerkungen des Vorberichtes über die Entstehung des Aufrufes (Seite 4) bestätigen den von mir ausgesprochenen Verdacht. Man muß danach annehmen, daß „nahezu 300 Creditgenossenschaften“ durch Unterschrift jener Postkarte zwar nicht, wie jetzt Dr. Glackemeyer behauptet, „ihre volle Sympathie für den Schritt einen Aufruf zum freien Zusammentritt zu erlassen“, erklärt haben, aber doch, wie es auf der Karte heißt, „ihren Beifall für die Idee, eine freie Vereinigung der Kreditvereine Deutschlands in's Leben zu rufen.“ Und ferner haben „mehr als 200“ zwar den Aufruf nicht zur Unterschrift vorgelegt erhalten oder unterzeichnet, aber sie gaben „ihre Zustimmung“ (vielleicht wieder in einer Postkartenunterschrift?), daß „ein Aufruf zum freien Zusammentritt“ erlassen werde und „mit ihrem Namen“ erfolge. Oder ist mein Verdacht unbegründet, und haben wirklich die ungenannten Kreditgenossenschaften in 201 Orten die Zustimmung gegeben, mit ihrem Namen diesen ihnen vorher mitgetheilten Aufruf zu unterzeichnen?

Warum hält Dr. Glackemeyer noch jetzt mit der vollen Wahrheit zurück, nachdem ihm mit guten Gründen nachgewiesen ist, daß die Unterschriften unter seinem Aufruf (um nicht ein schärferes Wort zu brauchen), eine Art Verdunkelung ist, die man in Berlin mit dem Namen Mumpitz bezeichnet; warum nennt er noch immer nicht die Vereine, von denen er vor der Oeffentlichkeit behauptet, daß sie ihn ermächtigten, diesen Aufruf mit ihren Namen zu unterzeichnen! *)

Ich lasse ihm kein Schlupfloch und fordere ihn hierdurch öffentlich auf:

1. die Namen (Firmen) derjenigen Kreditgenossenschaften in den 201 Ortschaften, die den Aufruf erließen, zu nennen und
2. die Namen derjenigen Kreditgenossenschaften unter ihnen, die
   a) den Aufruf unterzeichnet haben,
   b) ihn zwar nicht unterzeichnet, aber Dr. Glackemeyer ermächtigt haben, unter ihrem Namen den Aufruf zu erlassen,
3. die gedruckte Erklärung wörtlich zu veröffentlichen, durch deren Unterschrift diese Ermächtigung erfolgt ist.

---

*) Auf dem XXX. Verbandstag der Thüringischen Vorschußvereine Juli 1893 in Neustadt a. d. Orla erklärte der Kontroleur Daeche von dem Vorschußverein in Schmalkalden: „Unser Verein (das heißt der Ort Schmalkalden) steht unter dem Aufruf, obgleich wir solchen nicht unterzeichnet haben. Wir haben, wie viele andere Vereine auch, die lediglich dahin gehende Frage des Dr. Glackemeyer, ob wir im Prinzip mit der Anschauung desselben, betreffend den Einzelangriff u. s. w. einverstanden wären, bejaht.“ Dr. Glackemeyer kennt diesen Bericht. Er hat denselben z. B. zum Angriff gegen Stadtrath Haase in Gera benutzt. Zur Aeußerung des Vertreters von Schmalkalden hat er geschwiegen.

Ich fordere ihn hierdurch öffentlich auf, auf diese Fragen eine Antwort zu geben, die, um mit Dr. Martin Luther zu reden, weder Hörner noch Zähne hat. Verweigert er die Antwort und sucht sich mit Redensarten herumzudrücken, so hat er es sich selber zuzuschreiben, wenn es zwischen wahrheitsliebenden Männern nur noch zweifelhaft sein kann, ob die Einladung blos Mumpitz oder Schwindel sei.

Dr. Glackemeyer hat mir persönlich einen besonderen Anlaß gegeben, dieser Frage näher zu treten. Er bringt in dem „Bericht" zu dem Verzeichniß der 201 Orte eine Anmerkung, in deren erstem Absatz er sich mit mir beschäftigt. Derselbe lautet:

„Herr Parisius versuchte auf einem Verbandstage dieses Sommers uns anzuhängen, der Aufruf sei künstlich zurechtgeschnitten, mit den Unterschriften sei es auch so eine Sache*). Das Verdächtigen geht ja leicht, der Pfeil kehrt aber immer zu dem Schützen zurück, der Böses im Schilde führt. **Der Erfolg des Aufrufs** hat das wieder einmal gezeigt."

Im zweiten Absatz der Anmerkung beschäftigt er sich mit Morgenstern-Breslau und schließt mit den Worten:

„Traurig! auf solche Säulen stützt sich der allgemeine Verband!"

In diesem zweiten Absatz beruft er sich stolz auf die Antworten, die er Morgenstern wegen dessen Aeußerungen in Stettin in Nr. 11 seines „Credit-Vereins" ertheilt habe. Hier liegt eine seiner Musterleistungen in dem „Verdrehen" der Wahrheit vor; sie gehört in das spätere Kapitel von der „Methode" des Dr. Glackemeyer. Ich will hier nur seine Berichtigung besprechen, soweit sie sich auf jenen Aufruf mit der Einladung nach Hannover bezieht. Morgenstern erwähnte in Stettin die Thatsache, daß unter dem Aufrufe auch der Ortsname Breslau steht. Der Vorschußverein zu Breslau, zu dessen Aufsichtsrath er seit 25 Jahren gehört, sei dadurch in den falschen Verdacht gekommen, auch dabei zu sein. Morgenstern fuhr dann fort:

„Ob es eine andere kleinere Genossenschaft in Breslau giebt, die sich herbeigelassen hat, ihre Unterschrift zu geben, weiß ich nicht. Ich habe Umfrage gehalten bei anderen Kreditgenossenschaften in Breslau und jede ohne Ausnahme hat meine Frage verneint. (Hört! hört!) M. H.! Es ist das mindestens eine recht unklare Darstellung, welche sehr leicht zu dem Glauben führen könnte, hinter dieser Einladung ständen eine ganze Reihe angesehener und einflußreicher Kreditgenossenschaften. Thatsächlich scheint das nicht der Fall zu sein."

Was erklärt Dr. Glackemeyer in Nr 11 des Credit-Vereins 1893 darauf? Nach langen, mit Schmähworten über Morgenstern reich gespickten Sätzen sagt er von der vergeblichen Umfrage wörtlich:

„Damit hatte Herr Morgenstern seinen beabsichtigten Zweck zunächst erreicht, mich zu verdächtigen, ich hätte unter den bekannten Aufruf mit Absicht Städte gesetzt, aus denen keine **Zustimmungen** von Vereinen erfolgt seien. Denn aus der Versammlung tönte ihm ein Hört! hört! entgegen. Warum schickte Herr Morgenstern nicht zu **„allen"** Kreditvereinen in Breslau, wenn er sich nun einmal überzeugen wollte? Er behauptete in Stettin, er kenne nicht alle Vereine in Breslau. Warum sah er denn nicht in dem Adreßkalender der Stadt nach? Warum schickte er nicht auf's Amtsgericht und ließ sich die Namen geben? Wenn er bösen Verdacht hatte, warum schrieb er nicht an mich? Dann hätte er den Namen des Vereins sofort gehabt! . . .

---

*) Ob ich irgendwo gerade diese Ausdrücke gebraucht habe, weiß ich nicht; gerechtfertigt waren sie jedenfalls.

Ganz einfach! Wäre er alle diese naheliegenden Wege gegangen, so hätte er gewußt, welcher Verein aus Breslau **uns zugestimmt**. Das wäre aber fatal für ihn gewesen. Dann hätte er keine Gelegenheit mehr gehabt, mich verdächtigen zu können. Den Haken also glaubte er an der Stelle geschickt einschlagen zu können, jetzt sitzt er selbst an dem Angelhaken. Auch für dieses Verfahren wird jeder Leser schon den richtigen Ausdruck finden."

Morgenstern hatte wegen der **Unterschriften** unter dem Aufrufe Umfrage bei den Kreditgenossenschaften Breslaus gehalten. Glackemeyer „dreht ihm die Worte im Munde herum", wie man es in Hannover nennt, und verwandelt die Unterschriften unter dem Aufruf in **Zustimmungen**. Danach scheint es, als ob er von irgend einem kleinen Kreditverein in Breslau eine „Zustimmung zu der Idee" durch Unterschrift jener Postkarte erhalten hat, aber nichts weiter. Uebrigens hat Morgenstern, der Verleger des Adreßbuches ist, dieses natürlich eingesehen. Er hat zu allen Kreditgenossenschaften Breslaus geschickt, auch in Stettin nicht ausgesprochen, daß er nicht alle kenne. Nach diesem Vorgange erklärt es sich, daß Dr. Glackemeyer seine 201 Vereine beharrlich **„hinter dem Busch"** stehen läßt. Der verlogene Prahlhans Sir John Falstaff in Shakespeares Heinrich IV. sagte bekanntlich, als er auf einer Lüge ertappt war und man ihm Gründe abverlangen wollte:

„Was? mit Gewalt? Wär' ich auch auf der Wippe oder irgend einer anderen Folter, so ließe ich mir's nicht mit Gewalt abnöthigen. Mit Gewalt Gründe angeben! Wenn Gründe so gemein wären wie Brombeeren, so sollte mir doch keiner mit Gewalt einen Grund abnöthigen, nein!"

Es soll mich nicht wundern, wenn Dr. Glackemeyer erklärt: Keine Folter der Welt solle ihn dahin bringen, die 201 Kreditvereine zu nennen, von denen er behauptet, sie hätten die Einladung nach Hannover erlassen.

Soweit die Bemerkung über Morgenstern! Wegen der Bemerkung über mich habe ich noch ein Hühnchen mit Dr. Glackemeyer zu pflücken. In seinem ersten Aufsatz über den Stettiner Genossenschaftstag (Nr. 11 C.-V. S. 105) prahlt er, stolz darauf sein zu können, daß sich jetzt der ganze allgemeine Verband um seine Person drehe, nachdem man ihn vier Jahre lang „absolut todt geschwiegen" habe. Von mir wußte er, daß er seit Herbst 1887, also seit sechs Jahren für mich Luft gewesen. Um so ungestörter schoß er auf mich fast in jeder Nummer seines Blattes seine „vergifteten Pfeile" ab. Wegen der in jenem ersten Absatz auf mich bezüglichen Redensarten begnüge ich mich damit, sie niedriger gehängt zu haben. Aber er beruft sich mir gegenüber auf den **Erfolg**. Auf den Erfolg seiner Machenschaften war ich freilich gespannt. Ich befürchtete, daß bei den Mittheilungen über denselben Versteckenspiel getrieben werden könnte. Auf dem fränkischen Verbandstag in Miltenberg zeigte mir nämlich ein Vertreter unter der Verwahrung, den Aufruf nicht unterzeichnet zu haben, den Abklatsch eines anscheinend an viele Kreditgenossenschaften versandten Briefes, in welchem ein Genossenschafter ersuchte, ihm die Vollmacht zur Vertretung des Vereins auf dem Hannöverschen Tage zu senden. Auf unseren allgemeinen Genossenschaftstagen und unseren Unterverbandstagen werden nur Mitglieder der Vereine als Vertreter derselben zugelassen, nicht auch andere Bevollmächtigte, ebenso giebt es auf fachgenössischen freien Vereinstagen keine Bevollmächtigung.

In dieser Beziehung hat sich meine Besorgniß bisher nicht erfüllt. Dr. Glackemeyer prahlte in seinem „Credit-Verein" (Nr. 11) mit dem

Erfolg, aber er verrieth bei Leibe kein Sterbenswörtchen darüber, wie viele, und welche Kreditvereine Vertreter entsandt hätten; 217 Delegirte ohne die Stadthannoveraner hätten Theil genommen. Darnach mußte man Näheres in dem angekündigten Berichte erwarten. In dem gedruckten Bericht über die Versammlung **der** deutschen Creditgenossenschaften*) liest man, daß „vom fernsten Osten, vom tiefsten Süden, vom hohen Norden, vom rheinumwobenen**) Westen, aus allen Theilen Deutschlands die Vertreter von Creditvereinen nach Hannover gekommen," — aber nach einer **Präsenzliste** sucht man vergebens. Niemand erfährt, welche Vereine vertreten waren und wie die Vertreter hießen. Der Bericht hat sogar einen Abschnitt mit der Ueberschrift „Präsenzliste." Darin ist mit keiner Silbe das Fehlen der Präsenzliste begründet. Es heißt wörtlich:

„Die Versammlung wurde zu unserer großen Freude aus allen Theilen Deutschlands von den Creditgenossenschaften durch Vertreter beschickt. Es waren 217 Delegirte erschienen, um **ihre** Vereine zu vertreten. Außerdem nahmen viele Mitglieder der Creditbank zu Hannover an den Verhandlungen, sowohl am Sonnabend als am Sonntag, Theil. Es standen außerdem in der Liste u. A." — nun folgen die Namen von 17 Herren, darunter 13 aus Hannover — „alles Herren, die als Gäste aus Interesse zur Sache an der Versammlung theilnahmen. Denselben wurde dann auch ein besonderer Dank dargebracht."

Also im sogenannten „Bericht" bleibt völlig im Nebel gehüllt „der Erfolg!" Jeder Bericht über die Genossenschaftstage von 1859 bis 1893, jeder Bericht über Unterverbandstage, sogar die unvollständigen schlechten Berichte des Niedersächsischen Verbandes führen die Namen der vertretenen Vereine und die Namen der Vertreter auf. Aber was schiert dieses erste Erforderniß eines Berichtes den Dr. Glackemeyer. Er prahlt mit dem Erfolg, aber verheimlicht die Thatsachen, die erkennen lassen, ob seine so kunstvoll zusammengetrommelte Versammlung Erfolg oder Mißerfolg gehabt hat. Nicht die Namen der Vereine, die sich vertreten ließen, nicht einmal die Zahl derselben macht er bekannt, er steckt sie alle „hinter den Busch". Wenn wirklich 217 „Delegirte" zugegen gewesen sein sollten, so könnte die Zahl der Vereine, die sie entsandten, dennoch eine recht kleine gewesen sein.

---

*) Mit dem Artikel befindet sich Dr. Glackemeyer oft im Zwiespalt. Im „Bericht" ist abgedruckt „Programm der Versammlung **von** Creditgenossenschaften Deutschlands," berichtet aber wird über die Versammlung „**der**" deutschen Creditgenossenschaften. Das Statut der freien Vereinigung ist im Bericht überschrieben Statut „der freien Vereinigung deutscher Creditgenossenschaften," aber § 1 des Statuts und sonst überall nennt Dr. Glackemeyer die Vereinigung „die freie Vereinigung **der** deutschen Creditgenossenschaften." Ein in goldenen Lettern eingerahmtes und von ihm mitgetheiltes Gedicht zu seinem Preise ist überschrieben „dem Gründer **der** Genossenschaften des Niedersächsischen Verbandes," obschon er doch bis dahin außer seiner eigenen Genossenschaft wohl keine einzige des niedersächsischen Verbandes gegründet hatte.

**) Dr. Glackemeyer hat entschieden Talent zur Bereicherung der Sprache durch neue Ausdrücke und Bilder; namentlich wenn er seine „poetische Ader" — nicht fließen, sondern „frei laufen" läßt (Bericht S. 40). Der „tiefste Süden" Deutschlands ist zwar weit höher als der „hohe Norden" Deutschlands, aber man kann behaupten, daß auf der Landkarte es umgekehrt ist. Aber wie steht es mit dem „rheinumwobenen Westen?" Vielleicht haben deutsche Dichter schon von „sagenumwobenen" Bergen, Burgen und Flüssen gesungen, aber daß der Westen Deutschlands vom Rhein umwoben wird, ist neu und sprachlich keinesfalls gestattet.

Würde er die Vereine und die Delegirten namhaft machen, so ließe sich prüfen, ob die „Delegirten“ wirklich delegirt waren, ob nicht darunter zahlreiche Kreditvereinsmitglieder steckten, die ohne delegirt zu sein, auf eigene Faust als Vergnügungsreisende der verlockenden Einladung folgten. Verlockend war das versandte in dem sogenannten „Bericht“ wieder abgedruckte Programm, — nicht wegen der Tagesordnung der Versammlungen, aber doch wegen der Vergnügungen.

Alles was Recht ist — man muß es dem Dr. Glackemeyer lassen: auf die Unterhaltung der Theilnehmer der Niedersächsischen Verbandstage war er stets mit väterlicher Fürsorge bedacht. Ich finde es in hohem Grade lobenswerth, wenn auf Unterverbandstagen nicht blos für die Unterhaltung der Gäste gesorgt wird, sondern wenn auch die Familien der ortsanwesenden Genossen an den Festlichkeiten theilnehmen und dadurch ein wirkliches Interesse an der Genossenschaft gewinnen. Kein Verbandstag sollte — das habe ich oft genug in Nord und Süd, Ost und West als meine persönliche Ansicht ausgesprochen — ohne Tanz auslaufen. Nicht blos unsere Frauen, sondern auch die tanzende Jugend, unsere Söhne und Töchter, sollten überall etwas vom Verbandstage haben. Freilich erst nach gethaner und gründlich gethaner Arbeit sollen die Vergnügungen stattfinden.

In Betreff der Vergnügungen ist Dr. Glackemeyer ganz mein Mann. Er übertrug seine gediegenen Ansichten über die Festlichkeiten der Verbandstage auch auf die Festlichkeiten der Augustversammlung der Kreditvereine. Schon in dem Aufrufe der ungenannten Kreditgenossenschaften in den 201 Orten heißt es vielversprechend:

„Die Creditbank zu Hannover wird es sich angelegen sein lassen, die Versammlung auch äußerlich schön zu gestalten, die Stadt Hannover wird ihr Bestes bieten, um den Besuchern den Aufenhalt recht angenehm zu machen.“

Aber noch weit verlockender waren die Vergnügungen im Programm angekündigt: Am Sonntag Besichtigung verschiedener Sehenswürdigkeiten; Nachmittags Festessen, daran anschließend Korsofahrt durch die Stadt nach Herrenhausen und nach dem Zoologischen Garten. Abends Vereinigung auf der Terrasse im Tivoli. Montag Abfahrt nach Hameln u. s. w. Aus dem sogen. „Bericht“ erfahren wir zwar über die Verhandlungen herzlich wenig, aber daß alle Vergnügungen schön durchgeführt, wird ausführlich auf vielen Druckseiten dargelegt. Bereits im Credit-Verein (Nr. 9, S. 83) war von den „fröhlichen Beigaben“ der Versammlung gesagt:

„Mögen die Herren Besucher der Versammlung in ihren Vereinen genauen Bericht erstatten, wir sind dann sicher, daß alle Vereine den sofortigen Anschluß an die „freie Vereinigung“ beschließen werden . . . Wir freuen uns über die so oft gehörte Aeußerung: „Wir haben schon manchen genossenschaftlichen Verbandstag mitgemacht, so schön wie der heutige hat uns noch keiner gefallen!“

Ich glaube es gern, daß Mancher sich über den „heiteren Theil“ auf das anerkennendste ausgesprochen hat. Schon am Sonnabend Kommers:

„Durch Musik und Gesang aufs Beste gewürzt; herrlicher Sologesang von jungen liebenswürdigen Genossenschafterinnen erfreute die kalten Männer des Kredits, daß ihnen bald die helle Freude aus den Augen schaute und es dann nicht fehlen konnte, daß Viele nachher das Tanzbein nach dem Takte seiner Musik schwangen.“ u. s. w.

Am Sonntag nach dem Festessen ging's „zur Korsofahrt. In 80 Equipagen fuhren die Festtheilnehmer durch die Stadt nach Herrenhausen, wo die Wasser zu Ehren der Gäste eine Stunde länger als sonst sprangen", u. s. w.

Am Montag Festfahrt nach Hameln. Der ganze Abschnitt des sogen. „Berichts" über den „heiteren Theil der Versammlung in Hannover" ist ein wörtlicher Abdruck aus dem Credit-Verein Nr. 9, nur die Unterschrift hieß dort „der gemüthliche Theil."

Nun, ich zweifle nicht, daß es heiter und gemüthlich zuging. Manche von den 217 „Delegirten", die in 80 Karossen auf der Korsofahrt auch der Stadt Hannover präsentirt wurden, mochten durch alles Vergnügtsein sich über die Unbedeutendheit des „ernsten Theils" der Versammlung trösten, und es darüber auch verschmerzen, daß sie hinterher mit allen vertretenen Kreditgenossenschaften „hinter den Busch" gesteckt wurden. Freilich, sieht man den „Bericht" genauer darauf an, so war in der That die Augustversammlung in der Hauptsache ein großes Fest, das Dr. Glackemeyer mit seinen Freunden und Anhängern in Hannover für eine Anzahl von auswärts herzugereister Kreditgenossenschaftsmitglieder veranstaltete.*)

Aber gleichviel — Dr. Glackemeyer hat mich öffentlich angerempelt, weil ich gegen die Unterschriften seines Aufrufs Bedenken aussprach, er hat zum Beweise, daß der Pfeil zu dem Schützen, der Böses im Schilde führte — das soll ich sein — zurückkehre, sich auf den **Erfolg** berufen. Danach habe ich das Recht, ihn öffentlich zu fragen:

Wo steckt der Erfolg?

Welche deutsche Kreditgenossenschaften haben zur Augustversammlung in Hannover Vertreter gesendet? und wie hießen diese Vertreter?

So lange Dr. Louis Glackemeyer diese Fragen nicht beantwortet, so lange er seinen sogenannten „Bericht" nicht durch die Veröffentlichung der Präsenzliste ergänzt, so lange er die Namen der in Hannover vertretenen deutschen Kreditgenossenschaften und die Namen der Delegirten derselben sorgfältig verschweigt, — so lange **ist ein Erfolg nicht nachgewiesen, vielmehr ein Mißerfolg** anzunehmen.

Also heraus mit der Sprache!

---

*) „Nach gethaner Arbeit ist gut ruhen", beginnt Dr. Glackemeyer in seinem Bericht den Abschnitt „über den heitern Theil der Versammlung." Nach dem Programm sollten die Vergnügungen erst nach der zweiten Versammlung Sonntag Mittag beginnen. Aber das Programm wurde nicht innegehalten. Die erste Versammlung fand Sonnabend von 4 bis gegen 8 Uhr statt. Die Tagesordnung war mit Geschwindigkeit durchgepeitscht. Dann gegen 8 Uhr der nicht im Programm vorgesehene Kommers mit Konzert und Tanz. „Nicht nur der Gott Gambrinus, sondern auch Amor soll im Stillen gewaltet haben" und das Tanzbein wurde geschwungen. Wie lange der Tanz dauerte, darüber — wird zweimal versichert — „schweigt des Sängers Höflichkeit". Am Sonntag wurde von 8½ Uhr an der Rest der Tagesordnung heruntergearbeitet und es fand sogar noch die Versammlung des Niedersächsischen Verbandes statt. Und man wurde fertig, zu welcher Stunde ist nicht gesagt. Von 3 Uhr bis späten Abend lauter Vergnügen. Und am Montag von 9 Uhr bis 10 Uhr Abends Vergnügungsfahrt nach Hameln. Da kann man es ausrechnen: etwa 9 Stunden Arbeit und 27 Stunden Vergnügen.

Drittes Kapitel.

Schulze-Delitzsch und die hannoverschen Kreditgenossenschaften von 1854 bis 1881 — Schulze-Delitzsch und Dr. Glackemeyer auf dem Genossenschaftstage zu Kassel 1881.

Worte ohne Thaten
Sind bleierne Soldaten
Hoffmann von Fallersleben.

Schulze-Delitzsch fand für seine genossenschaftlichen Bestrebungen schon in sehr früher Zeit im Königreich Hannover Anhänger. In seinem zweiten Jahresberichte über Vorschußvereine (1855)*) behandelte er fünf Vorschußvereine in den Kreisen Delitzsch und Bitterfeld, einen in Sachsen und den 1854 von einer Anzahl Handwerker nach dem Delitzscher Statut gegründeten Vorschußverein zu Celle. Die Jahresberichte 1857 und 1858 enthielten in der statistischen Tabelle schon Abschlüsse von hannoverschen Vorschußvereinen, 1857 von Celle, Hameln, Hildesheim, Norden, 1858 von Celle, Emden, Peine.

In der zweiten Auflage seines Buches „Vorschuß- und Kreditvereine als Volksbanken" (1859) machte Schulze-Delitzsch 11 hannoversche Kreditvereine namhaft, die bereits 1857 in Wirksamkeit waren. In Hannover beanspruche die Regierung auf Grund einer Bestimmung der dortigen Gewerbeordnung das Recht der Konzessionsertheilung und der Revision der Statuten und mache die Konzessionsertheilung von Bedingungen abhängig, denen sich zu fügen, die meisten Vereine Bedenken trügen. Dies sei um so mehr zu bedauern, weil „gerade in diesem Lande bei einem äußerst intelligenten und tüchtigen Handwerkerstande die Bewegung den größten Anklang gefunden und eine beträchtliche Zahl blühender Institute hervorgerufen" habe.

Auf dem ersten Genossenschaftstage (Weimar 1859) war das Königreich Hannover nicht vertreten: Eine Verbindung mit Genossenschaften anderer deutschen Staaten, war — wie Schulze hervorhob — in Hannover verboten und dadurch die weitere Entwickelung der Vorschußvereine gehemmt. Das Verbot blieb bestehen. Auf meinen Antrag wurde deshalb auf dem 6. Genossenschaftstage in Mainz (1864) bei Beratung des von Schulze-Delitzsch vorgelegten Organisationsstatuts und der Geschäftsordnung der allgemeinen Vereinstage, mit Rücksicht auf die polizeilichen Verbote in Hannover ein Zusatz dahin beschlossen, daß Abgeordnete solcher Vereine, welche durch unabwendbare Hindernisse vom Beitritt in den Verband abgehalten sind, zur Betheiligung an der Diskussion zugelassen werden konnten.

Am 11. März 1865 ward auf Einladung des Vorschußvereins Celle (Advokat Kirchhoff) ein erster Vereinstag hannoverscher Vorschußvereine in Celle abgehalten. Von 19 hannoverschen Vereinen betheiligten sich 13.**)

*) Die ersten Jahresberichte über Vorschußvereine erschienen in der „Innung der Zukunft", die damals eine achtmal jährlich erscheinende Beilage der seit 1854 erscheinenden Wieckschen deutschen Gewerbezeitung in Leipzig war.

**) Vgl. Innung der Zukunft 1865 Nr. 11. Vertreten waren Celle, Dannenberg, Einbeck, Gifhorn, Hannover (Vorschußverein 1860 gegründet), Harburg, Hildesheim, Lüchow, Lüneburg, Osterode, Uelzen, Verden und Wittingen. Nicht vertreten waren Clausthal-Zellerfeld, Göttingen, Hameln, Nienburg, Osnabrück und Peine.

Eine Petition um Verleihung von Korporationsrechten wurde beschlossen. Kirchhoff-Celle begründete einen Antrag auf alljährliche Einberufung von Vereinstagen der hannoverschen Kreditvereine unter Hinweis auf den Centralverband des übrigen Deutschlands. Der Institutsvorsteher Behre-Hannover wollte, daß man sich diesem Centralverbande anschließe und begegnete dem Einwande, die Regierung werde solche Verbindung nicht gestatten, durch die Erklärung, unter dem Ministerium Borries sei allerdings solche Gefahr vorhanden gewesen, allein es sei ungerecht, der gegenwärtigen Regierung (Justizminister Windthorst) ein Verbot des Anschlusses zuzutrauen. Schließlich wurde der Vorschußverein Celle zum Vorstand bestellt und ermächtigt, wegen Anschluß an den allgemeinen Verband die vorbereitenden Schritte zu thun, und sobald es nothwendig, einen neuen Verbandstag zu berufen.

Da kam der Krieg von 1866 und das Königreich Hannover wurde eine preußische Provinz. Das preußische Genossenschaftsgesetz wurde durch Verordnung vom 12. Juli 1867 eingeführt und bestand dort fast $1^1/_2$ Jahr zu Recht, da das Norddeutsche Genossenschaftsgesetz vom 4. Juli 1868 erst am 1. Januar 1869 in Kraft trat.

Schulze-Delitzsch hatte vor der Annexion des Königreichs Hannover mit mehreren der dort bestehenden Vereine in lebhafter Verbindung gestanden, namentlich mit den großen Vereinen in Celle und Hannover, deren Leiter, Rechtsanwalt Kirchhoff-Celle und Institutsvorsteher Behre-Hannover eifrig für den Anschluß der Hannoverschen Vereine an den allgemeinen Verband eingetreten waren. Das Hinderniß des polizeilichen Verbots war beseitigt, aber nun war ein stärkeres Hinderniß entstanden, in dem Mißmuth, der über die Annexion außer in dem früher preußisch gewesenen Ostfriesland in allen Kreisen des vormaligen Königreichs Hannover herrschte. Kirchhoff-Celle und Behre-Hannover waren nunmehr Führer der Welfenpartei, von der man bei ihrer Erbitterung über die Einverleibung des Staates in das Königreich Preußen keine Förderung des Anschlusses der hannoverschen Kreditvereine an den von dem preußischen Abgeordneten Schulze-Delitzsch gegründeten und geleiteten allgemeinen deutschen Genossenschaftsverband erwarten konnte. 1867 traten nur Emden (Ostfriesland) und Hameln*), 1868 Norden (Ostfriesland), 1871 Buer*), 1872 Esens (Ostfriesland) dem allgemeinen Verbande bei.**)

Allmählich trat unter den Kreditvereinen der Provinz Hannover eine Abneigung gegen die Vereinzelung hervor. Am 3. Juni 1872 gründeten fünf Kreditvereine Ostfrieslands, von denen vier dem allgemeinen Verbande angehörten, einen Ostfriesischen Verband, aber, da sie sich nur auf Ostfriesland beschränken wollten, nicht als Unterverband.***) Vielleicht

---

*) Hameln wurde beeinflußt durch Obergerichtsanwalt Hoppe, dem Freund Schulzes (betheiligt am Nationalverein, Mitunterzeichner der seiner Gründung voraufgehenden, preußenfreundlichen Erklärung der Hannoveraner vom 19. Juli 1859), Buer durch Dr. med. Seitz.

**) Emden, Norden und Buer waren zuerst auch Mitglieder des Nordwestdeutschen Unterverbandes, der 1867 gegründet, 1869 nach Rücktritt Emdens 21 Vereine, 16 in Schleswig-Holstein, je 2 in Ostfriesland und Hamburg, einen in Bremen umfaßte. Norden trat 1872, Buer 1873 aus diesem Unterverband aus.

***) Die Blätter für Genossenschaftswesen 1872 Nr. 42 S. 206 enthalten einen Bericht.

hierdurch veranlaßt, fand auf Einladung des Vereins zu Gifhorn daselbst am 30. Juni 1872, also vier Wochen später, eine Versammlung von Vertretern hannoverscher Kreditvereine statt. Sie war von 7 Vereinen beschickt. Hier scheint man partikularistisch gestimmt gewesen zu sein, und von einem Anschluß an den deutschen Verband nicht gesprochen zu haben. Der Vorschußverein zu Hannover wurde zum Vorort erwählt und sollte zum Juni 1873 eine Versammlung nach Hannover berufen, unterließ dies aber.*)

Im Jahre 1873 wurde der deutsche Genossenschaftstag im äußersten Südwesten, in Konstanz am Bodensee abgehalten. Der allgemeine Verband hatte damals schon 19, alle deutschen Staaten und alle preußischen Provinzen mit Ausnahme von Hannover umfassenden Unterverbände von Kreditgenossenschaften. Mit Rücksicht auf Hannover schlug Schulze-Delitzsch für das nächste Jahr Bremen „wegen seiner nordwestlichen Lage“ als geeignetsten Versammlungsort für den Genossenschaftstag vor. Der Genossenschaftstag zu Bremen wurde zwar von 5 zum Verbande gehörenden und von einigen nicht zum Verbande gehörenden hannoverschen Kreditgenossenschaften beschickt, aber der erwartete Zutritt zahlreicher Kreditvereine zum allgemeinen Verbande blieb aus.**)

Durch die bei Gelegenheit des Genossenschaftstages in Stuttgart mit den Württembergischen Kreditvereinen gepflogenen Verhandlungen war es Schulze-Delitzsch gelungen, dem Württembergischen Unterverband, der sich seit dem deutschen Kriege von 1866 bis auf drei Vereine vermindert hatte und nur noch ein Scheinleben führte, neues Leben einzuflößen und die Zahl seiner Mitglieder zunächst auf 16 zu erhöhen.***) Dieser Erfolg ermuthigte ihn, nochmal zu versuchen, ob es ihm nicht gelänge, durch Einwirkung auf die zum allgemeinen Verbande gehörenden Kreditvereine der Provinz Hannover, diese letzte Lücke in dem das ganze Deutsche Reich bedeckenden Netz von Kreditvereins-Unterverbänden durch Gründung eines hannoverschen Unterverbandes auszufüllen. Er erließ am 3. August 1881 das nachfolgende in Nr. 33 der Blätter für Genossenschaftswesen (Jahrgang 1881) abgedruckte Rundschreiben:

An die Kreditgenossenschaften des Allgemeinen deutschen Verbandes in Hannover.

„Schon vor einigen Jahren richtete der unterzeichnete Anwalt eine Ansprache an die dem Allgemeinen Deutschen Genossenschaftsverbande angehörigen Vereine in Hannover wegen Bildung eines Hannoverschen Unterverbandes, um in einer alljährlich in den zugehörigen Orten abwechselnd stattfindenden Versammlung der Vereinsvertreter unter Theilnahme des Anwalts wichtige Fragen und Vorkommnisse zu berathen, sich über Geschäftseinrichtungen und Verbindungen zu verständigen, und zugleich auch in die den Unterverbänden

---

*) Vgl. Dr. Glackemeyers Aufsatz „Niedersächsischer Verband“ u. s. w. in Nr. 52 Blätter für Genossenschaftswesen 1884 S. 274 und Schulze-Gifhorns Schrift zur Erinnerung an das 25. Geschäftsjahr des Vorschuß- und Sparvereins. Nach letzterer Schrift war dieser Vereinstag von „vielen hannoverschen Vereinen beschickt und befriedigten durch seinen Verlauf allgemein.“ Der hannoversche Vorschußverein habe die Einberufung unterlassen, weil sich dazu nur 9 Vereine gemeldet.

**) 1874 traten Göttingen und Goslar, 1877 Lüneburg (in Bremen vertreten) und 1878 Neuhaus a Elbe bei.

***) Siehe meinen Aufsatz „Die früheren Beziehungen der Württembergischen Kreditvereine zum allgemeinen Deutschen Verbande“ in Nr. 51 der Blätter für Genossenschaftswesen 1893 Seite 502.

nach dem organischen Statut des Allgemeinen Verbandes zugetheilten großen Rechte einzutreten*). — Gewiß sind die deshalb zu thuenden Schritte mehr wie je an der Zeit, da die Revision des Genossenschaftsgesetzes und damit in Verbindung stehende tief eingreifende Maßnahmen und gesetzliche Befugnisse unserer Vereine in Frage stehen.

Sicher ist die Erledigung dieser Aufgaben in einem dem Gedeihen der Deutschen Genossenschaften förderlichen Sinne nur durch gegenseitige Verständigung und gemeinsames Eintreten unter fester Leitung möglich, wie das allein die Organisation des **Deutschen Allgemeinen Genossenschaftsverbandes** in der **Gliederung** in seine **Landes- und Provinzial-Unterverbände** bietet. Hierauf gestützt, war es dem Anwalt überhaupt nur möglich, in der Gesetzgebung durchzudringen und so den Genossenschaften die Leistungsfähigkeit zu sichern, welche ihre großen Resultate bedingt. Und dieses Zusammenwirkens bedarf es wiederum jetzt, bei Revision der Gesetzgebung, soll diese den Bedürfnissen der Vereine irgend gerecht werden.

Möchte daher ohne längeres Säumen zunächst eine gemeinsame Besprechung der uns angehörigen Hannoverschen Kreditgenossenschaften über die zur Gesetzesrevision gestellten Anträge mit dem Anwalt eingeleitet werden, wie sie die Nrn. 18, 19, 20, 23, 26, 28 der „Blätter für Genossenschaftswesen" enthalten,**) aus welcher sich dann die weitere, dauernde Verbindung entwickeln würde. Gehören auch dem Allgemeinem Verbande gegenwärtig nur die neun Hannoverschen Vereine zu Buer, Emden, Esens, Göttingen, Goslar, Hameln, Lüneburg, Neuhaus a. E. und Norden an, so dürfte die Errichtung des Verbandes sicher weiteren Zutritt hervorrufen, und könnte schon der Anschluß der uns in den Herzogthümern Braunschweig***) und Oldenburg angehörigen Vereine zu Oldenburg, Varel und Schöningen in Aussicht genommen werden. An Ausgaben entstehen den beitretenden Vereinen durch den Unterverband, insofern sie nicht selbst geringe Aufwendungen für Drucksachen u. dergl. beschließen, eigentlich nur die Reisekosten ihrer Vertreter zu den Unterverbandstagen. Wie gesagt, können diese Tage abwechselnd an den einzelnen Orten in der Art stattfinden, daß der an der Reihe befindliche Verein für das betreffende Jahr die Verbandsleitung hat und einer seiner Vorsteher auf Kosten der Allgemeinen Verbandskasse dem Allgemeinen Vereinstage als **Unterverbandsdirektor** und Mitglied des engeren Ausschusses (Organisches Statut §§. 6 und 7) beiwohnt, welche Kasse auch die Reisekosten des Anwalts und seiner Stellvertreter zu den Unterverbandstagen trägt.

Entschließen sich daher die Hannoverschen Vereine den Schritt zu thun, der in ihrem speziellen, wie im allgemeinen Interesse geboten ist! **Im festen Zusammenschluß mit der Gesammtheit der Deutschen Genossenschaften gilt es, einer noch weiter gehenden Zersplitterung in ihrer Provinz vorzubeugen** und der Be-

*) Diese, vermuthlich 1877 erlassene Ansprache ist in den Genossenschaftsblättern nicht abgedruckt; ich bin nicht im Besitz derselben.

**) Es enthalten die Nrn. 18 und 19 der Blätter für Genossenschaftswesen, Jahrg. 1881 Schulze's Novelle zum Genossenschaftsgesetze, Nr. 20 eine Besprechung des Antrages des Reichstagsabgeordneten Ackermann, Nr. 23 einen Auszug aus der Reichstagsrede Schulze's über die Anträge von Mirbach und Ackermann, Nr. 26 einen Aufsatz Schulze's über den Antrag des Reichstagsabg. von Mirbach und Nr. 28 einen weiteren Aufsatz Schulze's über den Antrag des Abg. Ackermann.

***) Schulze führte hier das Herzogthum Braunschweig auf, weil er in der Liste der zu keinem Unterverbande gehörenden Vorschußvereine des Allgemeinen Verbandes den Verein zu Schöningen im Braunschweig'schen fand. Er hatte übersehen, daß der seit 1864 bestehende Verband der Vorschußvereine des Regierungsbezirkes Magdeburg auch das Herzogthum Braunschweig umfaßt, und daß diese Verbindung sich insoweit bewährt hatte, als — wie der Jahresbericht für 1880 ergiebt — damals zu diesem Verbande fünf Kredit-Vereine des Herzogthums Braunschweig, nämlich Calvörde, Hasselfelde, Helmstedt, Holzminden, Stadtoldendorf gehörten.

wegung den **nationalen Charakter zu wahren, in welchem allein die Bürgschaft zur Lösung der großen Aufgaben gegeben ist, welche ihr in dieser ernsten Zeit gestellt sind.**

Möchten die Worte Ihres alten Anwalts bei den Hannoverschen Vereinen eine gute Aufnahme finden und sie bewegen, in der Sache mit einander und mit ihm ins Vernehmen zu treten.

Potsdam, den 3. August 1881. Der Anwalt

Dr. Schulze-Delitzsch.

Schulze-Delitzsch hatte, entsprechend seiner Gewohnheit, sich und seine Institutionen nicht aufzudrängen, diesen Aufruf nur an die **Kreditgenossenschaften des Allgemeinen Deutschen Verbandes** in Hannover gerichtet, also nicht an die bisher noch außerhalb stehenden Kreditvereine. Die Zahl der letzteren war allmählich gewachsen. 1877 waren es nach dem Jahresbericht bereits 34, 1881 39. Eine gewisse Anzahl derselben unterhielt mit Schulze-Delitzsch und seiner Organisation noch insoweit eine Verbindung, als sie die Tabellen für den Jahresbericht alljährlich oder doch fast alljährlich ausfüllten. Dazu gehörten Brome, Celle, Einbeck, Hankensbüttel, Hannover (Vorschußvereinsbank, Direktor Institutsvorsteher Behre), Harburg, Osnabrück, Osterode a. H. Die übrigen Vereine hatten keinerlei Beziehungen zu Schulze's Organisation. Unter letzteren befand sich der 1877 begründete Creditverein, E. G., zu Hannover, als dessen Direktor regelmäßig der **Institutsvorsteher Dr. Louis Glackemeyer** aufgeführt wurde, sowie der schon 1860 begründete Vorschuß- und Sparverein E. G. zu Gifhorn mit dem Direktor Buchhändler **Hermann Schulze.**

Schulze-Delitzsch hatte vielleicht gehofft, daß sein Aufruf einzelne von den dem allgemeinen Verbande angehörigen neun hannoverschen Kreditvereinen veranlassen werde, Delegirte zum allgemeinen Vereinstag nach Kassel zu schicken, um dort mit ihm über den zu gründenden Verband weitere Verabredungen zu treffen; er fand sich darin getäuscht. Kein einziger dieser Vereine war in Kassel vertreten. Als Gäste hatten sich eingefunden zwei Vertreter des Creditvereins zu Hannover, Dr. Glackemeyer und der inzwischen verstorbene H. Hußmann.

Auf diesem Genossenschaftstage zu Kassel besprach am 25. August 1881 Schulze-Delitzsch in seinem Bericht über den Stand der Genossenschaftsbewegung das „sehr wichtige und werthvolle Glied unserer Organisation", die Unterverbände. Nach den „Mittheilungen" sagte er darüber folgendes:

„Als die deutschen Genossenschaften 1859 zum ersten Mal gemeinsam tagten, konnten wir nur die Gründung eines allgemeinen Verbandes uns zur Aufgabe machen, aber bald trat auch das Bedürfniß nach einer weiteren partikularistischen Gliederung — aber nicht partikularistisch im Gegensatz zu deutsch — hervor. Wir hätten ohne die Unterverbände vieles nicht erreicht, was uns vorwärts gebracht hat. Die Specialgesetzgebung, welche früher noch mehr als jetzt in die Thätigkeit unserer Vereine eingriff, drängte zu einer Gruppirung der Vereine nach Staaten, ja selbst nach Provinzen, indem gewisse provinzielle Verschiedenheiten auch provinziell verschiedene Einrichtungen bei den Vereinen erforderten. Es kam hinzu, daß der allgemeine Verband zu groß war, um es der Centralstelle zu ermöglichen, ohne Vermittelung der Unterverbände mit den einzelnen Vereinen den nothwendigen Verkehr zu unterhalten. Es bedürfte einer provinziellen Organisation, ohne das allen Vereinen nothwendig Gemeinsame aus dem Auge zu lassen. Beim Anwalt fließt das ganze Material zusammen, hier sind Rechtsgutachten zu ertheilen, organisatorische Fragen zu beantworten 2c.; da muß der Anwalt von Ihnen lernen, indem er mit Ihnen zusammentagt, aber Sie müssen auch mit der Centralstelle den Zusammenhang aufrecht erhalten, indem Sie den **Unterverbänden beitreten.**

Es ist zu bedauern, daß gleichwohl mehr als 100 Vereine des allgemeinen Verbandes noch keinem Unterverbande angehören. Manche derselben benutzen die ihnen zum Beitritt gebotene Gelegenheit nicht, anders liegt es in Bezirken, wo eine solche Organisation noch nicht besteht, z. B. in **Hannover, wo politisch-partikularistische Bestrebungen hinderlich zu sein scheinen.** Ich habe mich bereit erklärt, dorthin zu reisen und mit den Vereinen zu tagen, aber noch keinen Erfolg mit meinem Anerbieten erzielt, und doch kommen von den Einnahmen des allgemeinen Verbandes jährlich 10000—12000 Mk. den Unterverbänden zu gut, weil wir deren Durchführung überall für so wichtig halten*). Die partikularistischen Gegenbestrebungen in Hannover sind deshalb sehr zu bedauern. Die deutsche Genossenschaftsbewegung ist eine **deutsch-nationale** Bewegung und wer sie partikularistisch auffaßt, wird erstlich die materiellen Ziele derselben nicht erreichen, dann aber auch die segensvolle Rückwirkung auf die nationale Gestaltung unserer inneren Zustände absolut verfehlen und in Zukunft wegfallen, wenn die Rechnung gemacht." (Lebhafter Beifall.) . . .

Ich weiß nicht genau, ob Dr. Glackemeyer schon vor der Rede Schulze's sich ihm vorgestellt hatte. Die Diskussion, die im Anschluß an Schulze's Bericht eröffnet wurde, beschränkte sich nun auf ein kurzes Zwiegespräch zwischen Schulze und Dr. Glackemeyer. Es heißt in den „Mittheilungen" darüber wörtlich (S. 20):

„Dr. Glackemeyer (Hannover): Herr Dr. Schulze hat die Nichtbildung eines Provinzialverbandes für Hannover den partikularistischen Tendenzen unter den dortigen Genossenschaften beigemessen. Diesen Irrthum möchte ich nicht unberichtigt lassen. Die Verhältnisse in Hannover sind sehr schwierig; wenn man ohne Weiteres gesagt hätte, „die hannoverschen Vereine sollen sich dem großen Verbande anschließen", so wäre die Bewegung in's Wasser gefallen, indem man vielfach die Aeußerung gethan haben würde: **„den Preußen** wollen wir uns nicht anschließen." Nach dem Lesen des Circulars der Anwaltschaft hatten **wir** diese Befürchtung, und wir scheinen von der Anwaltschaft nur falsch verstanden worden zu sein. Wir hatten von Haus aus den Wunsch, daß eine Vereinigung zu Stande käme, daß sich ein hannoverscher Unterverband bilde und an den großen deutschen Verband anschließe. Diese Absicht ist aber unserer Meinung nach nur allmählich durchzuführen, und wir müssen langsam und vorsichtig dabei zu Werke gehen; wir hoffen indeß, daß die Vereinigung nunmehr baldigst erreicht wird. (Zustimmung.)

Dr. Schulze-Delitzsch: „Mein Wunsch ist, daß die hannoverschen Vereine für sich zusammentreten und sich dann dem allgemeinen deutschen Verbande als Unterverband anschließen. Einen **Preußischen** Verband haben wir nicht und haben wir nie gehabt. (Heiterkeit.) Sollte Jemand den Versuch machen, den **deutschen Verband** in einen **Preußischen** zu verwandeln, so würde er mich zum entschiedensten Gegner haben."

Dieß war die erste und einzige Begegnung Schulze's mit Dr. Glackemeyer. Die Erwiderung Schulze's erscheint in den „Mittheilungen", wenn

---

*) Verausgabt sind nach der gedruckten Rechnung in den Mittheilungen 3182 Mk. für Reisekosten und Diäten des Anwalts und seiner Vertreter zu den Verbandstagen, 4238 Mk. für Reisekosten und Diäten der Verbandsdirektoren zum Allgemeinen Verbandstage, 878 Mk. für Aufzeichnung, Druck, Papier und Verhandlungskosten der Mittheilungen über den Vereinstag zu Altona. 5704 Mk. für 990 Jahresberichte (für 1880) und die Kosten der Versendung derselben. Diese Beträge machen zusammen 14000 Mk. aus, — ohne die Reisekosten und Diäten des Anwalts und seiner Vertreter zu den Verbandstagen etwa 10800 Mk.

mich meine Erinnerung nicht täuscht, erheblich gemildert oder abgeschwächt. Schulze sprach ziemlich lebhaft, fast erregt. Er hatte sich augenscheinlich über Dr. Glackemeyer geärgert, vermuthlich auch deshalb, weil sich dieser Herr, der seit 1877 einen Kreditverein leitete, der sich dem allgemeinen Verbande fern hielt und sich nicht einmal an der Statistik Schulze's betheiligte, von dem ihn und seinen Verein gar nichts angehenden, nur an die dem Allgemeinen Verband angehörigen Vereine gerichteten Aufruf sprach und sich gewissermaßen als Vertreter oder Wortführer dieser Vereine aufspielte und dabei gleich mit dem partikularistischen Ausdruck des Preußischen Verbandes hervortrat. Schulze scheint auch hier seine oft bewunderte und in der That bewundernswerthe Menschenkenntniß bewährt zu haben, indem er gleich beim ersten und wohl einzigen Male, wo er ihn sah, in dem Dr. Glackemeyer keinen Freund, sondern **einen Gegner seiner Organisation** erkannte.

Viertes Kapitel.

Wie Dr. Louis Glackemeyer Unterverbandsdirektor wurde und was er als solcher leistete und nicht leistete.

Viel wissen kann man mit der Zeit,
Auslernen nicht in Ewigkeit.
Hoffmann von Fallersleben.

Schulze-Delitzsch's Aufruf an die elf dem Allgemeinen Verbande angehörenden Kreditgenossenschaften in Hannover und Oldenburg hatte keinen sichtbaren Erfolg. Er erlebte es nicht mehr, daß durch Begründung eines hannoverschen Unterverbandes der Kreditvereine die Lücke in der das ganze Reich umfassenden Organisation ausgefüllt wurde. Jene Kreditgenossenschaften verhielten sich passiv. Dahingegen lud der immer noch nicht zum Allgemeinen Verbande gehörende Creditverein von Hannover die Vereine der Provinz zum Mai 1882 nach Hannover ein. Hier wurde ein „Niedersächsischer Verband der Erwerbs- und Wirthschaftsgenossenschaften in Hannover" gegründet. Der darüber veröffentlichte Bericht ist mir nicht zu Gesicht gekommen. Allein ich besitze einen Abdruck des am 14. Mai 1882 beschlossenen Statuts des Verbandes. Dasselbe ist unterzeichnet von Vertretern von 14 Kreditvereinen: Hannover, Hankensbüttel, Gifhorn, Hohenhameln, Harburg, Rodenberg, Lautenthal, Brome, Neuhaus a./E., Hameln, Buer, Goslar, Varel und Lüneburg. Nur die sechs zuletzt genannten gehörten bereits dem allgemeinen Verbande an. Aus dem Statut ergiebt sich, daß eine dauernde Sonderstellung des Verbandes nicht beabsichtigt war. Unter den Zwecken des Verbandes stand ausdrücklich „Erstrebung des allseitigen Anschlusses an den allgemeinen Verband deutscher Erwerbs- und Wirthschaftsgenossenschaften."

Ob und was zu diesem Behufe im Laufe des Jahres 1882 seitens der Verbandsleitung geschehen ist, weiß ich nicht. Erst nach 5/4 Jahren, mehrere Monate nach dem Tode Schulze's und drei Tage vor dem Allgemeinen Vereinstage in Halberstadt, fand ein zweiter Verbandstag des niedersächsischen Verbandes in Hannover statt. Wie der gedruckte Bericht des Dr. Glackemeyer ersehen läßt, wurde in der Hauptversammlung wiederum über den Anschluß des niedersächsischen Verbandes an den Allgemeinen Deutschen Verband verhandelt. Nach Dr. Glackemeyer's Mittheilung gehörten erst 14 Vereine dem Verbande an, die vorhergenannten außer Buer, Rodenberg, Hohenhameln und Lautenthal, die wieder ausgeschieden sein müssen und außerdem Einbeck, Hoheneggelsen, Stadthagen und Steinhude.*) Die Vereine hatten beim Verbandsdirektor Dr. Glackemeyer Rath und Hülfe gesucht und stets Antwort erhalten. Ueber den Anschluß selbst referirte Schulze-Gifhorn. Er war zwar nicht prinzipiell dagegen, wollte aber die Entscheidung noch auf ein Jahr hinausgeschoben wissen. Dagegen erhob sich lebhafter Widerspruch. Eine Reihe Vereine wolle in den niedersächsischen Verband erst eintreten, wenn er sich an den Allgemeinen Verband angeschlossen habe, und Varel erklärte wieder auszutreten, „wenn der Anschluß abermals eine Verschleppung erlitte"; außerdem, wurde erwähnt, sei der Verband bereits in den Augen des verstorbenen Schulze-Delitzsch in den Verdacht partikularistischer Bestrebungen gekommen. Hierauf wurde einstimmig der alsbaldige Anschluß an den Allgemeinen Deutschen Verband beschlossen und als Delegirter nach Halberstadt Dr. Glackemeyer gewählt.

Auf diesem Verbandstage zu Hannover wurde außerdem noch über eine Reihe genossenschaftlicher Fragen verhandelt. So wurde den Vereinen empfohlen, nach der zweiten und jeder folgenden Prolongation eines Vorschusses teilweise Rückzahlung zu verlangen. Anscheinend hatten die meisten Vereine immer wieder prolongirt, sodaß eine Rückzahlung von 10 % nach der zweiten Prolongation, also nach 3/4 Jahren schon für überaus streng erklärt wurde.

Dr. Glackemeyer hielt einen Vortrag über „Pfennigsparkassen und gesperrte Sparkassenbücher" und empfahl die letzteren, da die Vereine dadurch Kapitalien erhielten, die auf längere Zeit bei ihnen fest lägen, und andrerseits die Einleger gewöhnt würden, sich von langer Hand her auf zukünftige Fälle durch Selbsthülfe vorzubereiten. „Die Ideen fanden allgemeinen Beifall."

Ferner referirte Schulze-Gifhorn über Verbandsrevision und verlangte den Verband für einen Revisionsverband zu erklären. Dem trat Dr. Glackemeyer entgegen, und es wurde beschlossen, die Bestellung eines Verbandsrevisors und eines Stellvertreters für nothwendig zu erklären und den Vorstand aufzufordern, geeignete Herren zu bezeichnen. Endlich ward von Schulze-Gifhorn über eine, von Schulze-Delitzsch in Aufsätzen und Schriften und auf seinen Antrag in Beschlüssen des Allgemeinen Verbandes öfters behandelte Frage berichtet. Nach Schulze's Musterstatuten sollte die Generalversammlung auch den Höchstbetrag bestimmen, welchen sämmtliche den Verein belastende Anlehen nicht überschreiten dürfen. Schulze-Gifhorn und Dr. Glackemeyer schienen die Aufsätze Schulze's und die Beschlüsse der Vereinstage nicht zu kennen. Sie erklärten, daß nur der Vorstand und der Ausschuß, niemals die Generalversammlung solches zu entscheiden habe, „mit welchen Ansichten", wie Dr. Glackemeyer berichtet, „die Versammlung vollständig einverstanden war."

Der Anschluß an den Allgemeinen Verband verzögerte sich wiederum auf ein Jahr, weil das Verbandsstatut den vom Allgemeinen Verband

*) Einbeck und Hoheneggelsen waren auf dem 2. Verbandstage nicht vertreten.

gestellten Anforderungen nicht entsprach. Es bedurfte zur Statutänderung erst noch eines dritten Verbandstages, der erst nach elf Monaten am 26. und 27. Juli 1884 in Hameln abgehalten wurde. Hier erschien auf Einladung Anwalt Schenck „zur großen Freude aller und förderte die Verhandlungen in erheblicher Weise."*) Nach dem Bericht, der in Text und Anmerkungen mit mancherlei persönlichen Ausführungen des Dr. Glackemeyer versehen ist, verhandelte man zunächst über die Frage, ob Schuldschein oder Vorschußwechsel vorzuziehen sei, dann wurde Umfrage gehalten unter andern wegen der Genossenschaftsblätter, die Dr. Glackemeyer in „wenigstens zwei Exemplaren" zu halten dringend empfahl, ferner, ob gesperrte Sparkassenbücher eingeführt, ob ein Verein seinen Vorstandsmitgliedern Kredit gewähren dürfe**) u. s. w.

Im Statut war nur zu ändern, daß jeder Verein dem Allgemeinen Deutschen Verbande angehören oder beitreten müsse. Den größten Theil (12 Druckseiten) des Berichtes nimmt ein Vortrag des Dr. Glackemeyer über „unklare Punkte im Genossenschaftsgesetz" ein. Der Vortrag macht den Eindruck, als ob der Verfasser seine sehr geringe Kenntniß von der Entwicklung und den Anforderungen der genossenschaftlichen Gesetzgebung durch allerlei gelehrtes Beiwerk zu verdecken suche. Unter andrem stellt er die eigenthümliche Forderung, daß über den Rechtscharakter der Genossenschaften in das Genossenschaftsgesetz eine Bestimmung aufzunehmen sei, und citirte für die Behauptung, daß darüber unter den „Rechtslehrern" sieben verschiedene juristische Ansichten beständen, 20 juristische Schriftsteller. Doch war er ehrlich genug, in einer Anmerkung zu gestehen, daß er die Zusammenstellung aus einem Buche des Dr. B. Koch (sollte Kah heißen) übernommen habe. Ob er die Schriften der 19 „Rechtslehrer" (außer Kah) durchstudirt habe, verrieth er nicht. Aus den Unklarheiten, die er bei den Bestimmungen über Vorstand und Aufsichtsrath im Gesetze fand, geht hervor, daß bei niedersächsischen Kreditvereinen, wie dies bei ihrem Fernbleiben von Schulze's Organisation nur zu erklärlich ist, sehr ursprüngliche, und für eingetragene Genossenschaften ungesetzliche Einrichtungen bestanden.***) Dr. Glackemeyer schlug eine Resolution vor, wonach der in Hameln versammelte Genossenschaftstag dem Wunsche bestimmten Ausdruck geben sollte, daß in An-

*) In einem Aufsatze Glackemeyers in den Bl. f. G. 1884 S. 315 heißt es: „Eine besondere Freude hatte der Verbandstag durch den unerwarteten Besuch des Anwalts H. Schenck, der überall kräftig in die Debatte eingriff und dadurch die Verhandlungen auf's Beste förderte." Schenck hatte zuerst abgelehnt, weil er den auf dieselbe Zeit angesetzten Verbandstag in Thüringen besuchen wollte. Für diesen Verbandstag fand er in Pröbst einen Vertreter. (Vgl. gedruckten Bericht über die Sitzungen des engeren Ausschusses.)

**) Nachdem Schenck und der Bürgermeister von Hameln aus juristischen und moralischen Bedenken sich gegen die von mehreren vertheidigte Kreditgewährung an die Vorstandsmitglieder ausgesprochen, konnte der Vorsitzende die Stimmung dahin „resümiren", daß die Versammlung gegen die Kreditgewährung sei.

***) „Hier sind Vorstand und Aufsichtsrath nur Abtheilungen eines einzigen Verwaltungskörpers, dort der Vorsitzende des Aufsichtsraths zugleich Direktor des Vereins, in dem einen Verein beschließt lediglich der Aufsichtsrath über die Kreditgesuche und der Vorstand ist nur mechanisch vollziehendes Organ, in dem anderen Verein entscheiden beide Organe in gemeinschaftlicher Sitzung über solche Kreditgesuche mit gleicher Stimmberechtigung, ohne daß dem Vorstand eine Vorentscheidung über dieselben zusteht u. s. w."

betracht der dem Genossenschaftsgesetz mannigfach anhaftenden Unklarheiten und Mängel baldigst eine Umbildung im Geiste des Schöpfers des Genossenschaftswesens zur Ausführung komme. Nachdem Schulze-Delitzsch wiederholt eine Novelle zum Genossenschaftsgesetz im Reichstage eingebracht und mit Motiven veröffentlicht hatte und nachdem darüber mehrere Genossenschaftstage eingehend verhandelt hatten, würde diese Resolution, die sich formulirter Verbesserungsvorschläge vorsichtig enthielt, in ihrer Harmlosigkeit auf die gesetzgebenden Faktoren erheiternd gewirkt haben. Nach Dr. Glackemeyer's Bericht erklärte sich namentlich der Anwalt Schenck entschieden dagegen; derselbe konnte auch „Unklarheiten" des Gesetzes bei verschiedenen Punkten nicht anerkennen. Dr. Glackemeyer erwiderte auf alle Einwürfe, er hielt stolz „seine Behauptungen und Ausführungen überall aufrecht", — aber zog die Resolution zurück.

Auch über die Revisionsfrage fand hier eine Debatte statt. Der Vertreter von Varel beantragte den Vorstand aufzufordern, dem nächsten Verbandstag eine Vorlage über die Verbandsrevision im Sinne der in andren Verbänden zur Ausführung gekommenen Einrichtungen vorzulegen. Dr. Glackemeyer versprach dies auch.

Auf dem Genossenschaftstag zu Weimar 1884 im August wurde nun endlich der niedersächsische Verband als Unterverband in den Allgemeinen Verband und der Verbandsdirektor Glackemeyer (Stellvertreter Schulze-Gifhorn) in den engeren Ausschuß aufgenommen. Derselbe betheiligte sich in der Hauptversammlung namentlich an den Verhandlungen über die vom Anwalt in Folge Beschlusses des vorigen Verbandstages vorgelegte Anweisung für die Revision über Umfang und Art der vorzunehmenden Verbandsrevision. Er bemäkelte die große Zahl Fragen und den Inhalt von mehreren derselben und gerieth in einen lebhaften Wortwechsel mit Morgenstern-Breslau.*)

Der Unterverband des niedersächsischen Verbandes hat als solcher vom August 1884 bis zum August 1891 dem Allgemeinen Verband angehört. Seine und seines stets durch Akklamation wiedergewählten Verbandsdirektors Leistungen zu beurtheilen, ist dadurch erschwert, daß nur über die Verbandstage 1885 in Gifhorn, 1886 in Hannover, 1887 in Harburg und 1890 in Lüneburg gedruckte „Berichte" erschienen sind, während solche über die Verbandstage 1888 in Hannover, 1889 in Hannover und 1891 in Pyrmont gänzlich fehlen. Die Anwaltschaft ist auf den Unterverbandstagen 1885

*) Dr. Glackemeyer hat den ihm in Hameln gewordenen Auftrag, dessen Erfüllung er versprochen hatte, nicht ausgeführt. Ein Jahr später auf dem Verbandstag in Gifhorn 1885 brachte er die lahme Entschuldigung vor, der ihm ertheilte Auftrag sei durch die in Weimar empfohlene Instruktion hinfällig geworden. Der Verband ließ die Entschuldigung nicht gelten, sondern beschloß, daß im nächsten Jahre eine Spezialinstruktion vorgelegt werde. Vor dem Verbandstag in Hannover 1886 versendete nun Dr. Glackemeyer eine Vorlage mit 95 Revisionsfragen. Er gestand jetzt zu, er habe in Weimar gegen eine zu große Zahl Revisionsfragen (68) gesprochen, sich aber infolge längerer Vertiefung in die Materie überzeugt, daß die Zahl sich schwer beschränken lasse. Später scheinen sich diese Fragen auf 144 vermehrt zu haben, aber nicht in Anwendung gekommen zu sein. Dies scheint aus dem unklaren Bericht über den Verbandstag in Lüneburg 1890 hervorzugehen, wo Dr. Glackemeyer meinte, die Instruktionsfrage würde aus der Praxis herauswachsen. Ein Beschluß wurde hier nicht gefaßt.

durch den Anwalt selbst, 1886 und 1887 durch mich, 1889 und 1891 durch Dr. Crüger, 1888 und 1890 überhaupt nicht vertreten gewesen. Der Verband nahm nach Erlaß des Genossenschaftsgesetzes auf dem Verbandstag in Hannover 1889 ein neues Statut an, auf Grund dessen er die Rechte eines Revisionsverbandes erhielt. In dem von Dr. Glackemeyer verfaßten Entwurf hatte er, während bis dahin in den Unterverbänden unserer Organisation nach ausdrücklicher Vorschrift des organischen Statuts der Verbandsdirektor immer nur auf ein Jahr gewählt wurde,**) vorgeschlagen, hier denselben gleich auf fünf Jahre zu wählen. Auf Einspruch des Vertreters der Anwaltschaft. Dr. Crüger, wurde die Wahlzeit auf drei Jahre heruntergesetzt. Die jährlichen Beiträge zum Verbande waren zuerst auf $1/2$ % vom Reingewinn mit dem Mindestbetrag von 10 Mark und dem Höchstbetrag von 30 % festgesetzt, später wurden sie auf $1 1/2$ % mit dem Mindestbetrage von 20 Mark und dem Höchstbetrage von 120 Mark erhöht.

Aus dem vorhandenen gedruckten Material geht zweifellos hervor, daß Dr. Glackemeyer als Unterverbandsdirektor sich bemüht hat, den Verband in ganz abweichender Weise zu leiten. Insbesondere ignorirte er die von Schulze-Delitzsch und den Allgemeinen Vereinstagen den Unterverbänden und ihren Direktoren empfohlenen Maßnahmen und Einrichtungen vollständig, oder bekämpfte dieselben auf seinen Verbandstagen unter heftigen, persönlichen Angriffen auf ihre Vertheidiger als weder nothwendig noch nützlich. Allmählich kam er dahin, den Unterverband und seine Versammlungen als Agitationsmittel zur Sprengung des Allgemeinen Verbandes auszunutzen. Sein Verhalten nach der Lostrennung des Unterverbandes legte die Vermuthung nahe, daß er in den Allgemeinen Verband schon mit der Absicht ihn zu zerstören eingetreten sei. Ich muß aber nach genauer Prüfung des Materials anerkennen, daß dies nicht der Fall war. Seiner Eigenart entsprechend versuchte Dr. Glackemeyer in den ersten Jahren seiner Unterverbandsdirektorschaft, innerhalb des Allgemeinen Verbandes eine einflußreiche oder gar dominirende Stellung zu erlangen, unbekümmert darum, daß seine geringe Kenntniß von dem, was vor 1880 in der Deutschen Genossenschaftsbewegung passirt war, überall hervortreten mußte und seine Unfähigkeit sachliche Gegenstände sachlich und nicht in erregt-nervöser Weise persönlich zu behandeln, ihn hindern mußte, ruhig überlegende erfahrene Männer zu seinen Ansichten zu bekehren und für seine Absichten zu gewinnen.

Die ersten Bestimmungen über die Unterverbände wurden auf Schulze's Antrag auf dem Vereinstage in Potsdam 1862 getroffen, zu einer Zeit, als erst drei Unterverbände — im Königreich Sachsen, am Mittelrhein und in Rheinland-Westfalen — konstituirt waren. 1864 gab es schon 15 Unterverbände von Kreditgenossenschaften. Das 1864 auf dem Genossenschaftstage in Mainz nach Schulze's Vorschlag angenommene organische Statut enthielt einen besonderen Abschnitt von den Unterverbänden, dessen Bestimmungen im Allgemeinen bis heute maßgebend geblieben sind. Es heißt dort im § 7 von den Landes- und Provinzial-Unterverbänden:

..... Die im Allgemeinen Verbande stehenden Vereine ordnen sich distriktsweise in besondere, nach Bedürfniß und Zweckmäßigkeit gebildete Landes- und Provinzial-Unterverbände ein. Die Aufgabe derselben besteht in:

a) Unterhaltung eines stetigen Verkehrs mit der Anwaltschaft und dem Allgemeinen Vereinstage;

**) Im neuen Statut ist die Beschränkung fortgefallen.

b) Anbahnung engerer Geschäftsverbindungen, namentlich eines geordneten Geldverkehrs, sowie des Austausches der gemachten Erfahrungen unter einander;
c) gemeinsamer Wahrnehmung der Sonderinteressen der Vereine des Distrikts;
d) Unterstützung des Anwalts und engeren Ausschusses in deren Funktionen, besonders bei Einziehung der statistischen Nachrichten und Kostenbeiträge von den einbezirkten Vereinen, sowie wenn es gilt, den Beschlüssen des Allgemeinen Vereinstages Folge zu geben.

Die Unterverbände konstituiren sich nach eigenen von ihnen angenommenen Statuten, . . . und treten durch Deputirte der einbezirkten Vereine zur Ausübung der ihnen obliegenden Funktionen und Regelung ihrer Angelegenheiten in jährlich mindestens einmal stattfindenden Verbandstagen zusammen, deren Beschlüsse in den besonderen Angelegenheiten des Unterverbandes dieselbe Kraft haben, wie die des Allgemeinen Vereinstages in allgemeinen Angelegenheiten, aber ebenso wenig, wie diese, der Selbstständigkeit der einzelnen Vereine in deren speziellen Angelegenheiten zu nahe treten dürfen, ...

Die Verbandsdirektoren bildeten nunmehr den engeren Ausschuß, der dem Anwalt als Beirath zur Seite stand. Er hatte anfänglich aus fünf (Halle 1861), dann aus sieben (Potsdam 1862) vom Allgemeinen Vereinstage auf ein Jahr gewählten Personen bestanden. Auf dem fünften Verbandstage in Görlitz (1863) ward er aus den Vorsitzenden sämmtlicher Unterverbände und aus drei auf ein Jahr gewählten Personen zusammengesetzt, seit 1864 nach dem organischen Statut aus sämmtlichen Verbandsdirektoren.*) Bei der Ungleichheit der Leistungsfähigkeit der einzelnen Verbände ist später eingeführt, daß zunächst die Reisekosten und sodann auch die Tagegelder für die Verbandsdirektoren zum Besuch der Genossenschaftstage aus der Kasse des Allgemeinen Verbandes gezahlt werden.

Bei der Berathung des organischen Statuts erklärte Schulze-Delitzsch die Unterverbände für eine der wichtigsten Glieder der genossenschaftlichen Organisation, sie seien ein Hauptmittel um die Bewegung im rechten Gange zu erhalten. — Von vornherein hatte er beabsichtigt, alle Unterverbandstage zu besuchen.**) Bei der schnellen Vermehrung der Verbände erschien dies nicht möglich. Schulze sandte deshalb, schon seit 1865, nachdem ich nach Berlin übergesiedelt war, mich und seit 1868 auch den ersten Sekretär der Anwaltschaft, Dr. Schneider, regelmäßig als Stellvertreter auf einen Theil der Verbandstage.***)

Bereits in Stettin (1865) wurde den Unterverbänden auferlegt, die Anwaltschaft bei Einziehung der statistischen Nachrichten durch schleunige Einsendung der tabellarischen Rechnungsabschlüsse zu unterstützen und Schulze führte dabei aus, die Verbandsdirektoren fertigten fast überall statistische Zusammenstellungen von den einbezirkten Vereinen an und legten sie auf den Verbandstagen aus, es sei dies auch unbedingt nöthig zur Durchführung der gegenseitigen Kontrole†), aber die Statistik des allgemeinen Verbandes dürfe darunter nicht leiden. Auf dem Genossenschaftstag zu Leipzig 1868 wurden diese Angelegenheiten durch ein Regulativ für den Verkehr der Unterverbände mit der Anwaltschaft geregelt††).

---

*) Ich selbst bin unter den 5, 7 und 3 gewählten Mitgliedern des engeren Ausschusses gewesen.

**) Mittheilungen über den Vereinstag zu Mainz 1864, S. 38 u. S. 77.

***) Vgl. Mittheilungen über den Stettiner Genossenschaftstag 1865, S. 46 und über den Leipziger Genossenschaftstag 1868, S. 49.

†) Vgl. Mittheilungen 1865, S. 43.

††) Vgl. Mittheilungen über den Genossenschaftstag zu Leipzig S. 47.

Schwierigkeiten machte die Ansetzung der Unterverbandstage. Auf Schulze's Antrag wurde vom Genossenschaftstage zu Neustadt a. H. 1869 mit Rücksicht darauf, daß dem Wunsch vieler Verbände, gerade am Sonntag zu tagen, nicht immer entsprochen werden konnte, beschlossen, daß die Bestimmung der Unterverbandstage in keinem Falle ohne vorherige Vereinbarung mit der Anwaltschaft zu treffen, und diese Tage spätestens in der ersten Hälfte des Juli abzuhalten.*) (Mittheilungen über den Genossenschaftstag zu Neustadt a. H. 1869, S. 65). Der Beschluß mußte elf Jahre später, auf dem Genossenschaftstage zu Altona 1880, erneuert werden. Der Behauptung, daß die Vorstände nur Sonntags abkommen könnten, trat Schulze mit den Worten entgegen: „Müssen denn immer die Vorstände deputiert werden? Schicken Sie uns doch manchmal die Aufsichtsräthe, Sie werden recht viel aus unseren Berathungen kennen lernen ... Wir müssen daher wiederholen, was schon 1869 beschlossen worden ist, denn es wäre gegen die Verfassung unseres Verbandes, wollten Sie etwa einen Verbandstag ohne die Anwaltschaft anberaumen." (Mitth. vom Genossenschaftstag Altona 1880, S. 30.)

Schulze-Delitzsch konnte mit Genugthuung auf die Entwickelung der Unterverbände blicken, denen er eine so hervorragende Stellung in seiner Organisation angewiesen hatte. Anlaß zu Verbesserungen gaben namentlich die Zusammenbrüche einer Reihe von Kreditvereinen. Gleichviel ob sie zum allgemeinen Verbande gehört hatten oder ihm fremd geblieben waren, brachte Schulze in dem gedruckten Jahresberichte jedesmal eine genauere Besprechung, die er auf den Genossenschaftstagen noch mündlich ergänzte. Die von ihm für nöthig erklärten statistischen Zusammenstellungen wurden bald nicht blos auf den Verbandstagen „aufgelegt", sondern schon vorher gedruckt. Den Spalten der statistischen Tabelle des Jahresberichtes wurden in diesen Unterverbands-Zusammenstellungen Spalten hinzugefügt, in denen für eine Reihe von den aus jenen Spalten erkennbaren Einrichtungen und Verhältnissen zur Erleichterung der Vergleichung die Prozentsätze berechnet waren. Die Verbandsdirektoren verarbeiteten das Material ferner in ihren auf den Verbandstagen vorgetragenen Jahresübersichten; diese wurden verfaßt und in Druck gegeben und ebenso wie die Tabelle den gedruckten Mittheilungen über den Verbandstag beigefügt.

---

*) In Danzig klagte Schulze-Delitzsch, eine zweckmäßige Gruppirung der Verbandstage ließe sich nur durch allseitiges Entgegenkommen der Verbände herstellen, dazu müßten vor allen die Konsumvereinsverbände von ihrem sich immer wiederholenden Verlangen nach der Wahl eines Sonntags abstehen. Er habe ihnen deshalb schon ein kleines Tafellied gedichtet und in Musik gesetzt, in dem sie sich trösten müßten, wenn ihnen künftig Wochentage vorgeschlagen werden müßten. (Mittheilungen über den Genossenschaftstag zu Danzig 1876, S. 59.) Der Text des Tafelliedes, welches ein Zeugniß für Schulze-Delitzsch's Verhältniß zu den Konsumvereinen ablegt, ist gedruckt mit der Ueberschrift: „Den deutschen Konsumvereins-Verbänden vom Anwalt!" und der Unterschrift „Schulze". Die erste und die vierte und letzte der sechszeiligen Strophe lauten:

1. „Ach wenn's doch alle Tag' Sonntag wär'" — Wie ließ' es sich herrlich dann tagen! — Der Anwalt dürfte nur Sonntags her, — Da würde die Reise doch Keinem so schwer, — Wir brauchten dann gar nicht zu fragen ... 2. Doch, weil's nicht alle Tag' Sonntag kann sein, — So müssen wir schon uns vertragen, — Drum schreibt's nur in Euern Kalender hinein: — „„Ein Werktag im Jahre soll Sonntag sein!"" — Wenn wir im Verbande hier tagen."

Bei Verlusten, Liquidationen und Zusammenbrüchen, von denen zur Zeit der großen wirthschaftlichen Krisis in der Mitte der siebziger Jahre auch Kreditvereine unseres Verbandes betroffen wurden, zeigte sich öfters, daß die Aufsichtsräthe vom Verband und seinen Einrichtungen gar nichts wußten. Auf Anregung Schulze's wurden deshalb auf den Genossenschaftstage zu Wiesbaden 1877 von dem engeren Ausschusse in der Erwägung

„daß von den Seitens der Anwaltschaft und der Unterverbandsdirektoren an unsere Vereine gerichteten Mittheilungen und Aufforderungen mehrfach weder die Mitglieder derselben, noch selbst die von ihnen bestellten Aufsichtsräthe in so genügender Weise Kenntniß erhalten, wie dies die Wahrnehmung der ihnen zukommenden Rechte und Pflichten, besonders der den letzgenannten Organen obliegenden Kontrolfunktionen durchaus erfordert"

mehrere Vorschläge gemacht und vom Genossenschaftstage angenommen. Danach war in dem Formulare für die Rechnungsabschlüsse der Vereine eine Spalte beizufügen, in der Namen, Stand und Wohnort des Vorsitzenden des Aufsichtsrathes und dessen Stellvertreters anzugeben; ferner wurde den Genossenschaften des Verbandes dringend empfohlen, ein zweites Exemplar der Blätter für Genossenschaftswesen zur Zirkulation unter den Mitgliedern des Aufsichtsrathes zu halten, und die Unterverbandstage, sowie die Genossenschaftstage soweit möglich durch Mitglieder des Aufsichtsraths zu besenden. Endlich sollten die Unterverbandsdirektoren alle für die Vereine bestimmten Erlasse und Zuschriften, sowie die Berichte über die Unterverbandstage nebst den statistischen Uebersichten künftig nicht blos den Vorständen, sondern zugleich den Aufsichtsräthen der Vereine direkt durch deren Vorsitzende zugehen lassen.*)

Auf den Verbandstagen galten als besonders fruchtbringender Gegenstand der Tagesordnung die „Berichte aus den einzelnen Vereinen"; nicht die aus der Tabelle zu ersehenden Geschäftsergebnisse des verflossenen Jahres, sondern besondere Vorkommnisse desselben wurden vorgetragen; dabei gaben aber die Zahlen der Tabelle dem Verbandsdirektor und dem Anwalt oder dessen Vertreter Anlaß, Auskunft zu erbitten. Daran knüpften sich Diskussionen, die für alle Anwesende belehrend und anregend wirkten, die guten Einrichtungen des einen Verbandes wurden den andern Verbänden empfohlen, die ungünstigen Erfahrungen zu Warnungen benutzt, auch in Aufsätzen der Genossenschaftsblätter und in Beschlüssen des Genossenschaftstages.

Wie Schulze durch letztere nachzuhelfen suchte, zeigt z. B. ein auf Antrag des engeren Ausschusses gefaßter Beschluß des Genossenschaftstages zu Altona 1880 (Mittheil., S. 26):

„Zur Erfüllung der den Unterverbänden ... gestellten Aufgaben gehört vor Allem der gegenseitige Austausch und die Kritik der in den einzelnen Vereinen gemachten Erfahrungen auf den alljährlich unter Betheiligung der Anwaltschaft statt-

*) Schulze-Delitzsch sagte bei der Berathung dieses Antrages am 3. September 1877: „Wir können von Glück sagen, daß bei unseren Vereinen nichts schlimmeres passirt ist, als wir seither erlebt haben. Die durchschnittliche Ehrlichkeit der Verwaltungen hat uns gehalten, die Kontrole und Thätigkeit der Mitglieder wahrhaftig nicht. So aber kann es nicht bleiben. Die Vorstandsmitglieder müssen auch selbst eine schärfere Kontrole wünschen, denn eine solche Kontrole vermindert ihre eigene Verantwortlichkeit. Ohne daß die Mitglieder aus ihrer Gleichgültigkeit aufgeweckt werden, kommen wir jedoch nicht dahin." (Mittheilungen vom Genossenschaftstag zu Wiesbaden 1877, S. 45.)

findenden Versammlungen ihrer Deputirten, deren möglichst zahlreiche Besendung allen zur Pflicht gemacht wird. Als unerläßlich erscheinen dabei die Mittheilungen der Vereinsvertreter über Einrichtungen und Vorkommnisse bei ihren Vereinen mit dem Recht auf Rath und Auskunft. Besonders hat sich zu diesem Zweck die Umfrage unter den Deputirten praktisch bewährt, wie dieselbe seitens der Verbandsdirektoren nach ihren Wahrnehmungen unter Eingreifen der Anwaltschaft entweder speziell einzelnen Vereinen gegenüber oder ganz allgemein, über gewisse zum Voraus bestimmte Punkte stattfindet, wobei namentlich die Beschlüsse des Allgemeinen Vereinstags in das Auge zu fassen sind."

In der Debatte über den Antrag kam der Anlaß zu demselben zur Sprache; in einem Verbande hatte man es im Gegensatz zu dem „allgemein bewährten Verfahren" den Vertretern freigestellt, ob sie die Fragen beantworten wollten oder nicht. Schulze sprach sich darüber sehr scharf aus:

„Was soll denn mit den Umfragen erreicht werden, wenn die Anwaltschaft sich nicht unterrichten kann, was überall vorgekommen ist? ... Sie müssen von mir lernen und ich muß auch von Ihnen lernen und hören, wie die Dinge bei Ihnen gehandhabt werden. Ich erfahre da Manches, was mir Anregung giebt zu weiteren Schritten. Ohne die Unterverbände und deren lebendige Berührung mit der Zentralstelle wären wir nie so weit gekommen, als wir jetzt sind, aber dazu ist unerläßlich, daß die Vereine mit der Sprache herauskommen."

Die wiederkehrende Erscheinung, daß es ungeachtet der eifrigen Bemühungen der Anwaltschaft und der Verbandsdirektoren nicht immer gelang, von der Verwaltung mancher Kreditvereine hinreichende Kenntniß zu erwerben, führte zu der Einrichtung der Verbandsrevisionen. Wie diese Einrichtung nunmehr einen großen Theil der Thätigkeit Schulze's in Anspruch nahm, und durch die Unterverbände und deren Leiter bei seinen Lebzeiten und nach seinem Tode schnell weiterentwickelt wurde, wie Schulze in seinen letzten Lebensjahren von banger Sorge erfüllt war, die staatssozialistischen Bestrebungen könnten zu schwerer Beeinträchtigung „der Schöpfungen der Selbsthülfe" führen, die er „zur gesunden, wirthschaftlichen, politischen und humanen Entwickelung des Vaterlandes für unentbehrlich" erklärte, und wie er deshalb in seiner Novelle das Zugeständniß machte, dem Aufsichtsrath die gesetzliche Verpflichtung aufzuerlegen, die Genossenschaften von Zeit zu Zeit einer Superrevision durch einen ihr nicht angehörigen sachverständigen Revisor unterziehen zu lassen, und wie endlich die Erfolge der in den meisten Verbänden schnell durchgeführten Verbandsrevision zu der von Schulze durchaus nicht gewollten gesetzlichen Zwangsrevision geführt haben — das alles ist in dem von Dr. Crüger und mir herausgegebenen Kommentar zum Genossenschaftsgesetz vom 1. Mai 1889 (Einleitung, S. LVII—LXII und S. 204 ff.) ausführlich dargestellt.

Für das schnelle Aufblühen der Unterverbände war die Verpflichtung der Verbandsdirektoren, die Allgemeinen Vereinstage zu besuchen von günstigem Einfluß. Der alljährlich mehrere Tage dauernde Verkehr, den die Verbandsdirektoren auf den Genossenschaftstagen mit einander pflogen, mußte, ganz abgesehen von den Verhandlungen und Beschlüssen in den Sitzungen des engeren Ausschusses und den Hauptversammlungen, belehrend und fördernd wirken, um so mehr, als die Verbandsdirektoren aus allen Gauen Deutschlands zusammenströmten, als die Genossenschaftstage unter Wechsel zwischen Nord-, Süd- und Mitteldeutschland in den verschiedensten Bezirken des Reiches abgehalten wurden, und die Verbandsdirektoren allen möglichen Berufsständen angehörten. Noch jetzt befinden sich unter den Verbandsdirektoren, sowohl unter denen, welche die genossenschaftliche Thätigkeit zu ihrem Lebensberuf gemacht haben, wie unter den im Nebenamt thätigen Genossenschaftern, Kaufleute, Handwerker, Arbeiter, Juristen (Richter wie Rechtsanwälte), staatliche und kommunale Verwaltungsbeamte.

Es liegt auf der Hand, daß die außerordentlich verschiedene Entwickelung der Unterverbände der Kreditgenossenschaften für sie und ihre Direktoren die Möglichkeit gleicher Leistungen ausschloß. Manche Verbände wurden schon vor Jahren durch die Verheerungen, den der Zusammenbruch einzelner Vereine unter der Bevölkerung anrichtete und durch die dadurch veranlaßte Umwandlung älterer, größerer eingetragenen Genossenschaften in Aktiengesellschaften in ihrem Bestande erschüttert, andere Verbände wurden nach dem Erlaß des neuen Genossenschaftsgesetzes durch den Zutritt vieler älterer, bis zur Einführung der gesetzlichen Zwangsrevision ihnen ferngebliebener Vereine gewissermaßen auf eine frühere Entwickelungsstufe zurückgeschleudert, insofern mit jenen in ihren inneren Verhältnissen zurückgebliebenen Vereinen die erzieherische Arbeit gleichsam wieder von vorn begonnen werden mußte. Noch schlimmer waren diejenigen Unterverbände daran, in denen frühere Verbandsdirektoren, wie in Rheinland-Westphalen F. Spiethoff-Düsseldorf und Holtbuer-Bonn, im Königreich Sachsen Bauer-Chemnitz, in Württemberg Schmied-Stuttgart durch Mißachtung der Grundlehren Schulze's oder gar wie in der Provinz Posen Gerstel-Posen durch betrügerische Handlungen an dem Zusammenbruch des eigenen Kreditvereins schuldig oder mitschuldig waren. In diesen Verbänden haben die Nachfolger in der Verbandsleitung und mit ihnen die Verbände selbst viele Jahre schwer unter den Handlungen oder Unterlassungen der Vorgänger zu leiden. Man muß daher den Maßstab für die Leistungsfähigkeit eines Unterverbandes von denjenigen älteren, von Kalamitäten nicht heimgesuchten Unterverbänden hernehmen, deren Direktoren seit langen Jahren als treue Jünger Schulze's, begeistert für seine große nationale Schöpfung die Kreditvereine ihres Verbandes nach seinen Rathschlägen und Lehren nach bestem Wissen zu fördern, unverdrossen bemüht waren. Wer sich ein wahrheitsgetreues Bild davon machen will, was sich durch die Arbeit der Direktoren von Vorschußvereinsverbänden leisten läßt, der braucht nur einige Jahrgänge der regelmäßig versandten, gedruckten Berichte der Verbandsdirektoren Bürgermeister Nizze in Ribnitz — seit 1862 Direktor des Verbandes der Norddeutschen Genossenschaften (Mecklenburg, Vorpommern und Rügen), — Justizrath Schwanitz in Ilmenau — seit 1874 Direktor des Verbandes Thüringischer Vorschußvereine, — Direktor F. Diehls in Cassel — seit 1878 Direktor des Verbandes Hessischer Vorschuß- und Kreditvereine, — Direktor C. Hopf in Insterburg — seit 1879 Direktor des Verbandes der Ost- und Westpreußischen Genossenschaften, — Verlagsbuchhändler Morgenstern in Breslau, — seit 1879 Direktor des Verbandes der Genossenschaften Schlesiens — zu prüfen.*)

*) Diese und fast alle andern Verbandsdirektoren können für ihren Verband nur in Mußestunden, die ihnen ihr Beruf läßt, thätig sein. Nizze ist Bürgermeister, Schwanitz Amtsrichter, Morgenstern Verlagsbuchhändler und Stadtverordneter, Diehls und Hopf sind Direktoren von zwei der größten und bestgeleiteten Kreditgenossenschaften Deutschlands (Kreditverein e. G. m. u. H. zu Cassel, 1892 mit 3007 Mitgliedern, 12813974 Mark Krediten und Vorschußverein e. G. m. u. H. zu Insterburg 1892 mit 3592 Mitgliedern, 12328223 Mk. Krediten). Diehls ist zugleich Revisor seines Verbandes. — Die ausgezeichneten Berichte des Mittel-

Ich will hier nur auf die Verbandstagsberichte des letzten Jahres verweisen. Nizze versandte seinen Jahresbericht und den Generalbericht des Verbandsrevisors Fricke (32 Druckseiten) über die Revision von 26 Ver-

---

rheinischen Verbandes sind nicht erwähnt, weil in diesem Verbande (1893 79 Vereine) durch die Wahl des Begründers und Leiters, Rechtsanwalt **Schenck**, zum Anwalt, seit 1883 ein Wechsel in der Direktion eingetreten ist. Schenck's Nachfolger, der verstorbene Justizrath Scholz und seit 1893 Rechtsanwalt Dr. Alberti haben die Berichterstattung in der früheren Weise fortgesetzt. (Was die übrigen Kreditvereins-Verbände anlangt, so sind bei ihnen entweder im Laufe der Jahre Störungen in der natürlichen Entwickelung eingetreten oder es liegen ungewöhnliche, eine Vergleichung erschwerende Verhältnisse vor, oder es hat in neuerer Zeit ein Wechsel in der Verbandsleitung stattgefunden. Erwähnt sind bereits der Verband der Vorschußvereine der Provinz Sachsen und Anhalt (1883 36, 1893 auch auf 36 Vereine, von denen 16 erst nach 1880 Mitglieder geworden sind, Verbandsdirektor seit 1880 Bichtler, Direktor des Vorschußvereins zu Merseburg, der einzige Verbandsdirektor, der seit dem ersten Genossenschaftstage zu Weimar 1859 allen Genossenschaftstagen beiwohnte); ferner der Verband der Kreditgenossenschaften von Rheinland-Westfalen (1880 38, 1893 32 Vereine, Verbandsdirektor seit 1889 Fabrikant Eduard Moras, Direktor des Vorschußvereins zu Ruhrort), der Verband Sächsischer Kreditgenossenschaften (1880 29, 1893 39 Vereine, Verbandsdirektor seit 1889 Aug. Friedr. Hüfner in Chemnitz), der Verband der Genossenschaften der Provinz Posen (1880 13, 1893 33 Vereine, Verbandsdirektor seit 1891 Rentner Robert Seidel in Posen) und der Verband der Württembergischen Genossenschaften (1880 15, 1893 60 Vereine, Verbandsdirektor seit 1885 Rechtsanwalt Ebner in Ulm kürzlich verstorben; der Verband ist in einer Krisis begriffen, zur Zeit sind etwa 2/3 der Vereine aus dem allgem. Verbande ausgeschieden. Vgl. den Aufsatz in Nr. 51 der Bl. f. G. 1893). Besondere Verhältnisse liegen vor im Verband der Starckenburger Genossenschaften (1880 15, 1893 28 Vereine, außer Darmstadt nur kleinere ländliche Vereine, Verbandsdirektor und auch Revisor J. A. Bernhardt, Direktor der Volksbank zu Darmstadt seit 1875) und der Bayersche Genossenschaftsverband (1880 12 Vereine, darunter nur 5 Kreditvereine und 7 Produktiv- und Rohstoffgenossenschaften, 1893 20 Vereine, darunter 13 Kreditgenossenschaften, Verbandsdirektor seit Gründung des Verbandes 1877 F. X. Pröbst, Vorstand des städtischen statistischen Amtes in München). Wechsel in der Verbandsdirektion ist bei folgenden älteren Verbänden eingetreten: Verband der Kreditvereine zu Berlin (1880 16, 1893 25 Vereine, Verbandsdirektor seit 1880 E. Hütt, Direktor des Kreditvereins der Friedrichstadt); Verband der Fränkischen Vorschußvereine (1880 19, 1893 39 Vereine, Verbandsdirektor seit 1881 Handelsschuldirektor H. Trotter, Direktor des Kreditvereins in Wittenberg), Verband der Kreditgenossenschaften der Lausitz (1880 16, 1893 26 Vereine, Verbandsdirektor seit 1888 Bürgermeister Strauch in Guben, der von 1872 bis 1879 Verbandsdirektor für Sachsen-Anhalt war), Verband der Genossenschaften für Magdeburg-Braunschweig (1880 33, 1893 37 Vereine, Verbandsdirektor seit 1888 Stadtrath Wartner in Halberstadt), Verband der Nordwestdeutschen Genossenschaften (1880 33, 1893 42 Vereine, Verbandsdirektor seit 1881 Bürgermeister E. Gurlitt Direktor der Volksbank zu Husum), Verband der Oberbadischen Genossenschaften (1880 29, 1893 34 Vereine, Verbandsdirektor seit 1890 Notar Baßler in Bühl, kürzlich verstorben), Verband der Unterbadischen Genossenschaften (1880 32, 1893 46 Vereine, Verbandsdirektor seit 1882 Generalagent Wilh. Finckh in Karlsruhe), Verband Pfälzischer Kreditgenossenschaften (1880 24, 1893 23 Vereine, Verbandsdirektor seit 1890 Bezirksamtmann Conrad in Ludwigshafen, jetzt Regierungsrath in Speyer), Verband der Vorschußvereine der Provinz Pommern (1880 29, 1893 41 Vereine, Verbandsdirektor C. Schönke, Direktor des Kreditvereins in Stettin), Verband der Kreditgenossenschaften von Westbrandenburg (1880 23, 1893 28 Vereine, Verbandsdirektor seit 1889 Rentner G. Keil, Direktor des Vorschußvereins zu Havelberg).

einen an die 48 Kreditgenossenschaften seines Norddeutschen Verbandes schon mit der Einladung zum Unterverbandstage nach Laage. Der Norddeutsche Verband zeichnet sich dadurch aus, daß der Direktor und sein Stellvertreter (Dr. Schulze-Greifswald) eine bedeutende Arbeit darauf verwenden, die in ihrer inneren Entwickelung zurückgebliebenen Vereine durch Belehrung und energischen Zuspruch zu bestimmen, die in den Revisionsberichten monirten Fehler zu beseitigen. Schwanitz sandte seinen ausführlichen Geschäftsbericht mit dem gründlichen (wie Dr. Crüger sagte, ein vollständiges Lehrbuch enthaltenden) Generalbericht des Verbandsrevisors Vollborn über 50 Revisionen (30 Druckseiten) acht Tage vor dem Verbandstage in Neustadt a. Orla an die 94 Kreditvereine des Thüringischen Verbandes. Der Revisor (vor Vollborn war es H. Jäger, jetzt Direktor der Bockenheimer Volksbank) verfaßt in diesem Verbande den Bericht über den Verbandstag. Im Verbande der Ost- und Westpreußischen Genossenschaften (79 Kreditvereine) ward der Generalbericht des Revisors Pohl, die Revision von 37 Vereinen umfassend und die statistischen Tabellen vom Direktor Hopf mit den Einladungen zum Verbandstage in Marggrabowa versandt. Hier ist eingeführt, daß zu Beginn des Verbandstages ein Berichterstatter gewählt wird, der den Bericht über den Verbandstag verfaßt. Der Direktor kontrolirt ihn und befördert ihn zum Druck. Der Berichterstatter ist einer der Vertreter des Verbandes auf dem Genossenschaftstage und erhält aus der Verbandskasse Fahr- und Tagegelder. Der Verbandstag vergiebt alljährlich zwei Stipendien aus Stiftungen zu Ehren früherer Verbandsdirektoren, aus der Sieburger-Stiftung (jetzt 6000 Mk. Kapital) und aus der Guttmann-Stiftung (jetzt 4900 Mk.). Die Zinsen werden zu Stipendien für junge Handwerker zu ihrer weiteren Ausbildung verwandt auf Vorschlag der einzelnen Vereine nach geordneter Reihenfolge.*)

Im Verbande der Schlesischen Genossenschaften (101 Verein, darunter 96 Kreditvereine) werden seit einigen Jahren die Revisionen nicht durch einen Berufsrevisor vorgenommen, es sind vielmehr sechs Vorstandsmitglieder in sechs Bezirken als Verbandsrevisoren thätig (Förster-Friedland, Höhne-Waldenburg, Klinkert-Breslau, Krüger-Oppeln, Schauder-Neisse und Scholz-Öls). Rendant Scholz von Öls hat Namens der sechs Revisoren zum letzten Verbandstage in Reichenbach den Generalbericht über die 51 Revisionen des Jahres 1892 erstattet. Der Verbandsdirektor Morgenstern hat diesen Generalbericht (28 Druckseiten) und eine die Abschlüsse von 98 Genossenschaften enthaltende statistische Tabelle mit der Einladung zum Verbandstage versendet. Der von Morgenstern herausgegebene Bericht über den Verbandstag ist umfangreicher, wie die anderen Berichte, er stützt sich auf eine stenographische Niederschrift und umfaßt außer der großen Tabelle 126 Druckseiten. Im Hessischen Verbande mit nur 25 Kreditvereinen ist der Bericht des Verbandsdirektors Diehls (Jahresbericht, Revisionsbericht über 12 Revisionen, Verbandstagsbericht) knapper gehalten; der Verbandsdirektor, der ihn veröffentlicht, hat seit Anbeginn der Verbandsrevisionen diese allein ausgeführt, kennt jeden

*) Der Verbandstag in Marggrabowa gewährte das Sieburger-Stipendium einem Zimmerlehrling aus Neumark, der die Baugewerkschule in Crone besucht und das Guttmann-Stipendium einem Schlosserlehrling aus Insterburg, der das Technikum in Eimbeck (Hannover) besuchen wird.

einzelnen Verein genau und kann deshalb das für die Vereine Wesentliche besser aussondern. Diehls berechnet in seinem letzten Bericht, wie schon früher, den Vereinen, wie viel in ihnen im letzten Jahr und im Vorjahr die Belastung der einzelnen Mitglieder durch das fremde Kapital beträgt und was an eigenem Vermögen demselben gegenüber steht*) und mahnt zur Verringerung der zu hohen Belastung.

In allen fünf Verbänden wird von den Verbandsdirektoren ein großer Wert auf die statistische Tabelle und deren Ergebniß gelegt. Sie bringen in ihren Verbandstabellen neben den wichtigsten Spalten des vom Anwalt herausgegebenen Jahresberichts in einer großen Anzahl Spalten die zur Vergleichung der Vereine und ihrer Geschäftsergebnisse unter einander und mit den Vorjahren dienenden Verhältnißzahlen. Man findet darin von allen einzelnen Vereinen die Zahlen über das Verhältniß des Guthabens, des Reservefonds, der fremden Gelder zu dem Betriebsvermögen; man erfährt, wie viel Verwaltungskosten, Gehälter, Verluste, Reingewinn im Verhältniß zum Betriebsfonds oder auf den Kopf der Mitglieder betragen, man wird informirt über Ab- und Zugang der Mitglieder, über ihren Beruf, über die durchschnittliche Höhe des Zinsfußes bei eigenen und fremden Geldern im Verhältniß zum Betriebsvermögen u. s. w. Die Berichte über die Verbandstage enthalten keine Erörterungen über Toaste und Tanzbein-Schwingungen, sie erwähnen der Vergnügungen, wenn überhaupt, so nur in wenigen Zeilen. Sie bringen auch nichts über die nachträglichen Schicksale der vom Verband beschlossenen Anträge im engeren Ausschuß und auf dem nachfolgenden Genossenschaftstage. Sie sind eben wirkliche sachliche Versammlungsberichte und keine Streitschriften. Neben den Verhandlungen enthalten sie genauere Mittheilungen über Einnahmen und Ausgaben aus der Verbandskasse und einen spezialisirten Etat für das nächste Verbandsjahr.

Dr. Glackemeyer hat als Verbandsdirektor es gänzlich verschmäht, sich die Leistungen seiner Kollegen zum Vorbild zu nehmen. Ihn interessirte nicht die mühsame Arbeit, durch die sie sich, Schulze-Delitzsch's Anleitung folgend, mit Hülfe der statistischen Jahresberichtstabelle durch Vergleichung

*) Die Belastung der einzelnen Mitglieder durch das fremde Kapital beträgt bei 3 Vereinen mehr als 1500 Mk., bei 3 Vereinen mehr als 1000 Mk., bei 10 Vereinen mehr als 500 Mk., bei 9 Vereinen unter 500 Mk. „Diesen großen Belastungen steht in vielen Vereinen nur ein ungenügendes eigenes Vermögen gegenüber. So besitzen 6 Vereine weniger als 10%, 7 Vereine weniger als 20%, 5 Vereine weniger als 30% Geschäftsguthaben den gesammten Betriebsfonds zu 100% angenommen und nur 7 Vereine haben die normalmäßige Höhe von über 30% erreicht. Es ist schon mehrfach von mir darauf hingewiesen worden, daß die Vereine Bedacht nehmen möchten, diese hohe Belastung zu verringern, und zwar dadurch, daß dieselben diejenigen Gelder, für welche sie in dem laufenden Vorschußgeschäft keine Verwendung fänden, möglichst zurückdrängten, und zwar eines Theils durch Herabsetzung des Zinsfußes und anderntheils durch Ausdehnung der Kündigungsfristen. Diese im Vorschußgeschäft nicht verwendbaren Gelder sind meist in Werthpapieren, Kaufschillingen und Hypotheken angelegt und bilden bei einer etwa eintretenden wirthschaftlichen Krise eine Gefahr für unsere Vereine, da dann Kaufschillinge und Hypotheken nur mit schweren Verlusten oder auch gar nicht zu realisiren sein werden." — Die Berechnung der Belastung der einzelnen Mitglieder durch das fremde Kapital dürfte die Beachtung aller Kreditvereins-Verbände verdienen.

der Geschäftserträgnisse des laufenden Jahres mit den Vorjahren und des einen Vereins mit den anderen Vereinen ein Bild von den inneren Verhältnissen der Verbandsvereine verschafften, dieses Bild auf den Verbandstagen durch Umfragen und später durch die Revisionsberichte der Revisoren ergänzten, um den Vereinen erforderlichen Falls auf genaue Kenntniß der Thatsachen gegründete Rathschläge geben zu können. Dem Unterverbandsdirektor Dr. Glackemeyer schien der Verband zunächst nur das Mittel, sich im engeren Ausschuß und auf den Genossenschaftstagen als Antragsteller mit Einfällen und Plänen aufspielen zu können, die der Organisation und den Grundlehren von Schulze-Delitzsch schnurstracks zuwiderlaufen . . .

Dies darzuthun, bedarf es einer Uebersicht über seine Verbandstagsberichte und sein Auftreten auf den Genossenschaftstagen. Der Bericht über den ersten Unterverbandstag zu Gifhorn (Juli 1885) entbehrt bereits der für jeden Bericht nöthigen Objektivität. Im Text und in Anmerkungen kramt Dr. Glackemeyer seine eigenen abweichenden Ansichten aus. Des Anwalts Wunsch, daß über die vorgenommenen Revisionen berichtet werde, wurde nicht genügt. Es waren zwei Vereine revidirt, einer (Goslar) kurz vor der Konkurseröffnung. An einen Vortrag des Verbandsdirektors über Einrichtung von Sparkassenbüchern knüpfte sich eine zweistündige Debatte, über deren Inhalt man wenig erfährt. Dr. Glackemeyer bekämpfte namentlich den auf Schulze-Delitzsch's Antrag gefaßten Beschluß des Altonaer Genossenschaftstages, wonach die Genossenschaften nicht von der Verpflichtung zu entbinden seien, bei Abhebung von Spareinlagen die Legitimation*) der Abheber zu prüfen. — Zwei Anträge wurden beschlossen, dem allgemeinen Vereinstage in Karlsruhe zu unterbreiten. Dr. Glackemeyer theilt gleich in seinem Verbandsbericht mit, welche Schicksale diese Anträge in Karlsruhe gehabt haben. Der erste Antrag lautete: „Der allgemeine Vereinstag empfiehlt allen Kreditgenossenschaften die allgemeine Einführung von gesperrten Sparkassenbüchern" — also von Büchern, welche die Einleger „der Versuchung überheben sollen, die eingezahlten Beiträge vor einer bestimmten Zeit zurückzufordern." Diese gesperrten Sparkassenbücher sind ein Haupt-Steckenpferd des Dr. Glackemeyer. Sie sind bei seiner Kreditbank eingeführt; er spricht wiederholt von den glänzenden Erfolgen dieser Einrichtung, von dem Segen derselben für die Sparer, aber niemals, auch nicht in dem jährlichen Geschäftsberichte über die von ihm geleitete Creditbank in Hannover, ist eine Ziffer angegeben. Nicht einmal die Mitglieder dieser Bank erfuhren, wie viele gesperrte Sparkassenbücher dort ausgegeben, und welche Beträge alljährlich dadurch gesperrt wurden. In Karlsruhe erklärte der Anwalt Schenck die gesperrten Sparkassenbücher zwar für eine nützliche Einrichtung, sprach sich jedoch gegen die Empfehlung an alle Vereine aus. Hierauf zog Dr. Glackemeyer den Antrag zurück, er schrieb zur Empfehlung noch einen Aufsatz für die Genossenschaftsblätter (1885, S. 321), der sich auf Darlegung der Nützlichkeit der Einrichtung beschränkt, ohne Zahlenangabe über die bisherigen Erfolge.

*) Dr. Glackemeyer spricht von der Prüfung der „Legitimität". Natürlich meint er nicht, daß in Frage käme, zu prüfen, ob die Abheber „legitim" (ehelich oder unehelich) geboren seien. Er verwechselt Legitimität und Legitimation. Ein Druckfehler liegt nicht vor, denn nicht blos in dem Bericht über diesen Verbandstag, sondern auch später spricht er wiederholentlich in Aufsätzen von der „Legitimität" der Abheber von Spareinlagen (z. B. in den Blättern f. G. 1886 Nr. 21, im Credit-Verein 1889, Nr. 4, S. 15 und 16 und 1892 Nr. 5 S. 26, Nr. 9 S. 59 und zuletzt noch 1894 Nr. 3 S. 23).

Der zweite Antrag des Verbandes verlangte, daß der Vereinstag den Kreditgenossenschaften dringend empfehle, von der Vertheilung hoher Dividenden abzusehen, dagegen die Reserven höher zu dotiren. Dieser Antrag eignete sich seiner Unbestimmtheit wegen nicht zur Annahme durch den Genossenschaftstag. Nach kurzer Debatte wurde statt seiner ein Antrag von Dr. Schulze-Greifswald angenommen, wonach den Kreditgenossenschaften empfohlen wird, dem Reservefonds mindestens 10% des Jahresgewinns zu überweisen, bis er eine Höhe von mindestens 15% des Mitgliederguthabens erreicht hat, vorausgesetzt, daß dieses sich auf 25—30% des Betriebskapitals beläuft. Dr. Glackemeyer erklärte, sein Antrag bezwecke gerade die Vereine **„die nicht das richtige Verhältniß des eigenen zum fremden Kapital"** haben, zur Besserung zu nöthigen. Was das richtige Verhältniß sei, verrieth er nicht. Ich komme darauf später zurück.

Auf dem Unterverbandstag in Hannover (Juli 1886) kam das zweite Lieblingsthema des Dr. Glackemeyer, „die Errichtung einer Centralstelle" zur Sprache. Als Vertreter des Anwalts wies ich darauf hin, daß zu den Zwecken der Unterverbände überall Anbahnung und Vermittelung eines geordneten Geldverkehrs gehöre und von dem Kreditverein Hannover den Verbandsvereinen geleistet werden könne, und in Betreff der „überflüssigen Gelder" auf Beschlüsse früherer Genossenschaftstage. — Im Anschluß an die Karlsruher Verhandlungen hielt Dr. Glackemeyer einen Vortrag über „Eintrittsgeld, Mitgliederguthaben, Reservefonds und Dividendenvertheilung", in welchem er mit den seichtesten Gründen und ohne sachliches Referat die Erwägungen und Anträge von Schulze-Delitzsch und die Beschlüsse der Genossenschaftstage über Höhe des Eintrittsgeldes, der Guthaben und der Dividenden bekämpfte. Er behauptete, daß „hohe Guthaben" ebenso nachtheilig seien, wie hohe Dividenden „dem Blödesten müsse es einleuchten, daß **hohe** Guthaben für die Vereine keineswegs von Vortheil sein können", als äußerste höchste Grenze für die Guthaben erklärt er bei den meisten Vereinen 300 Mk. für ausreichend; als Eintrittsgeld scheine ihm meist 6 Mk. zu niedrig*) u. s. w. Eine nochmalige

*) In Nr. 32 und 33 (August) 1885 der Bl. f. G. veröffentlichte Dr. Glackemeyer einen Aufsatz über das Eintrittsgeld, in welchem er aus recht wenig stichhaltigen Gründen für ein höheres Eintrittsgeld kämpfte. Er befand sich dabei, wie so oft, in Unkenntniß über die das Eintrittsgeld betreffenden Verhandlungen und Beschlüsse der Genossenschaftstage und Aufsätze in den Genossenschaftsblättern. Er behauptete, der allgemeine Vereinstag in Leipzig, habe die Erhebung eines Eintrittsgeldes von 6 Mk. empfohlen, seitdem sei seines Wissens die Frage „keiner wiederholten eingehenden Prüfung unterzogen." Hätte er sich nur die Mühe gegeben, Schulze's Buch einzusehen, oder meine „Genossenschaftsgesetze im deutschen Reich" (1876, S. 190), so würde er hier neben einer Reihe von Literatur-Nachweisungen auch den Wortlaut des Münchener Beschlusses von 1875 gefunden haben. Dort war den Kreditvereinen empfohlen, das Eintrittsgeld nicht in einer Höhe festzusetzen, die den unbemittelteren Klassen den Beitritt erschwert, in keinem Falle höher als 6 Mk. anzusetzen, auch wurde für unrichtig erklärt, das Eintrittsgeld von der Höhe des Reservefonds oder des Geschäftsantheils abhängig machen zu wollen. Auch der Aufsatz des Dr. Schneider in Bl. f. G. 1882, Nr. 4, verdiente Berücksichtigung. Uebrigens war Dr. Glackemeyer's Behauptung über den Leipziger Vereinstag unrichtig. Derselbe hatte den Vereinen nicht 6 Mk., sondern mindestens 3 Mk., höchstens 6 Mk. Eintrittsgeld empfohlen. — In Hannover hatte Dr. Glackemeyer schon Kenntniß von dem Münchener Beschluß erhalten.

Beschlußfassung fand nicht statt. Der gedruckte Bericht bringt aber unter Fettdruck die Bemerkung, „die Versammlung habe den Vortrag mit großem Beifall aufgenommen und die in demselben dargelegten Grundsätze den Vereinen zur Richtschnur empfohlen und die Verbandsdirektoren beauftragt, dieselben in den Organen des Allgemeinen Verbandes zu vertreten." Eigentliche Abstimmungen kommen auf den von Dr. Glackemeyer geleiteten Versammlungen nicht vor. Er konstatirt etwas ohne Widerspruch. Von meinem Widerspruch gegen viele seiner Ausführungen hat er Einzelnes abgeschwächt in den Bericht aufgenommen und hinterher als seinen eigenen Ausspruch, daß ich ihm „im Großen und Ganzen" zugestimmt, was ich keineswegs als richtig anerkenne.

Der von Dr. Glackemeyer auf diesem Verbandstag erstattete Jahresbericht über das Verbandsjahr begnügte sich mit einigen allgemeinen Redewendungen. Von einer tabellarischen Zusammenstellung der Geschäftsresultate, wie vielfach in anderen Verbänden üblich, sei abgesehen, „da die Vereine ja den Jahresbericht der Anwaltschaft erhalten würden und darin fast nur eine Wiederholung der Zahlen vorläge." Dr. Glackemeyer ignorirte, daß es seine Pflicht als Verbandsdirektor war, den Jahresbericht für die Vereine seines Verbandes durch s e i n e e i g e n e A r b e i t nutzbar zu machen, wie dies Schulze-Delitzsch als nothwendig verlangt hatte (s. oben S. 25).

Der Hauptgegenstand des Verbandstages war ein Angriff auf die Genossenschaftsblätter und den Jahresbericht. Der Kontrolleur des Hannoverschen Kreditvereins trug im Geiste des Dr. Glackemeyer eine Kritik gegen die Genossenschaftsblätter vor, über das, was sie enthielten und nicht enthalten sollten, und das, was sie nicht enthielten und enthalten sollten, und sodann eine Kritik des Jahresberichts, der Erwägung anheimstellend, den Jahresbericht nur alle drei oder fünf Jahre erscheinen zu lassen und das dadurch ersparte Geld, angeblich 10000 bis 12000 Mk. anderweit zu verwenden. Die Genossenschaftsblätter hatten seit 1884 aus der Feder des Dr. Glackemeyer eine Reihe von Aufsätzen gebracht, deren Inhalt von recht zweifelhaftem Werth war. Aber im März 1886 und wiederum im Sommer desselben Jahres war es dem Herrn Verbandsdirektor, Senator und Doktor der Philosophie passirt, daß Aufsätze aus seiner Feder ihm von der Redaktion zurückgeschickt waren*) — der beste Beweis, daß die Redaktion nichts taugte. Dem verlesenen Referat des Herrn Kontrolleurs und der Vertheidigung des daran geknüpften drolligen Antrages**) durch den Herrn Verbandsdirektor trat ich in der Debatte mit Entschiedenheit, aber ruhig unter Vermeidung alles Persönlichen entgegen. Dr. Glackemeyer formte darauf das „Referat" mit einer Darstellung der Debatte zu einem vier Quartseiten füllenden, gedruckten Anschreiben an den Anwalt und den engeren Ausschuß um und versandte diese Druckschrift schon vor dem Kolberger allgemeinen Vereinstag. Er hatte mich in seiner Darstellung mancherlei Absonderliches sagen lassen, das Wichtigere aber verschwiegen. Er war sich

*) Siehe unten Kapitel 5, S. 55.

**) „Die Direktion des Hannover'schen Verbandes wird beauftragt, der Anwaltschaft und dem engeren Ausschuß das hier zu diesem Thema vorgebrachte M a t e r i a l (!) möglichst wortgetreu zur Kenntniß zu bringen und dafür zu sorgen, daß dasselbe zur Besprechung und Beschlußfassung im engeren Ausschusse und dem Allgemeinen Vereinstage in Kolberg gestellt werden."

der Mangelhaftigkeit des Berichtes wohl bewußt und fügte deshalb eine Anmerkung bei, in der er die Unmöglichkeit der wörtlichen Wiedergabe meiner Ausführungen zugestand, er hoffe aber den Sinn überall zu treffen, ich könne ja in Kolberg leicht Irrtümer korrigiren und Lücken ergänzen.

In Kolberg hatte Dr. Glackemeyer mit seiner Denkschrift kein Glück. Neues „Material" war darin nicht, die angegebenen Thatsachen zum Theil unrichtig. Der Anwalt wies ihm dies, wie die Unmöglichkeit der Ausführung mancher aufgestellten Forderungen nach. Glackemeyer gab nichts zu, sondern hielt alles „voll und ganz aufrecht". Der engere Ausschuß erachtete die Angelegenheit dadurch für erledigt.*)

Für Dr. Glackemeyer war sie natürlich nicht erledigt. Er hatte seinen Bericht über den Verbandstag in Hannover noch nicht gefertigt. In diesem druckte er sein Cirkular wörtlich ab und fügte dann eine erbitterte Darstellung des „Schicksales" des Antrages hinzu. Besonders gekränkt hatte es ihn, daß „ein Herr" seinen Verband für noch „zu jung" erklärt hatte, so durchgreifende Anträge zu stellen. Der „Herr" hatte nicht Unrecht. Man muß erwägen, daß der vor zwei Jahren gegründete Unterverband in der Entwickelung ganz und gar zurückgeblieben war, es noch nicht einmal zu einer statistischen Verbandstabelle gebracht hatte, daß die Leiter der Vereine des Verbandes von den Blättern für Genossenschaftswesen und von dem Jahresbericht des Anwaltes höchstens ein paar Jahrgänge gesehen hatten, und von der Geschichte des allgemeinen Verbandes und den von Schulze-Delitzsch begründeten und von ihm als nothwendig erachteten und stetig weiter entwickelten periodischen Druckschriften desselben herzlich wenig wußten.

Der Bericht, vom Februar datirt, wurde erst im Frühjahr 1887 versandt. Dr. Glackemeyer hörte auf, ein fleißiger Mitarbeiter der von ihm so schlecht gemachten Blätter für Genossenschaftswesen zu sein. Mit den Angriffen auf Organisation und Grundlehren Schulze-Delitzsch's traute er sich nicht mehr recht heraus. Da entstand ihm durch die Beschlüsse des Kolberger Genossenschaftstages ein neues Feld für seine schriftstellerische Thätigkeit. In Kolberg wurde mit Rücksicht auf die unbegründeten Angriffe, die gegen Vorschußvereine bei Gründung der von Staatsbehörden und politischen Parteien, im ausdrücklichen Gegensatze zu unsern Genossenschaften empfohlenen Raiffeisen'schen Darlehnskassen, und gegen Konsumvereine von Vereinigungen konkurrirender Kaufleute und von Handwerkertagen in feindseliger und gehässiger Weise verbreitet worden und außerdem zu Beförderung gesunder und lebensfähiger Genossenschaften für Handwerker beschlossen, belehrende öffentliche Vorträge praktischer Genossenschafter zu organisiren.**) In der Provinz Hannover hatte es bis 1885 keine Kassen nach dem System Raiffeisen gegeben. Erst auf Anregung der Königlichen Landwirthschafts-Gesellschaft

---

*) Ich selbst war in der Sitzung des engeren Ausschusses zufällig nicht zugegen; ich hätte auch sonst es nicht der Mühe werth gehalten, zur Berichtigung und Ergänzung des Berichtes beizutragen. Den Verlauf der Sitzung berichtet das Protokoll derselben.

**) Der Antrag, wonach die sich zu solchen Vorträgen bereit erklärenden Genossenschafter in einer zusammenzustellenden und zu veröffentlichenden Liste eingetragen werden sollten, ist nicht zur Ausführung gekommen. Jetzt wo das neue Genossenschaftsgesetz sich eingebürgert hat und die Schwierigkeiten der Verbandsrevision einigermaßen überwunden sind, könnte es vielleicht zeitgemäß sein, eine Rednerliste mit Hilfe der Unterverbände zu Stande zu bringen und zu veröffentlichen.

zu Celle wurden seitdem durch deren Wanderredner schnell eine große Anzahl solcher Kassen gegründet; im März 1893 waren es schon 97.*)

Dr. Glackemeyer erzählte in einem Aufsatze, S. 32 der Blätter für Genossenschaftswesen 1887 von einem wirksamen Vortrage, den er im Januar 1887 in einem schon acht Jahre bestehenden Vorschußverein des Dorfes Aerzen gehalten; er hatte den letzten Jahresbericht des Anwalts Schenck mitgebracht, „die Leute hatten nie zuvor ein solches Buch gesehen und hatten auch keine Ahnung von der Bedeutung der Kreditvereine." In Nr. 22 (Mai 1887) berichtete er weiter, wie er auch in Stade und Winsen Vorträge gehalten, um der Weiterverbreitung der Vereine nach Raiffeisen entgegenzutreten.**) Er benutzte die Gelegenheit zu einer Klage, daß die Deutsche Genossenschaftsbank von Sörgel, Parrisius & Co. keine Zentralkasse sei, die einem Verein in der ersten Zeit ihres Bestehens Darlehen gewähre. Dabei berief er sich auf **„unsers Meister Schulze"** Buch, in dem die Bestimmung der Genossenschaftsbank dahin angegeben, den Genossenschaften für den Fall des Bedürfnisses **bankmäßigen** Kredit zu gewähren und ihnen, soweit thunlich, **„den Großbankverkehr** zu eröffnen" ꝛc. Durch diese Anzapfung lockte er eine kurze Entgegnung des Direktors Meißner-Frankfurt über die Genossenschaftsbank in ihren Beziehungen zu den Genossenschaften hervor (Nr. 25). Dr. Glackemeyer antwortete prompt in Nr. 28 durch einen Aufsatz: „Unsere Zentralstelle in Geldsachen". Aus diesen Aufsätzen erfuhr man, daß Dr. Glackemeyer bei Gründung seines Vereins, den er sieben Jahre lang bis nach Schulze's Tode dessen allgemeinem Verband fern gehalten, doch — wegen Geldbeschaffung an Schulze geschrieben und dann auf seine Verweisung an die Genossenschaftsbank zu Berlin. Diese habe ihm auf die Anfrage, ob ein von dem Verein acceptirter Wechsel über eine mäßige Summe zu einer Darlehnsgewährung genüge, die sachgemäße Antwort ertheilt, es verstoße gegen ihre Prinzipien mit neuen Vereinen Geschäftsverbindungen **in der von ihm bezeichneten Richtung** einzugehen. Eine kurze Antwort erging von Meißner in Nr. 29 der Blätter für Genossenschaftswesen vom 16. Juli 1887, als ich gerade dem Harburger Unterverbandstage als Vertreter der Anwaltschaft beiwohnte.

Aus den Verhandlungen, über welche schon im August 1887 ein gedruckter Bericht erschien, ist Folgendes hervorzuheben:

1. Dr. Glackemeyer hielt einen Vortrag, dem er den schwunghaften Titel gegeben hatte: „Die Kreditvereine nach Schulze-Delitzsch und die Darlehnskassen nach Raiffeisen, eine Gegenüberstellung zur Belehrung, ein Beitrag zur Abwehr der Angriffe unserer Gegner, eine Anregung zur Gründung neuer Kreditvereine." Es schloß sich daran eine Debatte, in der ich den Vortrag in Einzelheiten berichtigte und ergänzte.***) In dem gedruckten Verbandstagsbericht erwähnte Dr. Glackemeyer kein Wort von der Debatte, auch nichts von dem Inhalt des Vortrags, sondern nur, daß „einstimmig" beschlossen sei, den Vortrag „auf Kosten des Verbandes" als Broschüre drucken zu lassen. Die Broschüre ist aber „in erweiterter

---

*) Vgl. Fricke: Die Spar- und Darlehnskassen ꝛc. Hannover 1893.

) Bei diesen mache „die Prüfung der **Legitimität der Buchinhaber bei Rückzahlungen von Spareinlagen" keine Schwierigkeit mehr (s. oben S. 23).

***) Dr. Glackemeyer hatte zwar viel Material zusammengetragen, aber das größere grundlegende Buch von Raiffeisen, das ich in Harburg bei mir hatte, kannte er noch nicht!

Form" erschienen und enthält in einem Kapitel „unsere nächstliegenden Aufgaben", ein ganzes Bündel von Forderungen und Beschwerden z. B. Zentraldruckerei mit Verlag, „Einrichtung einer Zentral-Geld-Stelle" für jeden der 33 Unterverbände (also auch für die Konsumvereins-Unterverbände!), Aenderung der Prinzipien der Deutschen Genossenschaftsbank in Geschäften mit den Kreditvereinen, — nur alle drei, vielleicht auch fünf Jahre einen statistischen Jahresbericht, nur alle zwei Jahre Genossenschaftstag, Reform des Genossenschaftsgesetzes — nach dem unreifen Vortrage des Dr. Glackemeyer in Hameln.*)

2. Als Dr. Glackemeyer den auf ein paar kurze Bemerkungen beschränkten Jahresbericht des Verbandsdirektors erstattete, „monirte ich," daß keine Verbandstabelle aufgestellt sei und setzte deren Nutzbarmachung in guten Verbänden auseinander, und daß und weshalb Schulze-Delitzsch sie für nothwendig erklärt habe. Dr. Glackemeyer erklärte sofort, solche tabellarische Uebersicht **„mache viel Arbeit** und koste viel im Druck," „was Schulze-Gifhorn, der früher eine Druckerei besaß, bestätigte" und habe eigentlich **gar keinen Zweck**, alle Zahlen von Bedeutung wären in dem Jahresbericht des Anwalts enthalten.

3. Der Verbandsrevisor Preiser, der drei Vereine revidirt hatte, berichtete, daß alles in vollständiger Ordnung sei, Vorstände und Aufsichtsräthe ihre Pflicht thäten, daß an dem erfreulichen Resultat ein großer Verdienst der Verband habe u. s. w., allein er war doch ehrlich genug, einzugestehen, daß der Verband bezüglich der Revisionen noch weit zurück sei.

4. Auf Verlesung eines Berichtes des Kontrolleurs Wellhausen-Hannover ward beschlossen, auf dem Genossenschaftstage einen Antrag einzubringen, wonach allen Kreditvereinen dringend empfohlen wird, nicht die physischen Inhaber einer Firma, sondern diese selbst als Mitglied aufzunehmen.

5. Ein besonderer Gegenstand der Tagesordnung war „Unsere Anträge in Kolberg". Schulze-Gifhorn referirte, tapfer unterstützt von Dr. Glackemeyer und befürwortete, die Anträge nochmals an den Anwalt und an den engern Ausschuß zu senden mit der Aufforderung, sie auf die Tagesordnung des engern Ausschusses und des Genossenschaftstages selbst zu setzen, auch die Verhandlungen über diesen Gegenstand drucken zu lassen und an alle Delegirten zum Genossenschaftstage bei Beginn desselben zu vertheilen. Ich sprach dagegen und beschwerte mich bei dieser Gelegenheit über die mir im vorjährigen Verbandsbericht widerfahrene Behandlung und verband damit die dringende Aufforderung, mir in ähnlichen Fällen einen Abzug zur Korrektur zu senden. Schulze-Gifhorns Antrag wurde fallen gelassen, dagegen einstimmig eine Resolution angenommen, wonach der Verbandstag seine im vorigen Jahr an den Anwalt gerichteten Vorstellungen vollständig aufrecht erhält und sein Bedauern darüber ausspricht, daß sie im engeren Ausschusse so geringe Beachtung gefunden haben.

6. Dr. Glackemeyer hielt einen Vortrag über Zentralstellen in Geldsachen. Bislang habe der Kreditverein in Hannover (E. G.) eine Stellung als Zentralstelle eingenommen und sei auch bereit, die Arbeit für

---

*) Er kündigte in einer Anmerkung an, daß dieser Vortrag: „Unklare Punkte im Genossenschaftsgesetz" demnächst in erweiterter Form im Buchhandel erscheinen werde.

die Zukunft zu übernehmen. Der Vortrag lief im Wesentlichen auf eine neue Anzapfung der deutschen Genossenschaftsbank im Sinne seiner Aufsätze hinaus. Es wurde laut Bericht ein von Schulze-Gifhorn formulirter Antrag angenommen:

„Der Vereinstag empfiehlt die Einrichtung von Zentralstellen in Geldsachen zur Anlegung mäßiger Kassenbestände resp. Erlangung von Darlehen **in allen 88 Unterverbänden**, sowie einer **Zentralhauptstelle** zu dem gleichen Zwecke für alle Genossenschaften."

Der von Dr. Glackemeyer verfaßte und versandte gedruckte Bericht veranlaßte mich in den Blättern für Genossenschaftswesen, Nr. 35 vom 27. August 1887 einen Protest gegen solche fälschliche, einseitige, jeder Objektivität entbehrenden Berichterstattung zu veröffentlichen und darin einiges von dem sinnlosen Zeuge, welches ich gesagt haben sollte, richtig zu stellen und mich dagegen zu verwahren, mir nachsagen zu lassen, daß ich einem so grundverkehrten Antrage „im allgemeinen persönlich zugestimmt habe."

Inzwischen trat der engere Ausschuß auf dem Genossenschaftstage zu Plauen gegen Glackemeyer's und Schulze's Darstellung der Vorgänge in Kolberg ein. Der Vorsitzende Nizze sprach seine ernste Mißbilligung aus über die Art und Weise, in der zu Harburg über die Arbeiten des engern Ausschusses berichtet worden sei; er ersuchte den Verfasser des Berichtes, Verbandsdirektor Dr. Glackemeyer in der Folge wahrheitsgetreuer und in einer der Würde des engeren Ausschusses angemessenen Weise zu berichten, wenn er nicht vorziehen wolle, an der bisherigen Gepflogenheit festzuhalten, die Verhandlungen des engeren Ausschusses diskret zu behandeln.*) Schwanitz protestirte in energischer Weise gegen die unerhörte Kritik, die Schulze-Gifhorn nach dem Referat des Dr. Glackemeyer über die Verhandlungen des engeren Ausschusses ausgeübt. Ich theilte mit, daß auch ich mich genöthigt gesehen habe, in den Blättern für Genossenschafswesen gegen die Behandlung zu protestiren, die mir in dem Verbandsbericht zu Theil wurde. Dr. Glackemeyer erklärte darauf, daß er auf diese Debatte gefaßt gewesen sei. Im großen Ganzen sei es ihm gleichgültig, was gesagt worden, er lehne es ab, hier Belehrungen entgegen zu nehmen, verwahre sich nur dagegen, daß er absichtlich Unwahres berichtet habe.

Auf dem Genossenschaftstage in Plauen wurden neben einer Reihe anderer Anträge auch die beiden Anträge des Niedersächsischen Verbandes

---

*) Auf dem Weimarer Genossenschaftstage wurde in der ersten Sitzung des engeren Ausschusses vom 9. September 1884 Dr. Glackemeyer vom Anwalt Schenck vorgestellt und die Genehmigung des Ausschusses nachgesucht und ertheilt, daß er als zukünftiges Mitglied (Vertreter des niedersächsischen Unterverbandes, dessen Statut dem Genossenschaftstage zur Genehmigung vorzulegen sei) an den Verhandlungen theilnehmen könne. Er vergalt diese Freundlichkeit durch eine häßliche Bemerkung in der Hauptversammlung. Morgenstern hatte sich zur Unterstützung eines Antrages des Anwalts betreffend die Instruktion der Revisoren darauf berufen, daß der engere Ausschuß den Antrag einer eingehenden Berathung unterzogen habe und ihn empfohlen. Der im engeren Ausschuß als Gast zugelassene Glackemeyer sprach seinem nunmehrigen Kollegen Morgenstern die Berechtigung ab, den engeren Ausschuß ins Feld zu führen „wenn ich Ihnen erzählen wollte, was bei Berathung des Antrages im engeren Ausschusse zum Vorschein gekommen ist, dann könnte ich Ihnen ganz andere Dinge mittheilen!" Taktloser sich einzuführen, wäre kaum möglich gewesen. (Vgl. Mittheilungen.)

wegen der vorgerückten Zeit von der Tagesordnung abgesetzt.*) Was weiter in Folge meines Protestes vom 20. August geschah, und welche Bewandtniß es mit Dr. Glackemeyer's sogen. „Berichtigung" in Nr. 45 (S. 311) der Blätter für Genossenschaftswesen vom 24. Oktober 1887 hat, gehört in ein späteres Kapitel.

Im Herbst 1887 trat ein Ereigniß ein, welches das bereits überreich vorhandene Selbstgefühl des Dr. Glackemeyer noch in hohem Maße steigerte. Die Sachverständigenkonferenz zur Berathung des Entwurfs des neuen Genossenschaftsgesetzes tagte vom 15. bis 19. November unter Vorsitz des Staatssekretärs von Schelling im Reichsjustizamte. Aus unserm allgemeinen Verbande sollten außer dem Anwalt höchstens drei Verbandsdirektoren einberufen werden. Die Auswahl unter der großen Zahl geeigneter Männer war nicht leicht. Es wurden hervorragende Leistungen bei Leitung einer Genossenschaft oder eines Verbandes verlangt, auch sollten die verschiedenen Rechtsgebiete und die verschiedenen Arten der Genossenschaften berücksichtigt werden, und möglichst je einer aus Nord-, Süd- und Mitteldeutschland sein. Man entschied sich für Hopf, Pröbst, Schwanitz. Vom Dr. Glackemeyer, dessen Leistungen als Verbandsdirektor auf sehr niedriger Stufe standen, und dessen schriftstellerische Produkte ihrem genossenschaftlichen Inhalte nach von fragwürdigem Werth sind, war bei den Vorschlägen keine Rede gewesen. Plötzlich, kurz vor der Eröffnung der Konferenz erhielt das Reichsjustizamt vom Reichskanzler Fürsten Bismarck die Anweisung, auch noch den Dr. Louis Glackemeyer zu Hannover als Sachverständigen einzuberufen. Auf welchen Hintertreppen dieser Mann, der so vieles um sich herum in dichten Nebel zu hüllen versteht, die Verfügung des Reichskanzlers erwirkt hat, kann ich nicht verrathen. Selbstverständlich zeichnete er sich in der Sachverständigen-Konferenz schnell durch Redseligkeit aus. Die Bewunderung der Herren Geheimen Räthe der Konferenz erlangte er dadurch nicht. Einer derselben sprach sich zu einem Genossenschafter unmuthig darüber aus, daß ein rechtsgelehrter — Doktor juris — mit advokatorischer Rechthaberei durch querköpfige Einwendungen ohne alles juristische Urtheil die Berathungen hinhielte; er war aufrichtig erfreut zu erfahren, daß der tüftelnde Doktor kein Advokat und kein studirter Jurist, sondern ein nicht auf Universitäten gezüchteter „Schulmeister" sei.**)

Dr. Glackemeyer wendete nun seine ganze Kraft dem Genossenschaftsgesetze zu. Er erließ zunächst im Frühjahr zwei Zirkulare an sämmtliche Verbandsdirektoren und Abdrücke derselben an alle Genossenschaften. In dem ersten vom April machte er den Verbandsdirektoren Vorschläge, um eine großartige Agitation gegen die von ihm bezeichneten mangelhaften Bestimmungen des Gesetzentwurfs behufs Beseitigung derselben durch den Reichstag in's Leben zu rufen Der Anwalt Schenck seinerseits erklärte in einem Zirkular an die Verbandsdirektoren, daß eine Agitation, wie

---

*) In Plauen hatte sich Dr. Glackemeyer in die Berathung eines Antrages des Breslauer Konsumvereins über Einkaufsdividende mit gar nicht zur Sache gehörenden Quengeleien unter unrichtiger Darlegung der Ausführungen Anderer eingemischt und die Geduld der Konsumvereinsvertreter stark mißbraucht. (Vgl. Mittheilungen, S. 127 u. 129.)

**) Von wem und zu wem dies gesprochen wurde, darf ich nicht verrathen. Wer Dr. Glackemeyer kennt, wird die Geschichte auch ohne Zeugenbeweis für wahr halten.

Dr. Glackemeyer sie verlange, uns nur schaden könne. Darauf versandte Dr. Glackemeyer im Mai ein zweites Zirkular an die Verbandsdirektoren. In diesem machte er den direkten Angriff und das Umlageverfahren gegen Ausgeschiedene zum Gegenstand eingehender Erörterungen unter Bezugnahme auf Schulze-Delitzsch. Auf dem Genossenschaftstage zu Erfurt, August 1888, wurden nach gründlichen Berathungen die Bestimmungen des Gesetzentwurfs über die Geltendmachung der Haftpflicht mit sehr geringer Mehrheit gebilligt. Viele angesehene Genossenschafter verblieben aber bei der Meinung, daß auch bei dem allseitig als sehr zweckmäßig anerkannten Nachschußververfahren des Entwurfs, welches von den Vorschlägen Schulze's, der vor Beendigung des Konkurses nur ein freiwilliges Umlageverfahren in Folge des Beschlusses der Generalversammlung wollte und ein Zwangsverfahren kraft Gesetzes erst am Ende des Konkurses für zulässig hielt, durchaus abwich, die gänzliche Beseitigung des Einzelangriffes möglich und vortheilhaft sei.*)

Die Petition der Herren Morgenstern-Breslau, Matthies-Stralsund, Werner-Berlin und Genossen, entworfen von Dr. Herz-Mannheim und unterstützt durch ein Gutachten des Professor Dr. Goldschmidt-Berlin, behandelte diese Frage streng sachlich; sie fand die Zustimmung von 1157 Genossenschaften. Den Dr. Glackemeyer hatten die genannten Herren, weil sie mit seiner Agitationsmethode nicht einverstanden waren, bei Seite stehen lassen. Er versandte nun zur Unterstützung der Petition einen vom 1. December 1888 datirten acht Quartseiten fassenden Aufsatz, der mit heftigen, persönlichen Angriffen gespickt und von Uebertreibungen nicht frei war. Die drei Aufsätze sind in 5000 Exemplaren über das Deutsche Reich verbreitet; „einstimmig" hatte 1888 der Verbandstag in Hannover beschlossen, die Mittel der Verbandskasse zu Agitationszwecken für das Genossenschaftsgesetz zu verwenden. Die Kosten waren aber so bedeutend, daß nach dem Verbandstage 1889 die Verbandsvereine noch zu einem Zuschuß von 10 Mk. zur Deckung des Defizits der Verbandskasse aufgefordert wurden.**) Ueber den Unterverbandstag von 1888 ist kein gedruckter Bericht erschienen, die

*) Auf den Streit, an welchem ich selbst stark betheiligt war, gehe ich nicht ein. Nur möchte ich zur Kennzeichnung der Stellung von Schulze-Delitzsch auf die, meiner Erinnerung nach in dem Streit nicht herangezogenen Verhandlungen des Genossenschaftstages zu Danzig 1876 (Mittheilungen, S. 49—59) aufmerksam machen. Mir selbst war aus dem Gedächtniß gekommen, daß ich in der betreffenden Debatte, als ich mich auf ausdrückliche Aufforderung Schulze's über den von ihm bekämpften Antrag Gräff-Coblenz und seine dem Reichstag in der Novelle vorliegenden Vorschläge aussprach, Folgendes äußerte: „Nur in einem Punkte wünschte ich eine Erweiterung oder Ergänzung seines Planes. Aber ich verhehle nicht die Schwierigkeit . . . Nach der Konkursordnung muß, sobald Masse da ist, mit der Vertheilung derselben vorgegangen werden. Bei den meisten Konkursen stellt sich bei der ersten Vertheilung ein absolut feststehendes Minimal-Defizit heraus, das sogleich umgelegt werden könnte. Es hat große technische und juristische Schwierigkeiten, die Umlage schon hier eintreten zu lassen, ich will die Bedenken, die sich dagegen geltend machen lassen, nicht verkennen, aber nach dieser Richtung ließe sich im Wege der Gesetzgebung vielleicht noch etwas mehr erreichen, als der Anwalt für möglich hält." (Mittheilungen, S. 58.)

**) Siehe Blätter für Genossenschaftswesen 1889, S. 407. Bericht über eine Generalversammlung des Spar- und Vorschußvereins zu Stade und Dr. Glackemeyers Erklärung S. 422 das.

Anwaltschaft war nicht vertreten.*). Auf dem Unterverbandstage im Juni 1889 in Hannover vertrat Dr. Crüger die Anwaltschaft. Hier wurde „der einstimmige Beschluß gefaßt, zur Vertretung der Interessen des Verbandes ein Organ unter dem Namen „„Der Credit-Verein““ ins Leben zu rufen“ (s. oben S. 5). In der Ankündigung in Nr. 1 heißt es: „Dieser Beschluß war der Ausfluß eines von vielen Seiten langgehegten Wunsches. Der Verbandsdirektor wurde mit der Redaktion des Blattes betraut.“ Dr. Glackemeyer hatte 1888 wie früher in der Magdeburgischen Zeitung „in Leitartikeln“, jetzt auch mit Namensunterschrift nicht blos über den Einzelangriff, sondern auch über Statistik u. dgl. weise Belehrungen ertheilt. Außerdem war er Mitarbeiter der vom Rechtsanwalt Dr. Herz in Mannheim begründeten wissenschaftlichen Zeitschrift für Genossenschaftsrecht und Genossenschaftswesen, die seit 1. Januar 1888 unter dem Titel „Die deutsche Genossenschaft“ halbmonatlich in Berlin erschien. Die Zahl seiner Aufsätze wurde bald geringer; augenscheinlich unterlag er einer scharfen Kontrolle der Redaktion, welche die Angriffe auf Grundlehren Schulze's zu unterstützen nicht geneigt war und namentlich in Aufsätzen von Dr. Schneider die alten genossenschaftlichen Grundsätze vertrat, die denen von Dr. Glackemeyer schnurstracks entgegenliefen.**) Ein Schriftsteller von der Eigenart der Dr. Glackemeyer kann in keiner von einem unabhängigen Redakteur geleiteten Zeitschrift nach Herzenslust schreiben, er muß sein eigenes Organ haben. Er bedurfte dessen auch, um für seine Schriften Reklame zu machen.***)

Der Verbandstag in Hannover hatte durch seinen „einstimmigen Beschluß“ sich die Kosten seines neuen „Organs“ aufgehalst — wahrscheinlich ohne Voranschlag; ein solcher war ja in diesem Verbande niemals vorgelegt. Dem Unterverbande gehörten bis zum Erlaß des Genossenschaftsgesetzes nur 15 Kreditvereine an. Auch zur Umwandlung des Verbandes in einen Revisionsverband im Sinne des Gesetzes konnten sich die Vereine auf dem Verbandstage nur schwer entschließen, obschon der Verband die Reisekosten des Revisors übernahm.†) Bis Ende Oktober waren aus den 15 Verbandsvereinen deren 30 geworden, bis Ende Januar 1890 39. Ob Dr. Glackemeyer wirklich Willens war, über den Verbandstag von 1889 einen Bericht anzufertigen? Ein Verzicht auf den Bericht war von dem Verbandstag nicht beschlossen. Schon im Februar 1890 erklärte er im Credit-Verein mit höflichen Worten (S. 7):

„**Nach reiflicher Ueberlegung**“ (fett gedruckt) „dürfte die Ansicht richtig sein, den Druck des Berichts bezüglich des Unterverbandstages zu unterlassen und das Geld für den Druck unseres Organs zu verwenden, die Verhandlungen auf dem Verbandstage im Juni v. J. sind bezüglich des neuen Gesetzes durch die Verhältnisse geradezu überholt, entbehren also jedes Interesses, die übrigen Fragen aber können vielleicht noch besser in diesem Blatte behandelt werden.“

---

*) Mit Dr. Glackemeyer war eine Vereinbarung über die Ansetzung der Unterverbandstage sehr schwierig, weil er trotz der auf Schulze-Delitzsch's Antrag beschlossenen Genossenschaftsbeschlüsse stets auf Bewilligung eines Sonntags (s. oben, S. 26) bestand.

**) Vgl. unten Kapitel 5.

***) Den bis dahin erschienenen fügte er ein inhaltlich recht mangelhaftes „ABC-Buch für Vorschuß- und Kreditvereine“ hinzu, das ich einer kurzen Besprechung unterziehen werde.

†) S. Credit-Verein 1889, S. 7.

Die wahren Gründe waren dies nicht, sie sind leicht zu erkennen: Nach dem, was Dr. Glackemeyer mit seinen Berichten über meine Aeußerungen als Anwaltschafts-Vertreter auf dem Verbandstage in Hannover 1886 und Harburg 1887 erlebt hatte, scheute er sich vor der Anfertigung eines neuen Verbandstagsberichts. Man paßte ihm auf die Finger, und er konnte die überzeugenden Ausführungen des Dr. Crüger, gegen die seine Reden arg abstachen, doch nicht unterdrücken.

Auf dem Genossenschaftstage in Königsberg im August 1889 war inzwischen der alte Streit über den Einzelangriff für vorläufig beendigt erklärt worden. Werner-Berlin gab Namens seiner Freunde (Matthies-Stralsund und Morgenstern-Breslau) eine Erklärung ab, wonach sie auf dem ablehnenden Standpunkt verharrten und die Beseitigung des Einzelangriffs auch in Zukunft anstreben würden. Er schloß mit den Worten:

„Wir freuen uns, mit dem Anwalt in allen anderen Punkten Schulter an Schulter zu stehen, um die Verbesserungen, welche das neue Gesetz bringt, auszunutzen, dagegen aber auch ebenso die in demselben enthaltenen Verschlechterungen nach Möglichkeit unschädlich machen zu können."

Auch Dr. Glackemeyer bemühte sich in Königsberg, einen versöhnlichen Ton anzuschlagen.*) Sein Freund, der Buchdruckereibesitzer Schulze von Gifhorn, stets durch Zuruf zu seinem Stellvertreter in der Verbandsleitung gewählt, hatte ihn auf dem Verbandstage in Hannover gewissermaßen kompromittirt. Schulze-Gifhorn ist, soweit bekannt geworden, niemals Kolonialwarenhändler gewesen, noch hat er sonst einen Kleinhandel mit anderen als Druckerzeugnissen betrieben. Aber nachdem er sich durch bedeutende Rednergabe und hervorragendes Agitationsgeschick zum Präsidenten des Zentralvorstandes kaufmännischer Verbände und Vereine Deutschlands emporgeschwungen, bereist er von Gifhorn aus das Deutsche Reich und hält geharnischte Reden gegen die Konsumvereine, deren zerstörende Wirkung auf Kleinhandel und Handwerk er nicht aus eigener Anschauung kennt, da es in Gifhorn niemals einen Konsumverein gegeben hat. Eine solche Rede hielt er auch bei Besprechung des Verbots der Darlehnsgewährung an Nichtmitglieder auf dem Verbandstage der Niedersächsischen Kreditvereine im Juni 1889. Dr. Crüger, der Vertreter der Anwaltschaft, forderte den Verbandsdirektor zum Einschreiten gegen die Ausführungen auf, aber Dr. Glackemeyer lehnte dies ab.**) In seinem Jahresbericht erwähnte der Anwalt Schenck auf dem Genossenschaftstage in Königsberg die unberechtigten Angriffe der Kolonialwarenhändler gegen die Konsumvereine und erklärte es für bedauerlich, daß „auf einem Verbandstage der Kreditgenossenschaften des allgemeinen Verbandes ohne Widerspruch die Konsumvereine

---

*) Nach den Mittheilungen (S. 107) sagte er: „Es sei ihm Herzensbedürfniß, noch die persönliche Versicherung abzugeben, daß ihn zu seinen Ausführungen zu den vorliegenden Berathungsgegenständen die loyalsten Beweggründe getrieben. Wenn es den Anschein habe, als ob er erregt sei, so sei dies in der That doch nicht der Fall, es liegt dies in der Art seines Vortrages, er sei jedoch kühl bis ans Herz hinan. Er wolle sich auch bemühen, auch äußerlich so geduldig zu sein, wie ein Lamm. (Beifall und große Heiterkeit.)

**) Vgl. Rede des Anwalts in Königsberg S. 30 der Mittheilungen und die Verhandlungen auf dem Genossenschaftstage in Freiburg 1890 (S. 147—152). Glackemeyer — bestritt Dr. Crügers Angaben. Dieser erklärte, er müsse es dem Urtheile der Versammlung überlassen, wer die Wahrheit gesprochen habe.

als eine Schattenseite des Genossenschaftslebens und deren weitere Verbreitung als ein nationales Unglück bezeichnet werden konnte." Der Name des Redners und des Unterverbandes ward nicht genannt.

Dr. Glackemeyer, der anwesend war, schwieg dazu. Er war meiner Ueberzeugung nach damals noch nicht Willens auf die schleunige Lostrennung seines Verbandes hinzuarbeiten. Die hannoversche Konsumvereins-Rede seines beredten Freundes Schulze war nicht von ihm bestellt. Denn kaum 17 Monate vorher hatte er den letzten belehrenden Aufsatz in den Blättern für Genossenschaftswesen veröffentlicht und dieser Aufsatz vom 18. Januar 1888 betraf **Konsumvereins-**Angelegenheiten und enthielt eine Vorbemerkung, wonach er neben der Direktion des Kreditvereins auch **einen Konsumverein in Hannover als Vorstandsmitglied mit zu leiten habe.** Er bemängelte dann **„zur Förderung unserer Sache"** d. h. der Sache der Konsumvereine den Entwurf einer Dienstanweisung für den Vorstand der Konsumvereine, welchen Oppermann-Magdeburg in Nr. 2 der Blätter für Genossenschaftswesen im Anschluß an die Dienstanweisung (Instruktion) in Dr. Schneider's Konsumvereins-Taschenbuch veröffentlicht hatte, in mehreren Punkten unter Berufung auf seine **Praxis — in der Leitung eines Konsumvereins**. Vermuthlich hatte Dr. Glackemeyer im Herbst 1889 sogar, trotz der 1888 erfolgten Gründung des Verbandes Nordwestdeutscher Konsumvereine,*) die Absicht, auch hannoversche Konsumvereine in seinen Verband aufzunehmen. Denn er bezeichnete es in Nr. 3 des Credit-Vereins 1889 als selbstredend, daß Schulze-Gifhorn jene vom Anwalt angeführten Sätze nicht gesprochen habe und erzählte in Nr. 4 des Credit-Vereins, Dezember 1889, daß vor mehreren Jahren der Haushaltsverein in Hannover, „ein Konsumverein ohne Unterstellung unter das Genossenschaftsgesetz, obschon die Vorstände ihre Schuldigkeit gethan, an einer Schlächterei in 13 Monaten 39000 Mk. verloren hätte; der Verein habe die damalige Krise mit **Hülfe des Kreditvereins zu Hannover** überwunden, das verlorene Geld wieder erspart und stehe wieder in **früherem Glanze** da." Noch in Nr. 6 vom Mai 1890 (Briefkasten) erklärte er für selbstredend, daß auch Konsumvereine Mitglieder des Verbandes werden könnten, ihr Interesse würde aber wohl besser in einem Konsumvereinsverbande vertreten werden.

Am 27. Juli 1890 war Unterverbandstag in Lüneburg. Die Anwaltschaft war nicht vertreten; der Anwalt Schenck, der zugesagt hatte, war durch plötzliche Erkrankung gehindert. Nach dem gedruckten Bericht ging es munter her. Dr. Glackemeyer und sein Freund Schulze-Gifhorn wetteiferten in Angriffen auf den Anwalt und die Genossenschaftstage, zum Theil unter grober Entstellung der Wahrheit. Schulze-Gifhorn hielt wieder eine Rede gegen die Konsumvereine. Eine Kommission von 5 Mitgliedern wurde eingesetzt, um die Errichtung einer Zentralkasse für den Unterverband vorzubereiten. Ueber die Haftarten des neuen Genossenschaftsgesetzes und die Umwandlung aus einer Haftart in die andere berichtete Dr. Glackemeyer mit spitzen Redewendungen gegen den Anwalt.

Lange bevor der Verbandsbericht erschien (November 1890) ward der Genossenschaftstag in Freiburg i. Br. abgehalten. Schulze-Gifhorn hatte in Lüneburg zugesagt, als Vertreter des Verbandes auf seine Kosten nach

***) **Der Verband hatte im Herbst 1888 erst 6, 1889 13, 1890 18, 1891 26, 1892 28, 1893 30 Vereine.**

Freiburg zu kommen. Er blieb aus. Der Verbandsdirektor Dr. Glackemeyer und der Verbandsrevisor Preiser waren die einzigen Anwesenden aus dem Niedersächsischen Verbande. In Freiburg wurde am 28. August 1890 nach lebhafter Debatte auf Antrag des engeren Ausschusses eine Resolution dahin beschlossen:

Der Allgemeine Verband deutscher Erwerbs- und Wirthschaftsgenossenschaften ist gegründet zur Wahrung und zur Verfolgung der gemeinsamen Interessen aller Genossenschaften des Verbandes, mit vereinter Kraft und zum gemeinsamen Zusammenstehen gegen jeden Angriff und jede Gefahr; alle Genossenschaften des Verbandes sind deshalb verpflichtet, die Konsumvereine in dem ihnen aufgedrungenen ungerechten Kampfe zu unterstützen. Es ist deshalb zu bedauern, daß Mitglieder von Kreditgenossenschaften in hervorragender Weise an diesem ungerechten Kampfe sich betheiligt haben und es muß entschieden verurtheilt werden, daß selbst auf einem Verbandstage von Kreditgenossenschaften des Allgemeinen Verbandes gegen die deutschen Konsumvereine die ungerechtfertigsten Angriffe von dem Direktor einer Kreditgenossenschaft ohne Widerspruch wiederholt werden durften.

Der Beschluß wurde gestützt auf einen Bericht des Hannoverschen Tageblattes. Daß der Bericht dieses Blattes korrekt sei, wurde daraus geschlossen, daß derselbe Redner als Präsident des Centralvorstandes kaufmännischer Vereine und Verbände Deutschlands auf der Generalversammlung dieser Vereinigung am 8. September 1889 zu Leipzig nach dem offiziellen Bericht der Kolonialwaarenzeitung eine Rede gehalten, deren Inhalt sich im Wesentlichen mit dem der in Lüneburg nach jener Zeitung gehaltenen Rede deckt. Auch hatte er sich nach Dr. Crüger's Mittheilung auf dem Verbandstage zu Hannover 1889 ebenso geäußert. Der Antrag ward nicht unter den Angelegenheiten der Konsumvereine, sondern unter den gemeinsamen Angelegenheiten aller Genossenschaften und unter Betheiligung vieler Vertreter von Kreditvereinen berathen. Als Redner traten außer dem Referenten Verbandsdirektor Sitzler-München und dem Anwalt auf, Dr. Glackemeyer, Dr. Crüger, der Verbandsdirektor Kaufmann Oppermann-Magdeburg, der (inzwischen verstorbene) Direktor des Konsumvereins Neustadt-Magdeburg F. W. Schulze, der Verbandsdirektor Handelskammerpräsident Fabrikant Nölle-Lüdenscheid, der Direktor der Münchener Baugenossenschaft Feyerabend-München und der Direktor des Vorschußvereins Lichtenberg-Friedrichsberg E. Plonz. Dr. Glackemeyer und Preiser waren die Einzigen, die gegen den Antrag stimmten. Dr. Glackemeyer hatte eingewendet, Schulze-Gifhorn habe nicht alles das gesagt, was in dem Zeitungsbericht stehe. Man solle doch den wirklichen Bericht abwarten; es seien zwei Stenographen auf dem Verbandstage in Lüneburg gewesen, er habe leider den Bericht noch nicht machen können, da er gleich nach dem Verbandstage nach der Schweiz gereist sei.

Der vom November datirte Bericht über den Lüneburger Verbandstag ist zwar etwas stärker, als die früheren Berichte, aber sonst wenig von diesen verschieden. Stenographische Aufzeichnungen sind nicht benutzt. In Anmerkungen werden erbitterte Angriffe gegen den allgemeinen Verband und dessen Organe hinzugefügt. Man gewinnt den Eindruck, daß nun eine Loslösung vom allgemeinen Verbande geplant wurde. Auch der Credit-Verein ging noch schärfer in's Zeug.

Am 6. Juni 1891 war Niedersächsischer Verbandstag in Pyrmont. Die Verhandlungen in Freiburg wurden Gegenstand eines Beschlusses, wonach bei dem Genossenschaftstage in Gera beantragt werden sollte, den

Freiburger Beschluß wieder aufzuheben (vgl. Credit-Verein Nr. 9 vom September 1891). In der Debatte wies Dr. Crüger darauf hin, daß das von Dr. Glackemeyer in Freiburg verlangte Abwarten des stenographischen Berichts nichts genützt haben würde, worauf Dr. Glackemeyer erklärte, nach den Verhandlungen in Freiburg habe die Veröffentlichung eines stenographischen Berichts keinen Zweck mehr gehabt. Ueber die Zentralkasse berichtete die aus fünf Personen, darunter Glackemeyer und Schulze-Gifhorn, bestehende, in Lüneburg erwählte Kommission. Der von ihr vorgelegte Statutentwurf entsprach nicht der Absicht, blos eine Geldaushilfe-Stelle für den Niedersächsischen Verband zu gründen. Dr. Crüger als Vertreter der Anwaltschaft legte dies klar, unter dem Hinweis, daß nach dem Statutentwurf jeder Kreditverein im deutschen Reiche, und auch jede Korporation und jede einzelne Privatperson Mitglied der Centralkassen-Genossenschaft werden könne. Da Dr. Glackemeyer diese Thatsache nicht bestreiten konnte, und die Vertreter der Verbandsvereine keine neue Bank, sondern nur eine Geldausgleichsstelle wollten, so fiel er mit seinem Statutentwurf glänzend ab — und der Verbandstag beschloß, die Kommission mit der Umarbeitung zu beauftragen.*)

Was nun weiter geschah will ich wörtlich mit Auslassung des Unwesentlicheren nach dem Credit-Verein Nr. 7 vom Juli 1891 berichten: Darin schreibt Dr. Glackemeyer:

Gleich nach dem Verbandstage in Pyrmont sandte ich den Vereinen des Verbandes ein Cirkular, in dem ich mittheilte, daß ich aus gesundheitlichen Rücksichten mein Amt niederlegen zu müssen genöthigt sei. Am Dienstag 30. Juni c. traten die Vereine des Niederländischen (!) Verbandes zu einem außerordentlichen Verbandstage in Hannover zusammen.**). . Ich nahm an den Verhandlungen nicht Theil. . . Den Vorsitz führte Schulze-Gifhorn als der Stellvertreter des Verbandsdirektors, wie er auch die Versammlung überhaupt berufen hatte. Die Versammlung war zahlreich besucht . . Viele Vereine hatten Vollmachten geschickt***) und darin ihren Standpunkt zu den drei Punkten klar gelegt. Drei Punkte standen auf der Tagesordnung:

---

*) Die Kommission scheint die Umarbeitung in dem gewünschten Sinne nicht vorgenommen zu haben. Erst $2^1/_2$ Jahr später im Dezember 1893, nachdem Dr. Glackemeyer die Reklame-Posaune unausgesetzt geblasen hatte, ist endlich „Die Zentral-Genossenschaftskasse für Niedersachsen zu Hannover e. G. m. beschr. Haftpflicht" zu Stande gekommen, ein Bankgeschäft mit demselben Vorstand wie die Credit-Bank zu Hannover e. G. m. unbeschr. Haftpflicht. Das Statut ist mit sehr geringen Abänderungen dasselbe, wie das dem Unterverbandstag zu Pyrmont vorgelegte. Die Mitgliedschaft können erwerben und werden dadurch berechtigt „aus der Genossenschaftskasse baare Vorschüsse unter bestimmten Voraussetzungen und Bedingungen zu beanspruchen" nach § 42 **„Deutsche Genossenschaften aller Art, Sparkassen, Innungen, Korporationen, Kommunen, juristische Personen und Personenvereinen** überhaupt, **wie auch Einzelpersonen"**.

**) Natürlich ohne Benachrichtigung des Anwaltes, aber mit Wissen des Verbandsdirektors.

***) Es ist anzunehmen, daß nach dem Verbandsstatut Bevollmächtigung zulässig war. Eine Präsenzliste ist ebensowenig wie ein Bericht über den ordentlichen Verbandstag in Pyrmont und über den außerordentlichen Verbandstag in Hannover veröffentlicht. In der Kolonialwaaren-Zeitung vom 10. Juli 1891 sind 21 Vereine, darunter ein nicht zum Verbande gehöriger, aufgeführt, die auf dem außerordentlichen Verbandstage durch Delegierte oder durch Bevollmächtigte vertreten gewesen seien. Dr. Glackemeyer hatte die Geschichte mit Schulze-Gifhorn abgeredet, war also nicht überrascht.

1. Die Niederlegung des Amtes als Verbandsdirektor Seitens des Senators Dr. Glackemeyer.
2. Lostrennung des Niedersächsischen Verbandes vom Allgemeinen deutschen Verbande.
3. Herausgabe des Organs „Der Credit-Verein."

Dem Vernehmen nach wurde lange und eifrig debattirt. Es trat eine allgemeine Unzufriedenheit gegen die Führung des Allgemeinen Verbandes zu Tage, umgekehrt wünschten Alle äußerst lebhaft, daß der Verbandsdirektor sein Amt nicht niederlegen möge. Eine Deputation von 5 Mitgliedern wurde zu mir gesandt, mich zu bewegen, mein Amt nicht niederzulegen. Ich behielt mir eine definitive Erklärung bis nach meiner Rückkehr aus Carlsbad vor. Beschlossen wurde, das Organ vorläufig fortzuführen . . Ein wichtiger Beschluß ging dahin, daß der Niedersächsische Verband sich vom Allgemeinen Verbande trenne und für die Zukunft als Revisionsverband fortbestehe . . Wir führten vor Jahren den Niedersächsischen Verband dem Allgemeinen Verbande zu,*) das kostete lange Vorbereitung und große Mühe,**) in Weimar fand die Aufnahme des Verbandes in den Allgemeinen Verband statt. Zu bedauern ist, daß der Niedersächsische Verband (d. h die Herren Glackemeyer-Schulze) nicht das im Allgemeinen Verbande fand, was er gehofft. Man trat mit Begeisterung der Allgemeinheit bei und dachte, die Leitung des Allgemeinen Verbandes stehe auf der Höhe, daß sie das Gute nehme, woher es komme.***) Darin aber hat man sich gänzlich getäuscht, die **edelsten** Absichten des Niedersächsischen Verbandes wurden mit einer Schroffheit und Rücksichtslosigkeit zurückgestoßen, daß **man** stutzig werden und sich die Frage vorlegen mußte: Hat das Verbleiben im Verbande noch irgend welchen Werth? Die Mitglieder des Niedersächsischen Verbandes hatten diese Frage schon lange verneint und sie wollten nicht länger ihr Geld für eine Einrichtung opfern, die nur negative Früchte zeitige. **Das Verhalten der Vertreter des Anwalts in Hannover, Harburg und zuletzt in Pyrmont** brachten den Entschluß des Austritts zur Reife, während der Beschluß in Freiburg die Vorstufe zu der endlichen Ausführung lieferte. **Nicht als ob die Herren Vertreter Berather der Versammlungen wären, nein, als absolute Herren und Gebieter traten sie auf, nicht etwa aufbauend, nein zurückhaltend, niedertretend, was Gutes aus dem Verbande hervortreten wollte.** . . . Der Verband wird rüstig weiter arbeiten, wird Früchte zu zeitigen suchen im Interesse aller seiner Mitglieder, im Interesse des Genossenschaftswesens überhaupt. Bei der **emsigen, fleißigen Arbeit** wird er in Zukunft keine Hinderer aus der Anwaltschaft heraus mehr haben."

---

*) Ueber die Hälfte der damaligen Verbandsvereine gehörte schon viele Jahre dem Allgemeinen Verbande an, sie sind meistens zu Folge den Bemühungen des Dr. Glackemeyer ausgeschieden. Von den 36 Kreditvereinen, die nach dem Verzeichniß in den Mittheilungen über den Genossenschaftstag zu Freiburg 1890 dem Niedersächsischen Unterverbande angehörten, sind nach den Mittheilungen über den Stettiner Genossenschaftstag 1893 dem allgemeinen Verbande treugeblieben, die Volksbank Bockenem, der Vorschuß- und Sparverein Brome, der Vorschußverein zu Lage in Lippe, der Vorschußverein zu Neuhaus a./Elbe, der Vorschuß- und Kreditverein zu Varel in Oldenburg, sämmtlich e. G. m. u. H. Zum allgemeinen Verbande, aber nicht zum niedersächsischen Unterverbande gehörten seit 1868 der Vorschuß- und Kreditverein zu Norden in Ostfriesland und die erst vor einigen Jahren gegründete Gewerbebank zu Hannover, beide ebenfalls e. G. m. u. H.

**) Vielleicht kostete die Verzögerung, die „Verschleppung" (s. oben S. 21) die größere Mühe. Drei Jahre nach dem Cirkular Schulze's an die zum Allgemeinen Verbande gehörenden Vereine ward der Verband aufgenommen.

***) Man hoffte, die Leitung werde es ruhig mit ansehen, daß Schulze-Delitzsch's großes Werk durch einen unwissenden, großmannssüchtigen, die Pflichten seines Amtes gröblich vernachlässigenden Verbandsdirektor zertrümmert werde!

Diese öffentlichen Beschuldigungen, die Dr. Glackemeyer mit dreister Stirn gegen die Vertreter des Anwaltes, also gegen Dr. Crüger und mich richtete, wird wohl Niemand, der den Dr. Glackemeyer einerseits und Dr. Crüger und mich andererseits kennt, ernst nehmen. Dr. Crüger war in Hannover 1889 und in Pyrmont 1891 auf zwei Verbandstagen, über welche kein „Bericht" veröffentlicht ist, ich war in Hannover 1886 und in Harburg 1887 auf zwei Verbandstagen, über welche „Berichte" vorliegen, über die ich mich ernstlich öffentlich zu beschweren gehabt hatte. Aber nicht blos in Hannover, sondern auch in Harburg und hier, auch noch nachdem ich mich über den Hannoverschen Bericht beschwert hatte, war mein Verkehr mit den Vereinsvertretern und mit dem Dr. Glackemeyer ein durchaus freundlicher. Man überhäufte mich sogar mit Liebenswürdigkeiten, die ich vergeblich abzuwehren suchte. Ich kann dies beweisen, durch einen klassischen Zeugen. Derselbe heißt Dr. Louis Glackemeyer. Er schrieb in dem gedruckten Bericht über die Festtafel des Harburger Verbandstages:

„Herr Parisius mußte es sich schon gefallen lassen, daß aus **Herzensgrund** ihm ein Loblied gesungen wurde."*)

Ob Dr. Glackemeyer diesen meinen klassischen Zeugen, wie sonst seine Gegner mit Gift und Galle zu verdächtigen suchen wird?

Der Bericht des sich seiner Offenheit rühmenden Verbandsdirektors über die Gründe des Austritts des Niedersächsischen Verbandes ist ein schriftstellerisches Kunststück. Im Lichte der Wahrheit erscheinen die Verhältnisse anders. Dr. Glackemeyer hat als Verbandsdirektor „in emsiger fleißiger Arbeit" den Niedersächsischen Unterverband zu verhindern verstanden, den Aufgaben gerecht zu werden, die Schulze-Delitzsch den von ihm so hoch gehaltenen Unterverbänden in seinem Organischen Statut und in den auf seinen Anlaß gefaßten Beschlüssen der Genossenschaftstage zuertheilt hat. Dr. Glackemeyer hat die Vereine seines Verbandes **mit Eifer und Geschick** abgehalten, der **Vortheile theilhaftig** zu werden, die nach Schulze's **Organisations-Werk jeder Verbandsverein genießen** soll. Dr. Glackemeyer hat den Vereinen seines Verbandes Grundlehren Schulze's als Thorheiten dargestellt und dafür seine eigenen, zum Theil auf Unwissenheit zurückzuführenden falschen Lehren empfohlen. Die Erfahrungen, welche Schulze-Delitzsch mit Hülfe der mehr als 30 Unterverbände in einem Menschenalter sammelte, hat der Verbandsdirektor Dr. Glackemeyer nicht benutzt, vielmehr mißachtet und sich stets bemüht, alles anders und schlechter zu machen.

Hat Dr. Glackemeyer, wie es seine Pflicht war, den Anwalt bei Einziehung der statistischen Nachrichten wirksam unterstützt? Er wird dies nicht von sich behaupten können. Nicht einmal bei seinem eigenen Verein hat er die Ausfüllung der Tabelle kontrollirt, er hat es unbeachtet gelassen, daß seines Stellvertreters des Direktors Schulze-Gifhorn Tabelle kein

---

*) Ich habe für das „Loblied aus Herzensgrund", welches mir auch in Gestalt eines „persönlichen Toastes" gesungen wurde, mich nicht bedankt, mich auch nicht auf den Abweg von Meister Schulze's Grundsätzen über die Verderblichkeit der persönlichen Toaste (s. Kap. 8) verlocken lassen, sondern wie Dr. Glackemeyers Bericht ergiebt, keine Person, sondern „das Vaterland" leben lassen.

einziges Mal richtig ausgefüllt war.*) Auch hat er nicht genügend kontrollirt, ob alle einbezirkten Vereine die Tabelle eingesandt hatten und dadurch das Recht erhielten, den Jahresbericht, dessen Werth er bestritt, unentgeltlich zu beziehen.**)

Aber weiter! Im Jahresbericht des Anwalts wurde seit 1870 eine Berufsstatistik veröffentlicht, auf die Schulze-Delitzsch nach Ausweis der gedruckten Berichte und seiner mündlichen Erläuterungen auf den Genossenschaftstagen großen Werth legte. Ferner wurde in Folge eines auf dem Genossenschaftstage zu Bremen 1874 gefaßten Beschlusses alle 5 Jahre (1875, 1880, 1885, 1890) eine Tabelle, enthaltend die Spezifikation der Gehälter und Verwaltungskosten der Vorschuß- und Kreditvereine veröffentlicht. Die Ergebnisse dieser Tabelle hat Schulze in den Jahresberichten von 1875 und 1880 eingehend besprochen. Die unentgeltliche Ueberlassung des Jahresberichtes war von der Ausfüllung dieser beiden Tabellen nicht abhängig gemacht. Es war aber Pflicht der Verbandsdirektoren, die Vereine ihres Verbandes zur Ausfüllung dieser Tabellen, den Beschlüssen der Genossenschaftstage gemäß zu veranlassen; selbstverständlich mußte die Genossenschaft, an deren Leitung sie selbst betheiligt waren, mit gutem Beispiele vorangehen. Dr. Glackemeyers Abneigung, die Verhältnisse seiner Verbandsvereine durch Zahlen öffentlich darzulegen, zeigte sich auch hier. Sein eigener Verein füllte die Berufsstatistik die ersten Jahre aus; die letzten beiden Jahre (1889 und 1890) unterließ er es. Die Tabelle der Gehälter und Verwaltungskosten ward die beiden Male, wo die Creditbank zu Hannover dem allgemeinen Verbande angehörte, von ihr nicht ausgefüllt. Auch in dieser Beziehung hielt er nicht für nöthig, seine Pflichten als Verbandsdirektor zu erfüllen.***)

*) In der Tabelle des Creditvereins zu Hannover e. G. m. u. H. war 1883 Spalte 14: Anzahl der einzelnen Posten und 1890 dieselbe Spalte und Spalte 20: Anzahl der einzelnen Konten nicht ausgefüllt. In der Tabelle des Vorschußvereins zu Gifhorn war die Spalte 14 kein einziges Mal ausgefüllt, öfters war die Spalte 6: Betrag des Geschäftsantheils nicht ausgefüllt (s. unten Kapitel 6).

**) Es hatten 1885 von 14 Vereinen einer (Steinhude), 1886 von 16 Vereinen einer (Stadthagen), 1887 von 16 Vereinen 4 (Ärzen, Bockenem, Brome und Wiesensahl) die Tabelle nicht ausgefüllt. Im Laufe des Jahres 1889 hatte sich der Verband auf 35 Vereine vergrößert, doch werden von diesen die Tabelle 1888, die nur von 14 Vereinen ausgefüllt ist, eine Anzahl Vereine noch nicht rechtzeitig zur Ausfüllung erhalten haben. Im Jahre 1890 hatte sich nach den Mittheilungen der Verband auf 36 vermehrt, von diesen hatten die Tabelle für 1889, die sie jedenfalls sämmtlich erhalten hatten, nur 19 ausgefüllt, es fehlten somit 17. Die Tabelle über das Jahr 1890, die viele Monate vor dem Ausscheiden des Verbandes versandt war, hatten nur 17 Vereine ausgefüllt.

***) Der Werth dieser Statistik wurde im Allgemeinen von Jahr zu Jahr mehr erkannt. Die Tabelle über Berufsstatistik hatten von denjenigen Kreditvereinen, welche die Tabelle über die Rechnungsabschlüsse ausgefüllt hatten, 1871 23,5 % nicht ausgefüllt, 1889 und 1890, wo sich des Direktors Dr. Glackemeyer Creditbank der Minderheit anschloß, war dieselbe auf 8,8 beziehungsweise 8 % herabgesunken. Aehnlich war es bei der Tabelle über die Gehälter. Diese war nicht ausgefüllt 1880 von 21 %, 1885 von 20,3 und 1890 von 14 % derjenigen Kreditvereine, welche die Tabelle der Rechnungsabschlüsse ausgefüllt hatten. Uebrigens will ich ausdrücklich hervorheben, daß der stellvertretende Verbandsdirektor des Niedersächsischen Verbandes Senator Schulze-Gifhorn in dieser Beziehung sich vortheilhaft von dem Verbandsdirektor, seinem Kollegen Senator Dr. Glackemeyer unterschied. Der Verein zu Gifhorn hat die beiden Nebentabellen, so lange er dem allgemeinen Verbande angehörte, regelrecht ausgefüllt.

Schulze-Delitzsch hatte schon 1866 für unbedingt nöthig erklärt, daß die Verbandsdirektoren für ihre Verbandstage nach den ihnen zur Weitersendung an den Anwalt zugehenden tabellarischen Rechnungsabschlüssen Zusammenstellungen von den einbezirkten Vereinen fertigten und den Verbandstagen vorlegten (s. oben S. 25). Hat Verbandsdirektor Dr. Glackemeyer dieser Pflicht genügt? Niemals; er erklärte auf dem Harburger Verbandstag, solche Zusammenstellung mache viel Arbeit, koste viel und habe gar keinen Zweck (s. oben S. 38). Niemals hat er auf den Verbandstagen durch irgend eine Bemerkung verrathen, daß er wenigstens für seine Person aus der Tabelle des Jahresberichts sich über die inneren Verhältnisse der Verbandsvereine unterrichtet habe. Niemals versuchte er auf den Verbandstagen sich darüber durch die von Schulze-Delitzsch für unerläßlich erklärten Umfragen Kenntniß zu verschaffen. Niemals hat er Schulze-Delitzsch's Grundsätze in den inneren Einrichtungen der Vereine mit Hülfe des Verbandes zur Geltung zu bringen gesucht. Im Gegentheile hat er alle in seinem eigenen Vereine bestehenden Abweichungen von Schulze-Delitzsch und von Beschlüssen der allgemeinen Vereinstage mit Feuereifer vertheidigt, und dieser Abweichungen sind nicht wenige.*)

Dr. Glackemeyer hat die Pflicht, über die abgehaltenen Unterverbandstage sachliche unparteiische Berichte zur Belehrung der einbezirkten Vereine zu veröffentlichen, gröblich vernachlässigt, die veröffentlichten Berichte wurden von jedem seiner mehr als 30 Kollegen im engeren Ausschuß für wahre Zerrbilder unparteiischer Berichterstattung erachtet und über die Verbandstage 1888, 1889 und 1891 hat er keine Berichte veröffentlicht. Dr. Glackemeyer hat die Vereine seines Verbandes niemals zur Besendung der allgemeinen Vereinstage veranlaßt, der Verband hat, soweit bekannt geworden ist,**) kein einziges Mal Zuschüsse an Delegirte gezahlt. Dazu hatte die Verbandskasse kein Geld.

Ueber die Verwendung der Einnahmen des Verbandes ist in den gedruckten Berichten des Dr. Glackemeyer, abweichend von den Berichten anderer Verbände, kein Wort zu finden, auch hat Dr. Glackemeyer es niemals für erforderlich gehalten, dem Beispiel seiner Kollegen darin zu folgen, jedem Verbandstage einen Voranschlag für das beginnende Geschäftsjahr vorzulegen und ihn prüfen und feststellen zu lassen. Man nimmt allgemein an, dies sei bei einer geordneten Finanzwirthschaft unerläßlich.

---

*) Z. B. Ausschließung kleiner Leute, hohes Eintrittsgeld, niedriges Guthaben, Mißverhältniß des eigenen Vermögens zum fremden, zu hohe Belastung der Mitglieder, willkürliche Festsetzung des Höchstbetrages der Kredite, keine Trennung der Vorschußwechsel von den Geschäftswechseln, keine Trennung der Spareinlagen von den Depositen, nicht genügend durchsichtige Geschäftsberichte, Nichtbeachtung des Stuttgarter Schemas (s. Kap. 7).

**) Auf allen Genossenschaftstagen von 1884 bis 1890 war Dr. Glackemeyer und erhielt aus der Kasse des allgemeinen Verbandes Reisekosten und Diäten, 1889 in Königsberg und 1890 in Freiburg war Revisor Preiser, dem jene Kasse Reisekosten vergütete. Schulze-Gifhorn war (wie mitgetheilt wurde auf eigne Kosten) in Weimar 1884, in Karlsruhe 1885 und in Plauen 1887. Nur an dem Vereinstage in Erfurt 1888 nahmen neben dem Verbandsdirektor noch Vertreter von den Vereinen in Bockenem und Hannover Theil. Es wäre möglich, daß der Unterverbandstag von 1888, über den kein Bericht erschienen ist, für diese Vertreter einen Zuschuß beschlossen hätte.

Während Schulze-Delitzsch auf Grund der gemachten Erfahrungen einen Beschluß des Genossenschaftstages zu Wiesbaden 1877 veranlaßte dahin, daß zur Steuer der Unkenntniß der Aufsichtsräthe die Vereine ein zweites Exemplar der Blätter für Genossenschaftswesen zur Cirkulation unter den Mitgliedern des Aufsichtsrathes halten möchten (s. oben S. 27), suchte Dr. Glackemeyer die Vereine vom Lesen dieser Blätter abzuschrecken.

Die Einführung der Verbandsrevision hatte er vor Erlaß des neuen Genossenschaftsgesetzes verzögert und nachher in einer von den Grundsätzen und Vorschlägen Schulze-Delitzsch's abweichenden durchaus ungenügenden Weise entwickelt. Der Verbandsrevisor hatte bei seinen Revisionen nicht zu prüfen, ob die Grundlehren Schulze's und die Beschlüsse der allgemeinen Vereinstage befolgt würden. Der dem Revisor vorgesetzte Verbandsdirektor kannte diese Grundlehren und Beschlüsse nicht,*) oder mißachtete sie. Eine Kontrolle, was auf die Erinnerungen des Verbandsrevisors der Verein beschlossen habe, fand überhaupt nicht statt. Gedruckte Generalberichte waren verpönt.

Dr. Glackemeyer wünschte keinen direkten Verkehr der Vereine seines Verbandes mit dem Anwalt, er spielte sich selbst als Anwalt auf, prüfte und begutachtete Statuten aller Arten Genossenschaften (Konsumvereine nicht ausgenommen), obschon das Statut seines eigenen Vereins grobe Verstöße gegen das Genossenschaftsgesetz enthielt. Außerdem sollten die Vereine ihre Belehrung aus dem Credit-Verein und aus dem „ABC-Buch“ für Vorschuß- und Kreditvereine von Dr. Glackemeyer“ schöpfen (s. unter Kap. 5). Künstlich erhielt er die Verbandsvereine in Unkenntniß über die Grundlehren Schulze-Delitzsch's, über dessen Organisation, über die Aufgaben des allgemeinen Verbandes und des Unterverbandes und über die Pflichten des Verbandsdirektors.

*) Von der Unwissenheit des Dr. Glackemeyer über das, was vor dem Jahr 1880 in Schulze's allgemeinem Verbande passirt ist, kann man sich nur dann eine richtige Vorstellung machen, wenn man mit voller Kenntniß der genossenschaftlichen Bewegung seinen Credit-Verein liest. Er scheint sich nicht einmal Mühe zu geben, etwas zu lernen. Ein köstliches Beispiel liefert er in Nr. 2, Jahrg. 1892 des Credit-Vereins. Er bringt darin unter der Ueberschrift: „Die Beschlüsse der allgemeinen Vereinstage“ zum Beweise, daß „Beschlüsse in geradezu leichtfertiger Weise gefaßt wurden“ eine „kleine Blumenlese.“ Er entnahm diese einer Zusammenstellung in dem vortrefflichen Gabow'schen deutschen Genossenschaftskalender. In dieser Zusammenstellung sind, was schon des Raumes halber unvermeidlich war, nicht blos die Motive fortgelassen, sondern auch die Beschlüsse selbst gekürzt. Diese Kürzung ist mehrmals keine glückliche gewesen. Aber Dr. Glackemeyer stutzte die Beschlüsse nach seinem eigenen Belieben zu und versah seine Zitate mit Anführungszeichen (Gänsefüßchen), als ob er den Wortlaut der Beschlüsse bringe und fügte dann dem so zurechtgemachten Beschlusse seine tadelnden Bemerkungen bei. Man hätte mindestens von ihm erwarten müssen, daß, wenn ihm die „Mittheilungen“ aus den Genossenschaftstagen nicht zur Hand waren, und er seine Schreiblust nicht verkneifen konnte, er doch die Auszüge des Kalenders mit Schwanitz's „Hülfsbuch“ oder mit Pröbst's „Grundlehren der deutschen Genossenschaften“, oder mit Pröbst's „Kommentar“, in welchem die wichtigeren Beschlüsse der Genossenschaftstage wörtlich aufgeführt sind oder in Betreff der Beschlüsse vor 1870 mit Schulze-Delitzsch's „Sammelwerk und die Entwickelung des Genossenschaftswesens in Deutschland“ verglichen hätte. Aber das wäre zu mühsam gewesen, freilich hätte es auch Wahrheitsentstellungen erschwert. Wie er Auszüge aus dem Genossenschaftskalender zurechtstutzte — um nicht zu sagen fälschte — davon siehe Beispiele im Kapitel 9.

In dem gemüthlichen Stillleben, das Dr. Glackemeyer in seinem Niedersächsischen Verbande führte, in welchem alle von ihm und seinen nächsten Freunden gestellten Anträge stets einstimmig durch Acclamation angenommen wurden, erschienen nun von Zeit zu Zeit als unangenehme Störenfriede der Anwalt oder seine Vertreter. Diese bösen Menschen, die des Verbandsdirektors Unwissenheit kannten, seine Unwahrhaftigkeit durchschauten, und sich durch seine Beredsamkeit nicht einschüchtern ließen, wußten auf den Verbandstagen, auch wenn sie es an Rücksichtnahme auf den gewählten Verbandsdirektor nicht fehlen ließen, durch aufklärende und berichtigende Bemerkungen, für Jeden, der nicht ganz verblendet war, deutlich zu enthüllen, wie sich das genossenschaftliche Treiben des Dr. Glackemeyer im Lichte der Wahrheit ausnahm. In Pyrmont gelang es dem Dr. Crüger, den Dr. Glackemeyer in der Sache der Gründung der Zentralkassen eine ihm besonders empfindliche Schlappe beizubringen. Nach den Erfahrungen, die er mit seinen Verbandstagsberichten über Hannover und Harburg auf den Genossenschaftstagen zu Kolberg und Plauen gemacht hatte, konnte er nicht wagen, die überzeugenden Ausführungen des Dr. Crüger in seinem Bericht gänzlich zu unterdrücken oder zu entstellen. Und wenn er sie aufnahm, so konnten sie, seinen eigenen Quengeleien, Uebertreibungen und unrichtigen Behauptungen gegenüber, selbst seine treuen Anhänger überzeugen und ihren Glauben an die Weisheit ihres Verbandsdirektors dauernd erschüttern. Dem mußte vorgebeugt werden.

Nur ein Mittel gab es dagegen:

Kein Verbandstagsbericht mehr! und Lostrennung vom Allgemeinen Verbande!

Der Verbandsdirektor Dr. Glackemeyer-Hannover rief seinen Stellvertreter Schulze-Gifhorn zur Hilfe. Die beiden Senatoren einigten sich schnell. Die Komödie wurde aufgeführt, — und der Unterverband der Niedersächsischen Kreditgenossenschaften schied aus dem von Schulze-Delitzsch begründeten allgemeinen Verbande aus.

Fünftes Kapitel.

Die genossenschaftlichen Aufsätze und Schriften des Dr. Glackemeyer.

Schlecht paßt: in Worten wichtig,
In Thaten kleinlich und nichtig.
Hoffmann von Fallersleben.

Dr. Glackemeyer hat einen außerordentlichen Trieb zur Schriftstellerei. Genossenschaftliche Aufsätze hat er nach seinen eigenen Mittheilungen, schon bevor er Unterverbandsdirektor wurde, öfters in hannoverschen Blättern und in der Magdeburgischen Zeitung veröffentlicht. Er schreibt einen sogenannten flotten Styl, der für Tagesblätter besser paßt als für wissenschaftliche Zeitschriften. Für letztere sind gründlichere eigene Studien erforderlich, und die sind ihm zuwider. Bei ihm muß, wie man zu sagen pflegt, alles aus dem Handgelenk gehen. Ich werde seine Aufsätze in den Blättern für Genossenschaftswesen und (1888) in der Herz'schen deutschen Genossenschaft einzeln aufführen. Seit 1. Oktober 1889 lagert er im Credit-Verein seine schriftstellerischen Arbeiten ab.

Von genossenschaftlichen Büchern ist der erweiterte Vortrag von Harburg „Die Kreditvereine nach Schulze-Delitzsch und die Darlehnskassen nach Raiffeisen“ u. s. w. (Hannover 1887) bereits erwähnt. Sein A-B-C-Buch für Vorschuß- und Creditvereine (Berlin 1889) werde ich noch besprechen. Seine beiden „juristischen“ Werke: „Der deutsche Wechselverkehr“ (Hannover 1886) und „A-B-C-Buch für den Wechselverkehr“ (Hannover-Linden 1892) werde ich, wie ich schon sagte (S. 6) unbesprochen lassen.

Gewisse Beziehungen des Schriftstellers Dr. Glackemeyer zu den „Blättern für Genossenschaftswesen“ begannen schon vor dem Tode Schulze-Delitzsch's. Die vom 28. April 1883 — Schulze starb am 29. April — datirte Nr. 17 der Genossenschaftsblätter enthält einen Aufsatz des Dr. Schneider zur Widerlegung eines Artikels, den die Magdeburgische Zeitung an hervorragender Stelle über die Frage gebracht hatte, ob auch eingetragene Genossenschaften, offene Handelsgesellschaften und Aktiengesellschaften die Mitgliedschaft in eingetragenen Genossenschaften erwerben dürften. Dr. Glackemeyer war der nicht genannte Verfasser des Artikels jener Zeitung. Dr. Schneider widerlegte die zum Theil auf Unkenntniß voraufgegangener Verhandlungen und Beschlüsse der allgemeinen Vereinstage, sowie der genossenschaftlichen Einrichtungen und Verhältnisse beruhenden Ausführungen. Der Artikel konnte von keinem Juristen herrühren, da der Verfasser sich z. B. über den Begriff einer juristischen Person in haarsträubender Unwissenheit befand.

Einen zweiten von Dr. Glackemeyer anonym in der Magdeburgischen Zeitung veröffentlichten Leitartikel besprach Dr. Schneider in Nr. 40 Jahrgang 1883 der Bl. f. G. Dr. Glackemeyer hatte den Jahresbericht des Anwalts für 1882 in die Hände bekommen und gründete darauf verkehrte Angriffe, die zum Theil noch bis auf den heutigen Tag in seinen Reden und Schriften nachklingen. Er beklagte, daß noch immer eine große Zahl von Städten ohne Vorschußverein existiere und wollte die Vermehrung der Volksbanken dadurch erreichen, daß die Genossenschaftsbank neugegründeten Vereinen „zum ersten Betrieb“ Summen vorstrecke, auch solle diese „Centralgeldstelle“ Katastrophen von Vereinen verhindern, sobald eine eingesetzte Jury sich dafür ausspräche. Dann wurde über die unpopuläre Darstellung in Schulze's Buch: „Vorschuß- und Kreditvereine“ Klage geführt und der „anwaltlichen Centralstelle“, d. h. dem **eben erst verstorbenen Schulze-Delitzsch** vorgeworfen, daß er in der Provinz Hannover schon vor Jahren hätte weit mehr Anregung zur Gründung von Kreditvereinen geben müssen! Auch die Verbandsvorstände, die jenen Kreisen näher ständen (Schleswig-Holstein, Regierungsbezirk Magdeburg?), als die Zentralstelle in Potsdam, hätten mehr thun müssen und können. Dr. Schneider, der keine Ahnung hatte, wer der Verfasser sei, widerlegte ruhig und sachlich die völlig unbegründeten Vorwürfe gegen Schulze und die Zentralstelle, und sprach die Hoffnung aus, daß der neugegründete Hannoversche Verband, der seinen Beitritt zum Allgemeinen Verbande beschlossen habe, als Unterverband sich demnächst in der Provinz Hannover als nützliches Agitationsmittel für die Ausbreitung solcher Vereine erweisen werde. Zugleich aber trat er in Schulze's Sinne den Vorschlägen jenes Artikels entgegen, wonach die Verbandsdirektoren herumreisen und in Städten, wo noch kein Verein bestände, Vorträge halten sollten, um zur

Gründung eines Kreditvereins anzuregen. Dadurch würde, sagte Schneider mit Recht, der Allgemeine Verband eine gewisse Verantwortlichkeit für das Gedeihen dieser Genossenschaftsschöpfungen übernehmen. Mit der ihm eigenen Hartnäckigkeit fuhr Dr. Glackemeyer in einer Replik fort, den verstorbenen Schulze-Delitzsch anzuzapfen. Dr. Schneider erwiderte nochmals in Nr. 6 vom Februar 1884, wies dem Verfasser wiederum seine Unkenntniß nach, trat den ungerechtfertigten Angriffen auf die deutsche Genossenschaftsbank entgegen und vertheidigte den verstorbenen Schulze-Delitzsch gegen Glackemeyer's wiederholte Angriffe.*)

Im August 1884 war der niedersächsische Verband als Unterverband in den Allgemeinen Verband aufgenommen. Glackemeyer scheint nicht versucht zu haben, unter Dr. Schneider's Redaktion Mitarbeiter der Genossenschaftsblätter zu werden. Nach Dr. Schneider's Rücktritt wurde er bald eifriger Mitarbeiter. Ich finde aus Glackemeyer's Feder folgende Aufsätze:

1. 1884, Nr. 48 „Der Druck des Geldmonopols“ (November 1884).
2. Nr. 49 „Das Postsparkassengesetz“ (20. Dezember 1884).
3. Nr. 52 „Der niedersächsische Verband“ (Dezember 1884). Zum Schluß dieses Aufsatzes behielt sich Dr. Glackemeyer vor, über verschiedene auf den ersten Hannoverschen Verbandstagen verhandelte Punkte demnächst genauer zu berichten.
4. In Nr. 5 1885 ein vom 2. Januar datirter Aufsatz „Unsere Statistik“. Er verlangte namentlich eine genauere Darlegung aller in den letzten 10 Jahren auf dem Genossenschaftsgebiet erfolgten schweren Unfälle und ihrer Ursachen. Hier findet sich auch zum Schluß der zutreffende Satz:

„Für Genossenschafter, die in der Sache stehen, ist es bekannt, daß bei all den Vorschuß- und Kredit- oder auch sonstigen genossenschaftlichen Vereinen, welche finanziell ins Schwanken geriethen, die Ursache darin zumeist bestand, daß sie die Prinzipien nicht beachteten, auf denen die Vereine nach Schulze aufgebaut und nach denen sie geleitet werden sollen, daß sie die Rathschläge außer Augen ließen, die seit Jahren die Genossenschaftstage ihren Besuchern mit aller Vorsicht gaben.“

In einer Nachschrift bemerkte der Anwalt, daß eine Zusammenstellung ähnlicher Art über die Verluste der Genossenschaften seit längerer Zeit in Angriff genommen sei. Es erschien hierauf im Juni 1885 in dem von Böhmert und Gneist herausgegebenen „Arbeiterfreund“ ein längerer (34 Seiten umfassender) Aufsatz des Dr. F. Schneider „Verluste und Bankerotte bei den deutschen Volksbanken.“

5. Nach längerer Pause folgte in den Nr. 32 u. 33 (8. u. 15. August 1885) der schon citirte Aufsatz „Ueber das Eintrittsgeld in den Kreditgenossenschaften.“ **)
6. Nr. 51 brachte einen Aufsatz über „Gesperrte Sparkassenbücher“, dem eine Berichtigung des Anwalts folgte.
7. In Nr. 10 vom 6. März 1886 im Sprechsaal brachte Dr. Glackemeyer unter dem Titel „Der Wechselverkehr in unsern Vereinen“ einen längeren

---

*) Dr. Glackemeyer bekannte sich später im „Credit-Verein“ zu diesen anonymen Artikeln der Magdeburger Zeitung mit der echt Glackemeyerschen Bemerkung, Dr. Schneider sei ihm scharf entgegengetreten, „ohne jedoch einen Gegenbeweis zu erbringen.“

**) In Nr. 46 ist das Buch des Dr Glackemeyer über den Wechselverkehr von einem Ungenannten in einem kurzen Artikel den Vorständen und Mitgliedern der Genossenschaften empfohlen worden.

Aufsatz, der in eine Empfehlung seines Buches ausläuft. In einer Anmerkung citirt er einen Revisions- und Generalbericht von Neußer-Mittelrhein, der über kaum glaubliche Fehler berichte, die er bei verschiedenen Vereinen gefunden habe. „Ein Glück für die betreffenden Vereine, daß nach außen diese Fehler nicht bekannt waren, und daß die bessernde Hand des Revisors dazwischen trat.“ Auch in Schleswig-Holstein sei über kaum glaubliche Fehler durch die Revisoren berichtet. „Ein Glück, daß endlich die Verbandsrevision eingeführt ist.“ *)

8. Im Sprechsaal der Nr. 23 vom Juni 1886 findet sich von Dr. Glackemeyer „Zur Einrichtung unserer Sparkassenbücher“ (Mai 1886). Der Aufsatz richtet sich gegen die Pflicht zur Legitimationsprüfung der Abheber von Spareinlagen. Hier sprach der Verfasser schon von der „**Prüfung der Legitimität der Buchinhaber.**“ Dem Redakteur ist dieser Schnitzer offenbar entgangen, sonst würde er ihn korrigirt haben.

9. Nr. 28 vom 10. Juli enthielt „Zum Wechselverkehr in unsren Vereinen“ (20. Juni 1886). Wiederum wurden aus dem Generalbericht eines Verbandsrevisors Bemerkungen über unrichtig abgefaßte Wechsel besprochen und das sonderbare Trostwort wiederholt: „Ein Glück für die Vereine, daß die Fehler nicht bekannt waren.“

10. In Nr. 34 vom 21. August 1886 folgte im Sprechsaal ein zweiter Aufsatz „Zur Einrichtung unsrer Sparkassenbücher.“ Wiederum drehte es sich um die Frage der Legitimationsprüfung (diesmal richtig ausgedrückt, nicht Legitimitätsprüfung).

Im Juli 1886 auf dem Verbandstage in Hannover fand jener heftige Vorstoß gegen die Genossenschaftsblätter statt, der erst durch den gedruckten, an die Anwaltschaft und den engeren Ausschuß gerichteten Aufsatz zu allgemeinerer Kenntniß kam. Dr. Glackemeyer führte unter anderm aus, daß Artikel von ihm schon mehrere Wochen bei der Redaktion gelegen hätten u. s. w.; er würde viel mehr Artikel eingeschickt haben, wenn die Sachen nicht so lägen. Dem übereifrigen Mitarbeiter war ferner das schreckliche Unglück passirt, daß ihm, dem Herrn Verbandsdirektor und Mitarbeiter großer Zeitungen, im März 1886 ein Aufsatz über: „Guthaben, Revision und Dividende“ und im Sommer 1886 ein weiterer Aufsatz: „Aus einigen Revisionsberichten“ vom Redakteur zurückgewiesen wurden. Dr. Glackemeyer hat später wiederholt darüber Lärm geschlagen und dann den ersteren Aufsatz in Nr. 4 und den zweiten in Nr. 5 seines „Credit-Vereins“ von 1892 abgedruckt. Auch ich würde als Redakteur der Bl. f. G. beide Aufsätze zurückgewiesen haben. In dem ersteren brachte er, freilich in vorsichtiger und gemäßigter Form, die bekannten Angriffe gegen Schulze-Delitzsch's Ansichten über Höhe der Guthaben, des eigenen Vermögens und der Dividenden. In dem zweiten Artikel sucht er aus einer Reihe von Generalberichten der Revisoren Stellen heraus, um die darin ausgesprochenen, auch von Schulze-Delitzsch gelehrten Ansichten, über Bestimmung des Höchstbetrages der Kreditgewährung durch die Generalversammlung, über Abgrenzung der gewährten Kredite, über die Verpflichtung zur Legitimationsprüfung der Abheber von Spareinlagen u. dergl. zu bekämpfen. Außer-

---

*) Zu bemerken ist hierbei nur, daß der niedersächsische Verband damals der einzige war, der in Sachen der Verbandsrevision noch nichts geleistet hatte. Dr. Glackemeyer's Liebe für die Revision war eine rein platonische.

dem stöberte er in jenen Generalberichten Stellen auf, um an den, vielleicht nicht ganz scharf zutreffenden Ausdrücken herumzunörgeln und seine Kenntnisse über Wechsel und Wechselrecht leuchten zu lassen. Da die Generalberichte der Revisoren für den Verband gedruckt werden, und im Buchhandel nicht zu haben sind, sondern nur aus Gefälligkeit auch an andere Genossenschaften versendet werden, da diese Berichte ferner auf dem Verbandstage desjenigen Unterverbandes, zu dem die revidirten Vereine gehören, die Unterlage für die Verhandlungen bilden, und in diesen etwaige Mängel oder Irrthümer der Berichte besprochen und klargestellt werden, so erscheint es kaum passend, daß ein Verbandsdirektor, in dessen Verbande damals die von ihm selbst gepriesene Einrichtung der Verbandsrevision noch in den Windeln lag, Stellen aus Generalberichten anderer durch Revisionsleistungen ausgezeichneter Verbände zum Gegenstande heftigen Angriffs machte. Damals betrieb Dr. Glackemeyer diese Verunglimpfung der Revisionsarbeiten anderer Verbände noch in einigermaßen anständiger Form; seitdem ist sie angewachsen zu einem gewerbsmäßigen Herunterreißen gewissenhafter Leistungen durch den Mann, der auch auf dem Gebiete der Verbandsrevision seine Leistungsunfähigkeit bewiesen hat und noch immer beweist.

Wie im vorigen Kapitel (S. 38) bereits erwähnt ist, veröffentlichte Dr. Glackemeyer 1887 noch drei Aufsätze in den Blättern für Genossenschaftswesen:

11. und 12. Frühjahr 1887 über Vorträge, die er gegen die Agitation zur Gründung Raiffeisen'scher Kassen gehalten hatte. Auch ist schon dargestellt, wie er durch den letzten Aufsatz in eine literarische Fehde mit Direktor Meißner zu Frankfurt am Main gerieth und daß er

13. gegen meinen Protest im Oktober eine längere Berichtigung losließ (s. S. 40).

14. Seine letzte Arbeit für diese Blätter betreffend eine Dienstanweisung für die **Vorstände von Konsumvereinen** schrieb er im Januar 1888 **„zur Förderung unserer Sache"**, d. h. der Sache der Konsumvereine als Vorstandsmitglied eines Konsumvereins; sie ist bereits S. 41 besprochen.

Zu Beginn des Jahres 1888 begründete Rechtsanwalt Dr. Herz in Mannheim die halbmonatlich in Berlin erscheinende wissenschaftliche Zeitschrift „Die deutsche Genossenschaft", die nur drei Jahre bestanden hat. Auf jeder Nummer dieses Blattes war zu lesen: „Unter Mitwirkung von . . . Senator Dr. Glackemeyer, Direktor des Kreditvereins Hannover e. G. u. Verbandsdirektor in Hannover". Dr. Glackemeyer scheint erwartet zu haben, daß seine aus dem Aermel geschüttelten oberflächlichen Erörterungen von dem Redakteur mit dankbarer Freude entgegengenommen werden würden. Schon in Nr. 3 erschien über sein Lieblingsthema, über die gesperrten Sparkassenbücher ein Artikel, eine Art Auszug aus dem längeren Aufsatz in Nr. 51 der Genossenschaftsblätter von 1885. Zum Schluß verstieg er sich dazu, es „als ein großes Glück für das Volk wie für das Genossenschaftswesen zu bezeichnen, wenn **alle** Vorschuß- und Kreditvereine und unter Umständen **auch die Konsumvereine** bald dazu kämen „gesperrte" Sparbücher einzuführen."*) Wie ein nasser

*) Auch hier also noch das Bestreben, die Sache der Konsumvereine zu fördern — natürlich durch einen grundverkehrten Vorschlag. Die Konsumvereine brauchen, wenn sie gegen baar verkaufen und genügend hohe Geschäftsantheile haben, keine fremden Gelder und am wenigsten festgelegte, der Verfügung auf lange Jahre entzogene Spareinlagen.

Lappen auf die von Begeisterung erglühende Stirn muß auf ihn die Bemerkung der Redaktion gewirkt haben, daß sie mit Aufnahme dieses Artikels nur die Diskussion über die gesperrten Sparkassenbücher eröffnen wolle, aber damit keine Verantwortlichkeit für die allgemeine Empfehlung derselben seitens „unsers geehrten Mitarbeiters" übernehme.

In Nr. 5 der deutschen Genossenschaft findet sich ein weiterer Aufsatz des Dr. Glackemeyer „Zum Umlageverfahren"; — eine kurze, aber schiefe Darstellung der Auslegung, die Schulze-Delitzsch in seinen Streitfragen gegen die durch Entscheidungen des Reichsoberhandelsgerichts und des Reichsgerichts bestätigten Ansichten in Professor von Sicherer's und meinem Kommentar über die Haftpflicht der ausgeschiedenen Mitglieder und ihre Betheiligung beim Umlageverfahren nach dem Genossenschaftsgesetze von 1868 vertreten hat.

In Nr. 9 begann Dr. Glackemeyer unter Ueberschrift „Aus dem Wechselverkehr", in kurzen Sätzen (4 in 21 Zeilen) Wechselrechts-Belehrungen. Er begleitete dieselben mit der Bemerkung:

> „Unter dieser Rubrik werden wir, vielfachen aus den Kreisen der Genossenschaften geäußerten Wünschen entsprechend, von Zeit zu Zeit wichtige Rechtsgrundsätze aus dem Wechselrecht veröffentlichen."

Vermuthlich hat der Redakteur Dr. Herz, der ein feiner Jurist war, um seinen Ruf als Jurist nicht zu schädigen, den Glackemeyerschen Rechtsbelehrungen steuern müssen. Denn erst nach fünf Monaten in Nr. 19 finden sich drei neue Nummern von wenigen Zeilen. Die letzte ist eine sehr flüchtige Notiz über die im Fulda'schen bestehende Beschränkung der Ehemänner bei Bürgschaften. Dr. Herz fügte eine ausführliche gründliche Darstellung der Frage von einem hessischen Anwalt bei.*) Damit verschwanden die „von Zeit zu Zeit" versprochenen Rechtsbelehrungen des Dr. Glackemeyer über Wechsel für immer aus den Spalten der „deutschen Genossenschaft." Er selbst nahm nur noch einmal in Nr. 21 (1888) das Wort, um an einen Beschluß eines Genossenschaftstages über Instruktion der Revisoren zu erinnern, ohne daran selbstständige Betrachtungen zu knüpfen.

Auf diese sehr dürftigen Aufsätze beschränkte sich die Mitwirkung des Dr. Glackemeyer an der „deutschen Genossenschaft". Wie schon erwähnt, starb Dr. Herz am 1. März 1889. Das Blatt hat stets, namentlich in Aufsätzen des Dr. Schneider, der nach dem Tode des Dr. Herz an der Redaktion betheiligt war, die alten bewährten Grundsätze Schulze's und der Genossenschaftstage vertreten und für die Bekämpfung derselben durch seichte Aufsätze des Dr. Glackemeyer keinen Platz geboten.

Gegen ein paar spätere Aufsätze Dr. Glackemeyer's in der Magdeburgischen Zeitung nahm die Redaktion ausführliche Entgegnungen von Dr. Crüger auf. Ob dies den Dr. Glackemeyer so geärgert hat, daß er der dem Genossenschaftswesen stets freundlich gewesenen Zeitung die Mitarbeiterschaft entzog oder ob die Redaktion auf diese Mitarbeiterschaft verzichtet hat, darüber wage ich keine Vermuthung zu äußern.

Von Dr. Glackemeyer's genossenschaftlichen Büchern kommt neben der bereits kurz besprochenen auf Kosten des Niedersächsischen Verbandes heraus-

---

*) Die Angelegenheit ist später im Preußischen Abgeordnetenhause unter meiner Betheiligung eingehend erörtert worden. Vgl. meinen Aufsatz in Bl. f. G. 1889 Nr. 17 u. 18 und Kommentar von Parisius und Crüger S. 125.

gegebenen vergleichende Darstellung der Kreditvereine nach Schulze-Delitzsch mit den Darlehnskassen nach Raiffeisen, nur in Betracht das **„A-B-C-Buch für Vorschuß- und Kreditvereine.** Ein alphabetischer Wegweiser zu deren Errichtung und Leitung auf Grund des neuen Genossenschaftsgesetzes." (Berlin, J. J. Heines Verlag 1889.)

Ich wußte bis vor kurzem über das Buch nichts, als was ich in der kurzen Besprechung der im gleichen Verlage erschienenen „Deutschen Genossenschaft" (Nr. 14 vom 15. Juli 1889) gelesen. In dieser wohlwollenden Besprechung ist dem Lobe auch viel Tadel beigemischt. Der Kritiker empfiehlt das Buch der allgemeinen Beachtung den Vorschuß- und Kreditvereinen.

„Allerdings können wir nicht mit allen Ansichten des Verfassers übereinstimmen, z. B. nicht mit der Ansicht, daß bei der „Gründung neuer Kreditvereine" jedenfalls die unbeschränkte Nachschußpflicht vorzuziehen sei, auch nicht mit der Ansicht (S. 61 oben Ziffer 4), daß nach § 114 des Gesetzes vom 1. Mai 1889 bei den Vereinen, wo „an Stelle des Jahres das Quartal (als Geschäftsperiode?) tritt, die Kündigung bis 6 Wochen vor Schluß des Quartals zulässig sei", denn § 114 bezieht sich nur auf Raiffeisen'sche Vereine, während Konsumvereine, welche vierteljährlich abschließen, nach § 63 auch eine mindestens dreimonatliche Kündigung der Mitgliedschaft haben."...

...Es wird dann ferner bemerkt, daß bei einem Umfange von 7 Druckbogen nicht auch noch „eine erschöpfende Auseinandersetzung" über die geschäftliche Leitung der Vorschuß- und Kreditvereine gegeben werden könne....

„Gleichwohl hat der Verfasser auch hierzu manche recht beherzigenswerthe Fingerzeige beigefügt, bei denen er sich aber bisweilen zu sehr auf die Benutzung der eigenen persönlichen Erfahrungen beschränkt hat. So sprechen doch sehr gewichtige Gründe dagegen, für den Vorschußwechsel die Form des gezogenen Wechsels anzuwenden, obgleich in Hannover diese Praxis sich als zweckmäßig bewährt haben mag. Man wird den Vereinen in solchen Fällen doch immer nur rathen können, das Buch von Schulze-Delitzsch Vorschuß- und Kreditverein 5. Auflage 1876 zu studieren, um sich die Erfahrungen einer möglichst großen Zahl Vereine zu eigen zu machen."

Die hier als Beispiele angeführten Fehler sind nicht zu bestreiten. Jedoch das Lob ist trotz aller Einschränkungen unverdient. Ich muß mein Gutachten dahin abgeben: Das A-B-C-Buch ist eines der **elendesten Machwerke,** die mir auf dem genossenschaftlichen Gebiete vorgekommen sind. Der Gedanke, in Form eines A-B-C-Buchs einen Wegweiser für ein neues Gesetz zu schreiben, ist für einen Schnellfabrikanten von Büchern verlockend. Das A-B-C giebt ihm das Schema. Er macht ein Register des Gesetzes, schreibt bei jedem Stichwort das Erforderliche aus dem Text des Gesetzes heraus, und das Buch ist fertig. Dr. Glackemeyer hatte es sehr eilig. Er meinte in der vom Juni 1889 datirten Vorrede, das vorliegende Buch werde

„den Leitern von Creditvereinen **und auch andern Genossenschaften** eine willkommene Gabe sein. Dasselbe will in knapper, leicht faßlicher Weise **genauen Aufschluß** über alle Fragen des neuen Genossenschaftsgesetzes und dessen praktischer Anwendung in den Vereinen geben."

Er wartete die Ausführungs-Verordnung des Bundesrathes (11. Juli 1889), ohne welche ein Wegweiser für praktische Anwendung des neuen Gesetzes nicht möglich ist, gar nicht ab; daß nach § 171 des Gesetzes eine solche Ausführungsverordnung erlassen werden müsse, verschwieg er sorgfältig, obschon er denselben § 171 an zwei Stellen bei den Stichworten „Bekanntmachung" (S. 23) und „Staatsbehörde" (S. 86) erwähnt.

Mit vollem Recht verweist der Kritiker gegenüber den gelegentlichen, oft recht verkehrten Fingerzeigen Glackemeyer's über Fragen der geschäftlichen Leitung auf Schulze-Delitzsch's Buch. Daß dieser Mann an der Entstehung und Entwickelung der Vorschuß- und Kreditvereine und deren Gesetzgebung irgend wie betheiligt war, davon schweigt Dr. Glackemeyer in seinem A-B-C-Buch sorgfältig. Der Name Raiffeisen kommt zweimal, der Name des **„unsterblichen Meisters"** Schulze kein einziges Mal vor. Als Schriftsteller wird niemals Schulze, vielmehr nur Dr. Glackemeyer empfohlen. Und dabei ist wiederholt „von der bisherigen Praxis der Vereine" und von der „ganz eigenartigen Buchführung" (sonst nennt man sie die Schulze'sche im Gegensatz zu der doppelten) die Rede, die sich „im Laufe der Jahre herausgebildet habe"; neugegründeten Vereinen wird empfohlen „sich nach diesen Mustern zu richten" (S. 29). Unter dem Stichwort „Verbände" wird mitgetheilt, daß „die deutschen Genossenschaften sich seit Jahren zur Förderung des Genossenschaftswesens zu Verbänden mit großem Erfolge zusammengethan und daß sich ein allgemeiner Verband, der sich nach Provinzen und Staaten in sogenannte Unterverbände gliedere, über ganz Deutschland erstrecke. Aber Schulze-Delitzsch wird auch dabei nicht erwähnt, und erst recht nicht die Anwaltschaft. Geflissentlich wird den Vereinen gerathen, sich bei Abfassung des Statuts „am besten der im Buchhandel erschienenen Musterstatuten und Statuten benachbarter Vereine" (NB. unmittelbar vor Inkrafttreten des neuen Gesetzes) zu bedienen (S. 87), ihre Formulare sollen sie durch „tüchtige Juristen" prüfen lassen (S. 35).

Bei weiterer Beschäftigung mit dem Inhalt des A-B-C-Buchs findet man, daß selbst die Auszüge aus dem Gesetz zum großen Theile unzuverlässig und lodderig angefertigt sind. Eine erste Regel für den Juristen, sich bei Anführung gesetzlicher Bestimmungen derselben Ausdrücke wie das Gesetz zu bedienen, wird oft nicht beachtet. Ganz neue Bezeichnungen werden eingeführt, ohne Erläuterung, was darunter zu verstehen sei (z. B. „Generalliste" bei „Widerspruch" S. 110 und bei „Zweigniederlassung" S. 113).

Soviel im Allgemeinen. Ich hatte das ABC-Buch früher nicht eingesehen. Es erschien zu einer Zeit, in der ich an dem Entschluß festhielt, mich um Dr. Glackemeyer und seine Thaten gar nicht zu kümmern. Als ich nun jetzt daran ging, das Buch nach der Reihenfolge des ABC zu prüfen, fand ich zu meiner Ueberraschung (ich hatte ein noch viel zu günstiges Vorurtheil gehabt) schon auf den ersten Seiten eine so große Anzahl direkter Verstöße gegen das Gesetz oder undeutlicher, verwirrter, konfuser Darstellungen seines Inhalts, daß ich nach einigen Seiten mit meiner Arbeit einhielt und mir nur noch notirte, was mir beim Durchblättern des Buches auffiel. Es fehlt dem Dr. Glackemeyer durchaus an der Schärfe des Denkens, die unentbehrlich ist zur Auslegung und zur verkürzten Wiedergabe gesetzlicher Bestimmungen. Die nachfolgend aufgeführten Verstöße sind also nur Beispiele; die Zahl derselben könnte bei genauer Prüfung aller 113 Seiten erheblich vermehrt werden:

1. „Anmeldungen" (S. 4 bis 7). Da die klare und ausführlichen Bestimmungen der Ausführungsverordnung nicht benutzt werden konnten, finden sich in diesen Artikeln Fehler und Unklarheiten, wie bei Vergleichung mit §§ 6 bis 8 jener Verordnung erhellt.

2. „Anmeldungen bei Gericht" II A 2 (S. 5). Es wird empfohlen, als erste Liste der Genossen ein Duplikat der unterschriebenen Statuten

einzureichen. Das verstößt gegen das Gesetz (§ 11, 3). Das Gericht hat nicht nöthig, sich aus den vielleicht schwer leserlichen Unterschriften eine Liste selbst herzustellen (A. V. § 26).

3. „Anmeldungen bei Gericht" II A 6 (S. 5). Was zu geschehen habe beim Ausscheiden eines Mitgliedes wegen Aufgabe seines Wohnsitzes (§ 65 u. § 67) ist nicht klar dargestellt. Glackemeyer spricht von „Aufkündigungen" in einem Falle, wo keine Aufkündigung vorkommt.

4. „Anmeldung" II, D 1 (S. 7). Es ist falsch, daß dem Bundesrath Abänderungen des Verbandsstatuts zur Bestätigung einzureichen sind (§ 55, 2).

5. „Aenderung der Statuten" 6 (S. 8) Dr. Glackemeyer schreibt hier: „Die Aenderung im Statut über die Willenserklärung des Vorstandes haben dritten Personen gegenüber eine erhöhte Bedeutung (§ 29)". Das ist ganz unverständlich.

6. „Anleihen" (S. 9). Anleihen und Spareinlagen zu trennen, wird nicht empfohlen — weil Glackemeyer's Verein es nicht thut.

7. „Anträge zur Generalversammlung" (S. 9). Nicht Beschlüsse „über nicht ordnungsmäßige Anträge" können durch Klage angefochten werden, sondern Beschlüsse, die das Gesetz oder das Statut verletzen (§ 49, Anh.).

8. „Anträge zur Generalversammlung" (S. 9). Nicht der Vorstand wird, wenn er Anträge zur Erörterung öffentlicher Angelegenheiten gestattet oder nicht verhindert, bestraft, sondern Mitglieder des Vorstandes werden bestraft, nur wenn sie die Erörterung von Anträgen gestatten oder nicht hindern, die auf öffentliche Angelegenheiten gerichtet sind, deren Erörterung unter die Gesetze über das Versammlungs- und Vereinsrecht fällt (§ 143).

9. „Aufbewahrung" 2g (S. 10). Unrichtig: nicht die Urkunden über Bestellung der Liquidatoren, sondern eine Abschrift der Urkunden hat das Gericht aufzubewahren (§ 82 Ges.).

10. „Beitrittserklärung" (S. 20). Wieder der gesetzwidrige Rath, statt der ersten Liste der Genossen ein zweites unterschriebenes Statutexemplar einzureichen (s. oben).

11. „Beitrittserklärung" (S. 22). Das Formular zur „Beitrittserklärung für beschränkte Haftpflicht" ist schlecht, vgl. Formularbuch von Parisius und Crüger S. 53.

12. „Blätter für die Bekanntmachungen" (S. 28). Der Rath, den Vorstand im Statut zu ermächtigen, andere Blätter nach seinem Ermessen benutzen zu können, wenn die bezeichneten Blätter eingehen sollten, verstößt bei richtiger Auslegung, wie oft erörtert worden, gegen das Gesetz, und die Behauptung, daß so einer Statutänderung vorgebeugt werde, ist unrichtig (§ 6, 4 GG. Vgl. Parisius und Crüger Formularbuch 25).

13. „Credit" (S. 32). Gegen die Auslegung des § 47, 2 Ges. über Bestimmung der Grenzen der Kreditgewährung werden ungerechtfertigte Zweifel angeregt.

14. „Firmen der Mitglieder" (S. 41). Der falsche Rath wird gegeben, niemals physische Inhaber einer Firma aufzunehmen. Hier wird zuerst „das wichtige **Retensionsrecht**" erwähnt (s. unten).

15. „Guthaben" 11 (S. 53). Unrichtige Darstellung der Guthaben-Uebertragung und allgemeine Abmahnung, obschon jene Uebertragung in

Vereinen, die unter ihren Mitgliedern Bauergutsbesitzer haben, bei Uebergabe solcher Güter an einen Erben (oder Anerben), also bei sogenannten Uebergabe- und Altentheilsverträgen recht praktisch ist.

16. „Haftpflicht" (S. 54). Die Auseinandersetzung über Umlageverfahren und Einzelangriff bei den verschiedenen Arten Genossenschaften und die Bemerkungen bei „Rückzahlungen bei dem Umlageverfahren" (S. 83) sind unklar und verworren. In der G. m. unbeschr. Haftpflicht treten Mitglieder und Ausgeschiedene, die auf den Einzelangriff etwas zahlen nur in die Rechte der Gläubiger ein, können also nur bei Fortsetzung der Umlage ihr Geld erstattet bekommen. In der G. m. unbeschr. Nachschußpflicht können die bei der Umlage herangezogenen Ausgeschiedenen nur aus dem fortgesetzten Nachschußverfahren nach Befriedigung oder Sicherstellung der im Konkurse nicht vollbefriedigten Konkursgläubiger Erstattung ihrer Beiträge erhalten. (§ 107 Abs. 2 G.G.)

17. „Liste" (S. 63). Es ist nicht richtig, daß die Mitgliedschaft immer „endigt mit der Löschung in der Liste auf Schluß des Geschäftsjahrs", — stimmt nicht beim Ausscheiden durch Uebertragung des Geschäfts-Guthabens (§ 74 Ges.) und nicht beim Tode eines Genossen (§ 75).

18. „Mitgliedschaft" 8. 9 (S. 66). „Die Endigung der Mitgliedschaft tritt ein mit der Eintragung in die Liste." Unrichtig: die Endigung ist bedingt durch die Eintragung, aber tritt außer dem Fall des § 74 zum Schluß des Geschäftsjahres ein.

19. „Nichtmitglieder" 5b (S. 69). Gestattet soll unter den Geschäften mit Nichtmitgliedern (§ 8, Abs. 2 des Ges.) sein „Diskontirung von Geschäftswechseln" . . . weil dies ein Kaufgeschäft sei. Unrichtig, gestattet ist Ankauf von Wechseln nur, wenn die Diskontirung nicht als Form erscheint, unter welcher eine Darlehnsgewährung verwirklicht werden soll.

20 **„Retensionsrecht"** (S. 76). Unter diesem groben Sprachschnitzer als Ueberschrift folgt eine von völliger Unkenntniß der Bestimmungen des deutschen Handelsgesetzbuchs zeugende konfuse Darstellung von dem „wichtigen Recht der Retension," welches den Genossenschaften beigelegt sei. Reiner Unsinn.*) Dr. Glackemeyer kennt auch nicht einmal die wichtige Bestimmung des Handelsgesetzbuchs Art. 317, wonach bei Handelsgeschäften die Gültigkeit der Verträge durch schriftliche Abfassung oder andere Förmlichkeiten nicht bedingt ist; denn er führt hier an, daß zwischen Kaufleuten „nach Partikularrechten" auch die mündliche Verabredung genügend sei.**)

21. „Revisionsverband" (S. 78). Die falsche Behauptung, daß Abänderungen des Revisionsstatuts bestätigt werden müssen, wird hier wiederholt (s. oben 6).

*) Das Handelsgesetzbuch behandelt in Art. 313 bis 316 das kaufmännische „Zurückbehaltungsrecht (Retentionsrecht)". Im Genossenschaftsgesetz ist weder vom Zurückbehaltungsrecht, noch vom Retentionsrecht die Rede. Dr. Glackemeyer hat in seinem ABC keins von beiden als Stichwort. Dafür führt er das wichtige Recht der Retension ein. Das Wort kommt hier dreimal und S. 41 einmal vor. Die „Retension" steht würdig an der Seite der „Legitimätsprüfung" der Spareinlagen-Abheber (s. S. 33).

**) Seine Kenntniß zu bereichern, widerstrebt dem Dr. Glackemeyer. Er ist überzeugt, genug zu wissen. Ueber die ihm so unbekannten kaufmännischen Rechte der eingetragenen Genossenschaften hätte er sich leicht aus meinem älteren Kommentar (die Genossenschaftsgesetze im Deutschen Reich 1876) unterrichten können, wo S. 265 bis 269 eine Zusammenstellung zu finden ist.

22. „Vorstand" B 4 (S. 108). Dr. Glackemeyer sagt, dem Vorstand läge ob die Führung der erforderlichen Bücher. Unrichtig; der Vorstand ist nur verpflichtet, Sorge zu tragen, daß die erforderlichen Bücher geführt werden (§ 31).

23. „Vorstand" B 5 (S. 108). Dr. Glackemeyer griff es in der „Revision auf Abwegen" auf, daß in einem Revisionsbericht stehe, der Zweck der Generalversammlung müsse „mindestens acht Tage" vor derselben bekannt gemacht werden. Der Revisor sei im Irrthum; denn § 44 bestimme nur eine Woche, also 7 Tage. Aber was findet sich im ABC-Buch? Der Vorstand habe bekannt zu machen, wo die Bilanz acht Tage vor der Generalversammlung aufliegen solle. Das ist ein Irrthum, denn im citirten § 46 steht wie in § 44 „mindestens eine Woche".*)

24. „Zuständigkeit der Gerichte" 7 (S. 112). Ein grober Fehler ist es, daß Dr. Glackemeyer behauptet, „die letzte Instanz in Sachen der Genossenschaften sei eventuell das Reichsgericht in Leipzig." Nach den von ihm angezogenen § 146 des Genossenschaftsgesetzes aber ist nur in bürgerlichen Rechtsstreitigkeiten, in welchen durch Klage oder Widerklage ein Anspruch auf Grund des Genossenschaftsgesetzes geltend gemacht ist, die Entscheidung letzter Instanz dem Reichsgerichte zugewiesen. In Beschwerdesachen z. B. über das Registergericht ist in Preußen die letzte Instanz das Kammergericht in Berlin.

Diese kleine Blumenlese wird genügen zu beweisen, wie es mit der **„zuverlässigen Belehrung"** aussieht, die Dr. Glackemeyer in seinem ABC-Buch den Genossenschaften selbstgefällig bietet. Eine Empfehlung desselben (Credit-Verein 1891, Nr. 10) beginnt er mit folgenden Sätzen:

Gesetze zu studiren, ist nicht Jedermanns Sache. Sich auf Gesetze zu berufen, die man nicht kennt, sollte auch nicht Jedermanns Sache sein.

Unbestreitbar richtig! Ich füge hinzu:

Gesetze, die man nicht versteht und nicht zu verstehen fähig ist, zur Belehrung Anderer zu einem Wegweiser für die praktische Anwendung zu verarbeiten und als solchen ein so unbrauchbares Gemengsel von richtigen und unrichtigen, verständlichen und unverständlichen, klaren und konfusen Sätzen, wie das ABC-Buch ist, anzubieten und anzupreisen, das ist nur einem Manne möglich, der sich **einbildet, den unheilbaren Mangel an Kenntniß und Wissen durch Prahlerei und Selbstverherrlichung ausgleichen** zu können, einem Manne von so krankhaftem Eigendünkel, wie

dem Senator Dr. Louis Glackemeyer zu Hannover.

---

*) Im Art. 328 des deutschen Handelsgesetzbuchs ist u. a. vorgeschrieben, daß bei Verträgen, wenn für die Erfüllung die Frist auf acht Tage bestimmt ist, darunter volle acht Tage verstanden werden. § 19 des deutschen Strafgesetzbuchs bestimmt, daß bei Freiheitsstrafen die Woche zu sieben Tagen berechnet werden soll. Daß die Woche nur sieben Tage hat, ist gar nicht selbstverständlich. In Kochs Kommentar zum allgemeinen Preußischen Landrecht ist in den Anmerkungen zu Theil I. Titel 3 § 45 auseinandergesetzt, die Woche gründe sich auf die Mondbeobachtung und solle dem Mondviertel entsprechen, da dieses aber in die Mitte zwischen 7 und 8 Tagen falle, so könne man die Woche zu 8 oder zu 7 Tagen annehmen; die Römer hätten achttägige, die Juden siebentägige Wochen und von den Juden sei die siebentägige Woche auf die christlichen Völker gekommen. — Nach unserm heutigen Sprachgebrauch versteht man unter 8 Tagen eine siebentägige Woche. Deshalb kann ich die Ungenauigkeit des Revisors und des ABC-Buches nicht so streng verurtheilen wie Dr. Glackemeyer.

Sechstes Kapitel.

Was die beiden Senatoren, der Verbandsdirektor Dr. Glackemeyer-Hannover und sein Stellvertreter Schulze-Gifhorn als Direktoren von Kreditvereinen leisten.

Was man am wenigsten kann,
Das fängt man am liebsten an,
Und was man versteht zu treiben,
Dabei mag keiner bleiben.
Hoffmann von Fallersleben.

Vom Vorschußverein zu Gifhorn weiß ich wenig. Er ist schon 1860 begründet und bald nach Erlaß des norddeutschen Genossenschaftsgesetzes von 1868 eingetragene Genossenschaft geworden. Die statistische Tabelle des Jahresberichts hat er nur während der 7 Jahre von 1884 bis 1890 ausgefüllt, wo er mit dem niedersächsischen Unterverbande dem allgemeinen Verbande angehörte.

Die Mitgliederzahl betrug 1884 293 und stieg bis 1887 auf 300, um allmählich bis 1890 wieder auf 284 zu fallen. Die Höhe des Geschäftsantheils (Spalte 6) ist nicht angegeben. Vielleicht war im Widerspruch mit dem Gesetz von 1868 ein Geschäftsantheil von bestimmt begrenzter Höhe gar nicht statutarisch festgestellt.

Der Gifhorner Verein stand, so lange er existirt, unter den Volksbanken Schulze'schen Systems stets auf einer sehr niedrigen Stufe. Er gewährte Kredit nur auf Schuldscheine, also weder auf Wechsel noch auf laufende Rechnung. Die Zahl der Kreditposten ist in der Tabelle (Spalte 15) niemals ausgefüllt. Als Mindestbetrag der gleichzeitig bei einem Kunden ausstehenden Kredite wurden 0,50 Mk. angegeben, als Höchstbetrag 1884 750 Mk., 1885 7500 Mk. (vielleicht ein Druckfehler?), 1886 bis 1888 750 Mk., 1889 1500 Mk., 1890 750 Mk. Als Gesammtbetrag der Kreditgewährung gegen Schuldscheine wurden in der Tabelle aufgeführt 1884: 33363 Mk., 1885: 42236 Mk., 1886: **389902** Mk. (davon laut Anmerkung 343454 Mk. Prolongationen), 1887: 341935 Mk. (darunter 311788 Mk. Prolongationen), 1889: 31056 Mk., 1890: **26257** Mk. Die Gesammtausgaben dieses letzten Rechnungsjahres betrugen genau ebensoviel, nämlich 26257 Mk. Da an Zinsen 6206 Mk. eingegangen sind und am Jahresschluß 88443 Mk. Außenstände auf Schuldscheine und neben 20007 Mk. Geschäftsantheilen 15750 Mk. Reservefonds noch 15914 Mk. Vereinsschulden vorhanden waren, so ist das plötzliche Zusammenschrumpfen der auf Schuldscheine gegebenen Kredite auf die verschiedene Art der Ausfüllung der Tabelle zurückzuführen: in den Jahren 1884 und 1888 und 1890 und 1891 sind nur die auf Schuldscheine ausgeliehenen Vorschüsse in der Tabelle aufgeführt, in den anderen Jahren aber sind die Prolongationen hinzugerechnet. An Dividenden wurden gezahlt 1884 und 1885 10 %, 1886 und 1887 9 %, 1887, 1888 und 1889 7 %, für 1889 und 1890 6 %.

Die Kunst, die statistischen Tabellen von Schulze-Delitzsch richtig auszufüllen, hat der Senator Schulze in den dreißig Jahren seiner Thätigkeit als Vorschußvereinsdirektor nicht gelernt. Nicht ausgefüllt blieb außer der Höhe der Geschäftsantheile auch die Anzahl der einzelnen gewährten Posten und ferner eigenthümlicher Weise in den Jahren 1885, 1886, 1889 und

1890 die Spalte, in der Name, Stand und Wohnort des Vorsitzenden und des stellvertretenden Vorsitzenden des Aufsichtsrathes angeführt werden soll. Der Aufsichtsrath ist in den Genossenschaften erst durch das neue Genossenschaftsgesetz obligatorisch geworden. Sollte der Verein zu Gifhorn unter der Herrschaft des Gesetzes von 1868 keinen Aufsichtsrath besessen und auch nach Erlaß des neuen Gesetzes trotz der §§ 9 und 158 desselben nicht eingeführt haben? Das letzte läßt sich schon wegen der Strafbestimmung des § 142 nicht annehmen. Auch das erstere scheint nicht der Fall gewesen zu sein. Denn 1884, 1887 und 1888 ist in der Tabelle derselbe Senator Buchhändler H. Schulze, welcher Vorsitzender des Vorstandes ist, auch als Vorsitzender des Aufsichtsrathes aufgeführt. Danach beging der Verein zu Gifhorn einen sehr groben Verstoß gegen das alte Gesetz. Welche Verwirrung in dem Kopfe dieses Doppelvorsitzenden herrscht, der seit Begründung des niedersächsischen Verbandes bis heute Stellvertreter seines Freundes Dr. Glackemeyer im Vorsitz des niedersächsischen Verbandes und jetzt auch stellvertretender Vorsitzender der im August 1893 gestifteten Freien Vereinigung der Kreditgenossenschaften ist, ergiebt sich aus weiteren Thatsachen. In den Tabellen wird als Name des Vereins in den beiden Jahren 1884 und 1890 „Vorschuß- und Sparverein zu Gifhorn" aufgeführt, in den anderen Jahren aber nur „Vorschußverein zu Gifhorn". Ja noch mehr. Vor mir liegt der gedruckte Rechnungsabschluß für das Jahr vom 1. Juli 1886/87, datirt vom September 1887, in dem ein Mitgliederverzeichniß und der Revisionsbericht des Verbandsrevisors Ferdinand Preiser in Hannover abgedruckt ist. Hier ist wiederum die Firma „Vorschuß- und Sparverein". Wie es mit der Zusammensetzung des Vorstandes und Aufsichtsrathes steht, ist aus dieser Druckschrift nicht ersichtlich. Unter dem Rechnungsabschluß steht ohne Erwähnung einer Mitthätigkeit des Aufsichtsrathes nur der Direktor Hermann Schulze, und dem Revisionsbericht ist eine kurze Ansprache an die Vereinsmitglieder vorgedruckt, unterzeichnet: Direktorium und Aufsichtsrath des Vorschuß- und Sparvereins Gifhorn. Namen fehlen.

Zur weiteren Orientirung über den Verein habe ich das nach der Eintrittszeit der Mitglieder geordnete Mitgliederverzeichniß geprüft. Danach wohnten von den damals 300 Mitgliedern nur 88 in Gifhorn, die anderen vertheilen sich auf 54 Ortschaften, worunter 7 Dörfer die 90 Mitglieder, also mehr als die Stadt Gifhorn stellten. Von den 300 Mitgliedern waren ferner 162 Landwirthe, Gärtner oder deren Gehilfen, 66 Handwerker, 14 Kaufleute und Handelsleute, 10 Gastwirthe, 24 Beamte, Aerzte usw., 17 Rentner oder berufslose Personen männlichen oder weiblichen Geschlechtes. Verbandsrevisor Preiser aber gab dem Verein, den er am 12. September 1886 revidirt hat, ein glänzendes Zeugniß. Der Verein sei den Grundsätzen, welche die Bildung von Genossenschaften veranlaßt haben, vollkommen treu geblieben, habe allen **Verlockungen,** sich zu einer **Großbank aufzuspielen,** (!) siegreich widerstanden und seinen Beruf während seiner 25 jährigen Thätigkeit nur darin gefunden, dem Bürger und Grundbesitzer helfend zur Seite zu stehen, Vorstand und Aufsichtsrath seien sich ihrer verantwortlichen Stellung und ihrer Pflichten stets bewußt gewesen. Unter der tüchtigen Vereinsleitung werde der Verein immer weitere Anerkennung finden. Der „Revisionsbericht" schließt mit den Worten:

Allen kleineren Städten von gleichen Verhältnissen, die zur Bildung von Kreditgenossenschaften schreiten wollen, kann der Gifhorner Verein als **Musterbild empfohlen** werden."

Wahrlich ein unwiderlegbares Beweisstück, zu erkennen, auf welchem **„Abwege"** die Revision im Niedersächsischen Verbande dazumal wandelte. Der Verein Gifhorn war und blieb ein kleines Pumpinstitut, in dem die aus dem Vereinsvermögen und den Spareinlagen gegen Schuldscheine meist an Landwirthe gewährten Kredite festgelegt wurden, so daß die Summe der Prolongationen allmählich bis 1890 mindestens das fünfzehnfache der Summe der gewährten Vorschüsse betrug. Von einer mustergültigen Volksbank, wie sie Schulze-Delitzsch für die kleinen und mittleren Gewerbtreibenden gerade der kleinen Städte schuf, ist dieses kleine Pumpinstitut, welches Revisor Preiser sich nicht scheute, als Musterbild zu empfehlen, so himmelweit verschieden, wie Hermann Schulze-Gifhorn von Hermann Schulze-Delitzsch.

In einer Erinnerungsschrift des Direktors Hermann Schulze-Gifhorn zum 25. Geschäftsjahr des Vereins wird hervorgehoben, daß unter den leitenden Persönlichkeiten im Vereine auch Meinungsverschiedenheiten hervorgetreten seien. „Insbesondere war es die eifrig befürwortete Ausdehnung der Ausleihen, welche einige Zeit zu ernsten Debatten Anlaß gab; der Direktor mußte den Anträgen entgegentreten, da ein Bedürfniß dazu nicht vorlag*), er bei seinen vielen Geschäften auch nicht im Stande sein würde, dieses größere Geldgeschäft zu übersehen und der deshalb in die Lage komme, sein Amt niederlegen zu müssen." Auf den Gedanken, einem tüchtigeren und weniger beschäftigten Manne Platz zu machen, scheint der Herr Senator gar nicht gekommen zu sein.**) Fänden sich in Gifhorn ein Dutzend rühriger, einsichtiger Kaufleute, Handwerker, Arbeiter, die einen Konkurrenz-Kreditverein nach der Anleitung von Schulze-Delitzsch gründeten, so würden die Gifhorner bald erkennen, wie winzig in der That die genossenschaftliche Thätigkeit ihres großen Senators***) gewesen sei und noch ist.

Von der Credit-Bank zu Hannover E. G. mit unbeschränkter Haftpflicht (früher Creditverein) besitze ich außer einem älteren Statut das Statut vom 28. November 1890, ferner auch die Jahresberichte für 1891, 1892 und 1893, die mir also die Möglichkeit der Vergleichung mit den in der statistischen Tabelle der Jahresberichte für 1884 bis 1890 enthaltenen Zahlen bieten.

Ich habe stets vorausgesetzt und setze es auch jetzt voraus, daß die geschäftliche Leitung der Creditbank zu Hannover durch Dr. Glackemeyer und seine beiden Vorstandskollegen†) eine gute ist, und daß diese Genossen-

---

*) Kein Bedürfniß, einem Mitgliede mehr als 750 Mk. Kredit zu gewähren!

**) Verbandsdirektor Morgenstern-Breslau sagte auf dem Verbandstage zu Reichenbach im Juli 1893 von dem „persönlichen Freunde" des Dr. Glackemeyer: „Herrn Senator Schulze kenne ich seit längerer Zeit; er ist Buchdrucker gewesen in Gifhorn, einem Städtchen von etwa 3000 Einwohnern; er hat dort eine kleine Zeitung herausgegeben, und er hat es zu seiner Lebensaufgabe gemacht, die Konsumvereine zu bekämpfen. Nun haben die beiden Freunde sich zu einem gemeinsamen Feldzuge vereinigt."

***) Das Statut des Gifhorner Mustervereins habe ich leider nicht zu Gesicht bekommen.

†) Düsbieker (Kassirer) ist seit 1884 bis jetzt, K. Myrus (Kontrolleur) seit 1890 als Vorstandsmitglied aufgeführt (vorher statt Myrus Fr. Wellhausen).

schaft den berechtigten Anforderungen der Mitglieder auf Kreditgewährung Genüge leistet — unabhängig davon, daß das Statut Mängel aufweist, und daß bewährte Rathschläge und Lehren von Schulze-Delitzsch nicht beachtet werden.

Das nach dem Erlaß des neuen Genossenschaftsgesetzes angenommene neue Statut vom 28. November 1889 enthält mancherlei Verbesserungen des ziemlich mangelhaften älteren Statuts. Ich hebe von den Bestimmungen des neuen Statuts, mit denen ich nicht einverstanden bin, folgende hervor:

1. Bei den gemeinschaftlichen Sitzungen des Vorstandes und Aufsichtsrathes wird kopfweise abgestimmt, so daß der Vorstand vom Aufsichtsrath überstimmt werden kann, während nach der oft erörterten richtigen Auslegung des Genossenschaftsgesetzes festgesetzt werden muß, daß die Beschlüsse in gemeinschaftlicher Sitzung von der Mehrheit jeder der beiden Körperschaften angenommen sein müssen, wenn sie gelten sollen.

2. Mit Ausschluß des Rechtsweges sollen Streitigkeiten unter den Genossen über Auslegung des Statuts endgültig durch die Generalversammlung entschieden werden. Daß diese Bestimmung dem § 49 des Genossenschaftsgesetzes widerspricht, ist nicht zu bezweifeln. (Vgl. auch Bl. f. Genossenschaftswesen 1894 Nr. 7 S. 69.)

Als Bestimmungen, die abweichen von den Vorschlägen Schulze's oder der Genossenschaftstage, hebe ich hervor, daß der Aufsichtsrath bei Aufnahme der Inventur nicht mitzuwirken,*) daß Aufsichtsrath und gemeinschaftlich über Ausschließung von Mitgliedern und über Aufstellung von Geschäftsinstruktionen — ohne Betheiligung der Generalversammlung zu entscheiden haben. Entschieden fehlerhaft ist es, daß drei Blätter für die Bekanntmachungen der Genossenschaften angegeben sind, aber nicht bestimmt ist, was geschehen soll, wenn eines oder mehrere der Blätter eingehen.**)

Das Verhalten der Creditbank zu den statistischen Tabellen der Jahresberichte ist bereits dargestellt (s. Kap. 4 S. 49). Es braucht wohl nicht erst erwähnt zu werden, daß auch nach dem Ausscheiden des Niedersächsischen Verbandes aus dem allgemeinen Verbande von Dr. Glackemeyer nichts Statistisches über die Verbandsvereine veröffentlicht ist.***)

Die Geschäftsberichte der Creditbank zu Hannover†) entsprechen in formaler Beziehung nicht den allerbescheidensten Anforderungen. Der Genossenschaftstag zu Stuttgart 1879 hat auf Antrag des engeren Aus-

*) Im A-B-C-Buch findet sich unter dem Stichwort „Inventur" mit Recht ausgesprochen: „Am Jahresschluß haben Vorstand und **Aufsichtsrath** eine genaue Inventur aufzunehmen." Bei dem „Aufsichtsrath" ist aber von dieser Verpflichtung des Aufsichtsrathes, die Dr. Glackemeyer sonst beharrlich bekämpft, nichts zu spüren.

**) Nach dem Statut sind 3 Blätter: das Hannoversche Tageblatt, der Hannoversche Kurier und die Hannoverschen Neuesten Nachrichten für die Bekanntmachungen der Genossenschaft bestimmt. Das letztgenannte Blatt ist kürzlich eingegangen. Ist in neuerer Zeit durch Aenderung des Statuts Vorsorge getroffen?

***) Dr. Glackemeyer schreibt in seinem A-B-C-Buch im Sommer 1889 unter dem Stichwort „Statistik" wie folgt: „Die Genossenschaften pflegten auf ihrem Gebiete die Statistik von jeher in mustergültiger Weise und werden es auch **gewiß zur Förderung der guten Sache** in Zukunft thun." So schreibt der Gegner aller genossenschaftlichen Statistik.

†) Mir lagen nur die gedruckten Geschäftsberichte der Creditbank für 1890, 1891 und 1892 vor, jedesmal ohne das Titelblatt zwei bedruckte Quartseiten. Es läßt sich nicht annehmen, daß die früheren Geschäftsberichte inhaltreicher gewesen seien.

schusses den Vorschuß- und Kreditvereinen empfohlen, ihre Geschäftsübersicht mit Bilanz und Gewinn- und Verlustkonto möglichst nach dem Schema einzurichten, welches gemeinschaftlichen Berathungen, die unter Zuziehung von Schulze-Delitzsch die fünf Verbände vom Mittelrhein, von der Pfalz, von Starkenburg, Unterbaden und Oberbaden über eine von den Direktoren der Frankfurter Kommandite der Deutschen Genossenschaftsbank Meißner und Thorwart entworfenen Vorlage gepflogen haben, ihre Entstehung verdankt. Dieses sogenannte Stuttgarter Schema, welches dem Tabellenformular des Jahresberichts des Anwalts angepaßt ist, sollte nur „das Nöthigste" enthalten, „was jeder Verein und sei es der kleinste, zu erfüllen gehalten sein sollte." Nicht bloß in den Mittheilungen über den Stuttgarter Vereinstag, in den Genossenschaftsblättern, sondern auch in Schwanitz' Hülfsbüchlein ist das Schema mitgetheilt und besprochen. Dr. Glackemeyer aber erklärte im Februar 1890 in seinem Credit-Verein, daß ihm das Stuttgarter Schema „nie zu Gesichte gekommen." Aber nachdem er es kennen gelernt hatte — schon am 15. April 1890 veröffentlichte Dr. Schneider in der unter Dr. Glackemeyers Mitwirkung herausgegebenen Zeitschrift „Die deutsche Genossenschaft" einen längeren lehrreichen Aufsatz darüber — kümmerte er sich nicht um das von Schulze-Delitzsch und dem Genossenschaftstage so warm empfohlene Muster. Es fiel ihm nicht ein, es den Vereinen seines Verbandes zu empfehlen. Man hätte wenigstens erwarten können, daß er, wenn er sich auch nicht genau nach dem Schema richtete, doch die sachlichen Forderungen desselben für seinen eigenen Verein berücksichtigen oder, wie Schulze-Delitzsch in Stuttgart sagte „das Beste daraus entnehmen" werde. Aber nichts von dem Allen.

Schulze-Delitzsch und der Genossenschaftstag in Stuttgart gingen davon aus, daß die Genossenschaften ihren Mitgliedern gegenüber zur größten Offenheit in Darlegung ihrer Geschäftsgebahrungen verpflichtet seien, „jedes Mitglied muß sich selbst aus dem Geschäftsbericht überzeugen können, wie die Verhältnisse im Verein liegen." Aus den Geschäftsberichten der Creditbank zu Hannover e. G. m. u. H. erfährt man über die Geschäftsgebahrung derselben weit weniger, als man von jedem Verein, der die drei Tabellen der Jahresberichte regelmäßig und vollständig ausfüllt, aus diesen erfährt. Dr. Glackemeyer's Neigung, alles was über seine geschäftlich-genossenschaftliche Thätigkeit Licht giebt, in Dunkel zu hüllen, tritt hier recht deutlich hervor. Eine vollständige Kritik der mangelhaften Form der Jahresberichte würde zu weit führen. Ich will nur einiges hervorheben:

Das Stuttgarter Schema fordert, daß bei den Darlehen in der Bilanz unter besonderen Nummern aufgeführt werden, Darlehne mit ganzjähriger, mit halbjähriger, mit vierteljähriger, mit kürzerer Kündigung (Spareinlagen) und ohne Kündigung rückzahlbare Darlehne (Schulden aus Konto-Korrent-Konten mit und ohne Kredit), sowie Schulden aus selbstgegebenen Accepten. In der Bilanz der Creditbank ist statt dessen nur ein einziger Posten „Angeliehene Kapitalien incl. Zinsen" aufgeführt; man erfährt weder aus der Bilanz noch aus der Erläuterung etwas von Befristung der Darlehne oder Höhe der Zinsen. — Von den gesperrten Sparkassenbüchern ist wiederholt die Rede, aber nirgends ist eine Zahl der Bücher und der Betrag des darauf Eingezahlten erwähnt. Unter den Aktivis in der Bilanz sind Vorschußwechsel und Geschäftswechsel nicht geschieden, auch fehlt ein besonderes Konto „Banken und Vereine". Man erfährt aus den Erläuterungen nichts von dem, was schon Schulze's Jahresbericht bringt, über die Zahl der Posten der gewährten Vorschüsse und der Konten mit laufender Rechnung, über die Höhe des Zins- und Provisions-Fußes. „Die Höhe der Giroverbindlichkeiten dürfen Sie nicht verschweigen, sie müssen in der Geschäftsübersicht namhaft gemacht werden, die Mitglieder haben ein Recht das zu verlangen" sagte Schulze-Delitzsch 1879 in Stuttgart, nachdem auf seinen Antrag bereits in München 1875 dies beschlossen worden war.*) Aber Dr. Glackemeyer ist, wie in der Regel, entgegengesetzter Meinung von Schulze-Delitzsch, er theilt also nichts darüber mit. Als unerläßlich wurde stets bezeichnet, daß in den Geschäftsberichten die Vorschläge zur Verwendung des Reingewinns stehen. „Nicht alle Mitglieder sind in der Lage, bei der Fassung der bezüglichen Beschlüsse in der Generalversammlung mitzuwirken, sie haben ein Recht zu wissen, was der Generalversammlung zur Beschlußfassung vorgeschlagen werden soll, damit ihnen Gelegenheit gegeben wird, eventuell dagegen ihr Veto einzulegen." In den Geschäftsberichten der Creditbank zu Hannover sind diese Vorschläge nur unvollständig mitgetheilt. Ich zweifle nicht, daß die Höhe der Entschädigungen der Vorstandsmitglieder, die nach dem Statut anscheinend nur Gehalt, keine Tantièmen bekommen, und der Remuneration der Aufsichtsrathsmitglieder angemessen ist; aber da Dr. Glackemeyer die betreffende Tabelle des Jahresberichts nicht ausfüllte, so würde es mir an seiner Stelle passend erschienen sein, darüber in den Geschäftsberichten Mittheilung zu machen.

In jeder Bilanz einer Genossenschaft, die ein Grundstück besitzt, muß ein „Grundstücks- oder Immobilien-Konto" (Stuttgarter Schema Bilanz, Aktiva 10) aufgeführt sein. In den Bilanzen der Geschäftsberichte der Creditbank für 1891 und 1892 fehlt dies Konto. In der Bilanz für 1890 steht unter den Aktiven „56809 Mk. 5 Pf." Hauskonto und in den Erläuterungen ist zu lesen, dieses Konto erscheine in den Jahresrechnungen zum letzten Mal, da das 1883 erworbene Haus Kümmelstraße 1, kürzlich für 70000 Mk. verkauft sei. Im Geschäftsbericht für 1891 ist in den Erläuterungen erwähnt, das Haus sei mit einem Nutzen von rund 13000 Mk. verkauft, „welche Summe dem Baukonto" zu Gute kommt. Aber in den Bilanzen, Kassenübersichten, Gewinn- und Verlustkonto der Geschäftsberichte für 1891 und 1892 kommt nirgends ein Baukonto zum Vorschein. Aus diesen Berichten, wie aus dem Credit-Verein ist aber zu entnehmen, daß die alten Räume der Creditbank in der ersten Etage des Hauses Friedrichstraße Nr. 4 dem regen Geschäftsverkehr nicht mehr genügten und deshalb im Parterre desselben Hauses, herrlich gelegene Räume mit äußerst praktischen Einrichtungen, zum Beispiel zur Hinterlegung von Werthsachen und Werthpapieren mit Selbstverschluß der Hinterleger in einem feuer- und diebessicheren Tresor hergestellt, am ersten Dezember 1891 bezogen und am 1. April 1892 durch einen Kommers eingeweiht sind. Danach ist das Geschäftslokal der Kreditbank ein gemiethetes, der Ausbau ist in einem fremden Hause vorgenommen und die Ausgaben für den Bau wie der Gewinn aus dem Verkaufe des

*) Mittheilungen Weimar S. 79 bis 84, Stuttgart S. 20 bis 28. Vgl. Weinack-Thorwart, Die doppelte Buchführung u. s. w. (Wiesbaden 1890) S. 145 ff. Der Beschluß in München lautete dahin: „In den Rechenschaftsberichten der Kreditgenossenschaften haben die Vorstände den Vereinsmitgliedern bekannt zu geben, mit welcher Gesammtsumme die Genossenschaft aus weiter begebenen, noch schwebenden Wechseln verpflichtet ist.

Hauses Kümmelstraße 1 müssen auf anderen Konten untergebracht sein, ohne daß in den gedruckten Geschäftsberichten darüber Aufklärung gegeben wird, oder zu lesen ist, unter welchen Bedingungen die Bank jetzt zur Miethe wohnt und welcher Betrag und unter welchen Abmachungen mit dem Hauseigenthümer auf das Lokal verbaut ist. Daraus folgt, daß auch in dieser Beziehung die Geschäftsberichte des Dr. Glackemeyer den Anforderungen, die der **unsterbliche Meister** Schulze-Delitzsch an die Geschäftsberichte der Kreditvereine stellte, durchaus nicht genügen.

Die Creditbank zu Hannover hatte nach den Bilanzen der drei Geschäftsberichte einen Effektenbestand am Jahresschluß 1890 von 312005 Mk., 1891 von 365576 und 1892 von 386346 Mk. Auf dem Effektenkonto hat namentlich im Jahre 1892 ein lebhafter Verkehr stattgefunden, da nach der Kassenübersicht darauf 234688 Mk. eingenommen und 236120 Mk. ausgegeben sind. Der Genossenschaftstag in Bremen 1879 nahm einstimmig den Antrag an, den Vorschußvereinen zu empfehlen, die in ihrem Besitz befindlichen Werthpapiere in den jährlich zu veröffentlichenden Abschlüssen spezifizirt mit Angabe des Buchwerths aufzunehmen. Schulze-Delitzsch hatte zur Befürwortung des Antrages erklärt (Mittheilungen S. 88):

„Es ist gewiß sehr empfehlenswerth; daß dort, wo man die Anschaffung von Werthpapieren nicht meint vermeiden zu können, die Mitglieder sich wenigstens bei der Rechnungslegung davon überzeugen können, daß die Verwaltung nicht etwa unsolide oder werthlose Papiere gekauft und sich auf das Gebiet der Effektenspekulation begeben hat."

Seitdem findet man in den gedruckten Geschäftsberichten aller Vereine, die den Rathschlägen Schulze's folgen, eine Spezifikation der Werthpapiere. Die Geschäftsberichte der Credit-Bank zu Hannover verrathen niemals, welche Wertpapiere sie besitzt. Dr. Glackemeyer (Credit-Verein 1889 Nr. 4 S. 16) erklärt sich gegen Schulze's Empfehlung und forderte die Kollegen auf, öffentlich gegen solche Forderung der Herren Revisoren aufzutreten!

Die Creditbank hat vorsorglich eine Effektenreserve angelegt. Der Effektenreservefonds betrug nach der Bilanz vom 31. Dezember 1890 10409 Mk., am 31. Dezember 1891 nur 8463 Mk., also 1946 Mk. weniger. Es wird sich um eine einfache Kursdifferenz handeln. Es wäre in der Ordnung gewesen, dies im Geschäftsbericht zu erwähnen.

Nach § 47 des neuen Genossenschaftsgesetzes hat die Generalversammlung festzusetzen den Gesammtbetrag, den Anleihen und Spareinlagen nicht überschreiten sollen, und die Grenzen, die bei Kreditgewährungen an Genossen innegehalten werden sollen. Danach sollten auch diese Festsetzungen in jedem Geschäftsbericht zur Kenntniß der Mitglieder gebracht werden.*) Schulze-Delitzsch hatte schon vor Erlaß des ersten Genossenschaftsgesetzes

---

*) Im Geschäftsbericht des Vorschußvereins zu Insterburg e. G. m. b. H. für 1893, heißt es von den Beschlüssen der Generalversammlung: Der Höchstbetrag der aufzunehmenden fremden Gelder wurde auf zwei Millionen Mk. belassen und ebenso der Höchstbetrag des einem Mitgliede zu gewährenden Kredits auf 30000 Mk." Nach dem Geschäftsbericht des Vorschußvereins Gumbinnen e. G. m. u. H. für 1893 ist der Höchstbetrag der fremden Gelder auf eine Million Mk., der Höchstbetrag, „über welchen hinaus einem Mitgliede Kredit nicht gewährt werden darf," auf 60000 Mk. festgesetzt. Nach dem Geschäftsbericht des Vorschußvereins zu Breslau e. G. m. b. H. für 1892 ist der Höchstbetrag der Anleihen und Spareinlagen auf 4 Millionen bestimmt und „die Grenzen, welche bei Kreditgewährungen

verlangt, daß die Genossenschaften in ihrem Statut der Generalversammlung die Verpflichtung zu solchen Festsetzungen auferlegen sollten; er legte nach den bei Zusammenbrüchen von Genossenschaften gemachten Erfahrungen großen Werth darauf, daß die Generalversammlung über beide Punkte sorgfältig berathe und sachgemäß beschließe.*) Dr. Glackemeyer eifert gegen diese Bestimmungen, erklärt sie für verkehrt, und versichert, jeder wisse, daß der Beschluß der Generalversammlung in beiden Punkten nichts weiter als **eine leere Form** sei.**) Danach versteht es sich von selbst, daß in seinen Geschäftsberichten von diesen Beschlüssen kein Wort erwähnt wird.

Dr. Glackemeyer rühmt in jedem Geschäftsbericht, daß die Credit-Bank in Hannover auf Vorschlag des Vorstandes bedeutende Beträge den Reserven zuwendet. Dagegen habe ich nichts. Aber wenn er daran den Satz knüpft:

> **Alle Creditvereine Deutschlands** können sich ein **Beispiel** an der Credit-Bank nehmen, die von erster Stunde an bemüht war, dem Geschäft **eine möglichst gute Basis zu schaffen,**

so muß ich entschieden davor warnen, dem Beispiele einer Genossenschaft zu folgen, die nach 16 Jahren der Geschäftsthätigkeit noch sehr weit von einer **guten Basis entfernt** ist und anscheinend dieselbe niemals erreichen wird, wenigstens nicht unter Dr. Glackemeyer's Leitung.

Dr. Glackemeyer lobt die Bemühungen der Credit-Bank, d. h. seine Bemühungen um eine möglichst **gute Basis** des Geschäfts. Nach des **„unsterblichen Meisters“** Schulze stets festgehaltenen Grundsätzen ist die **solide Basis** vor allem in dem genügenden eigenen Vermögen zu suchen.

„Es ist falsch, sich einzubilden: als entbinde ein genossenschaftliches Unternehmen von dem, was **zur soliden Begründung eines Geschäfts überhaupt gehört.** Dies kann die Genossenschaft nicht, dies soll sie nicht... Unerläßlich ist es, mit dem Anwachsen des fremden Kapitals in den Vereinskassen die Steigerung der eigenen Fonds Hand in Hand gehen zu lassen, oder, wo das Letztere in angemessener Progression nicht thunlich erscheint, mit der Annahme fremder Gelder innezuhalten, und das **Geschäft lieber zu beschränken,** als seine Ausdehnung **auf unsolider Basis** zu begünstigen.“ ....

So heißt es in Schulze-Delitzsch's „Vorschuß- und Kreditvereine als Volksbanken“ (S. 84 ff.) in dem noch heute mustergültigen Kapitel „Eigener Fond des Vereins.“ Die hier dargelegten Grundsätze Schulze's hatten sich damals (1876) schon in vieljähriger Erfahrung bewährt.

„Wie die Bildung eines eigenen angemessenen Kapitals selbst ein Ziel ist, dem wir in den Genossenschaften nur allmählich uns nähern, so kann jenes zu **solider Geschäftsbegründung** unentbehrliche Verhältniß zwischen eigenem und fremdem Kapital, ebenfalls durch die unausgesetzte Thätigkeit der Genossenschaft nur allmählich erreicht werden und nicht schon bei ihrer Gründung vorhanden sein. In Berücksichtigung dessen haben sich in der Praxis bei den im deutschen Genossenschaftsverbande stehenden Vereinen die nachfolgenden Sätze herausgestellt,

---

an Genossen, wobei Lombardverkehr selbstredend nicht in Betracht kommt, innegehalten werden sollen, dahin festgesetzt, daß dieselben bei einer eingetragenen Genossenschaft, welche dem Verein als Mitglied beigetreten ist (es gab deren 16) 200 000 Mk. und bei allen übrigen Genossen 50 000 Mk. bei dem einzelnen Genossen nicht überschreiten sollen.“

*) Vgl. Parisius und Crüger Kommentar, die Erläuterungen zur Geschichte des § 47 (S. 198)

**) Credit-Verein 1890 Nr. 1 u. Nr. 9.

welche auf den Antrag des Verfassers auf dem 1862 zu Potsdam*) stattgehabten allgemeinen Vereinstage zur Norm erhoben sind, welche die Vereine bei allen Kreditoperationen ihrerseits zu beachten haben, um nicht den gesunden Boden dabei zu verlieren. Darnach wird in der ersten Zeit nach der Entstehung eines Vorschußvereins erfordert, daß derselbe mindestens 10 % der aufgenommenen fremden Gelder an eigenem Fond besitze, während man nach 2 bis 3 Jahren diese Anforderung auf 20 bis 25 % steigert, bei älteren Vereinen aber verlangt, daß das eigene Kapital bis auf 50 % des fremden, also auf ein Drittel des gesammten Betriebsfonds**) gebracht werde..."

Schulze-Delitzsch hat, so lange er lebte, an diesen Grundsätzen streng festgehalten. Auf dem Vereinstage in Stuttgart August 1879 wurde ein von ihm gestellter Antrag einstimmig angenommen, in welchem der allgemeine Vereinstag die Kreditgenossenschaften auf mehrere „nach den neueren unliebsamen Erfahrungen noch vielfach nicht beachtete **Grundforderungen bei der Geschäftsführung** hinweist." Dazu gehört:

„2. Wenn ferner in jedem **soliden Bankgeschäft** ein angemessenes Verhältniß des eigenen zum fremden Fond erforderlich ist, so wird dies bei unseren Kreditgenossenschaften wegen der Solidarhaft der Mitglieder doppelt geboten. Es ist deshalb die auf dem Allgemeinen Vereinstage zu Potsdam (1862) gestellte Forderung:

„„daß die Vereine schon nach den ersten Jahren ihres Bestehens die Bestände an Geschäftsantheilen und Reserven auf die Hälfte der Anlehen zu bringen haben, die eigenen Mittel demnach ein Drittel des gesammten Betriebsfonds bilden sollen""

das Mindeste, was bei der Fortentwickelung des Kreditverkehrs der Genossenschaften jetzt gefordert werden muß."

Was Dr. Glackemeyer unter „möglichst guter Basis" versteht, weiß ich nicht. Er hat sich gegen „hohe Guthaben" und niedriges Eintrittsgeld ausgesprochen und behauptet, daß „die Höhe von 300 Mk. als äußerste Grenze für das Guthaben (Geschäftsantheil) des einzelnen Mitgliedes für die meisten Vereine ausreichen dürfte." Aber das war im Juli 1886 (Verbandstag in Hannover s. oben S. 34) und man könnte für möglich halten, daß er sich seitdem eines bessern belehrt habe. Dem ist nicht so. Zu dem engen Kreise der bei ihm immer wiederkehrenden Reform-Forderungen gehört stärkere Dotirung der Reservefonds, aber nirgends fordert er ein angemessenes Verhältniß zwischen eigenen Mitteln

---

*) Das Buch Schulze's kennt Dr. Glackemeyer, nicht aber die Mittheilungen über den Potsdamer Vereinstag. Der betreffende Antrag des Anwalts war nach damaligem Brauche einer Abtheilung zur Vorberathung überwiesen worden. Deren Referent war der Direktor des Vorschußvereins zu Gardelegen (Mitglied des fünfköpfigen gewählten engeren Ausschusses) der als solcher den Vereinstag besuchte, Landtagsabgeordneter Kreisrichter Parisius aus Gardelegen. Von anderen anwesenden Direktoren oder Vorstandsmitgliedern von Vorschußvereinen nenne ich die, noch jetzt im Genossenschaftsleben thätigen Männer, Ehrlich-Colberg, Troitzsch-Delitzsch, Müller-Gotha, Liersch-Guben, Bichtler-Merseburg, Nizze-Rostock, Schenck-Wiesbaden. Außer den Verhandlungen des Potsdamer Vereinstages sind über diesen Beschluß belehrend der von einem Mißverständniß ausgehende treffliche Aufsatz Sörgel's „Ueber das Verhältniß des eigenen Kapitals zum Betriebskapital bei Vorschuß- und Kreditvereinen" und Schulze-Delitzsch's Entgegnung in der Innung der Zukunft 1862 Nr. 8 S. 65 und Nr. 9 S. 74, sowie ferner der Jahresbericht Schulze's für 1861 S. 24 ff.

**) 10 % der fremden Gelder sind 9,0 % des gesammten Betriebsfonds, 20 bis 25 % der fremden Gelder 16,6 bis 20 %, 50 % der fremden Gelder 33⅓ % des gesammten Betriebsfonds.

und fremden Geldern. Im eigenen Verein vernachlässigte er auch diese Grundlehren des **„unsterblichen Meisters“** Schulze-Delitzsch vollständig. Es läßt sich dies leicht mit Zahlen belegen. Nach der von der Creditbank ausgefüllten Rechnungstabelle der Jahresberichte 1884 bis 1890 und nach den Geschäftsberichten der Creditbank für 1890, 1891 und 1892 theile ich nachfolgend für die Jahre 1884 bis 1892 mit:

1. die Zahl der Mitglieder am Jahresschluß:
2. der Betrag des eigenen Vermögens (Guthaben und Reserve) auf den Kopf in Mk. berechnet;
3. der Prozentsatz des eigenen Vermögens vom gesammten Betriebsfond;
4. der Betrag der fremden Gelder ebenfalls in Mk. auf den Kopf berechnet:

Jahr	Mitgliederzahl	Eigenes Vermögen pro Kopf Mark	Verhältniß des eigenen Vermögens zum Betriebsfond %	Fremde Gelder pro Kopf Mark
1884	734	192	12,6	1333
1885	751	206	11,4	1607
1886	766	227	11,5	2136
1887	814	225	10,2	1968
1888	873	233	9,0	2231
1889	876	268	10,1	2378
1890	892	284	10,2	2486
1891	910	299	9,7	2691
1892	940	321	9,7	3016

Wie unendlich weit die Credit-Bank zu Hannover von dem entfernt ist, was Schulze-Delitzsch unter der zu den unerläßlichen Grundforderungen gehörenden **soliden Basis** verstand, wie sie sich sogar von Jahr zu Jahr weiter von dieser Basis entfernt und wie schwer belastet die solidarisch mit ihrem ganzen Vermögen haftenden Mitglieder der Credit-Bank durch das fremde Kapital sind und wie sie von Jahr zu Jahr schwerer belastet werden*) ist aus vorstehender Tabelle mit einem Blick zu erkennen.

Dem Einwand, daß andere gut geleiteten Kreditvereine auch nicht besser stünden, daß sie ebenso weit oder noch weiter von Schulze-Delitzsch's solider Basis entfernt seien, daß sie also diese „Grundforderung“ der Lehre des unsterblichen Meisters ebenso wenig beachtet hätten, wie Dr. Glackemeyer mit seiner Kredit-Bank, will ich von vornherein mit Hülfe der Jahresberichte des Anwalts begegnen. Ich habe nach dem Jahresbericht des Anwalts für 1892 bei einer Reihe notorisch gut geleiteter größerer Kreditvereine fast aus allen Gauen des Deutschen Reiches dieselben Berechnungen angestellt und theile nachstehend von ihnen nach Ländern und Provinzen geordnet mit, wie groß die Mitgliederzahl ist, wie viel Mark auf den Kopf berechnet das eigene Vermögen der Mitglieder und ihre Belastung durch fremdes Kapital beträgt und welchen Prozentsatz das eigene Vermögen an Guthaben und Reserven vom gesammten Betriebsfond ausmacht.**)

*) Vgl. oben die Mahnungen des Verbandsdirektor Diehls in seinem Jahresbericht für 1892 S. 32.

**) Die Abkürzungen V.V., K.V., K.B., G.B. u. s. w. sind dieselben wie in der Tabelle der Jahresberichte. Ich habe noch hinzugefügt u. H. = e. G. m. u. H. oder b. H. = e. G. m. b. H.

Name des Vereins	Mitglieder-zahl	Eigenes Vermögen pro Kopf Mark	Verhältniß des eigenen Vermögens zum Betriebsfond %	Fremde Gelder pro Kopf Mark
(Ost- und Westpreußen)				
Gumbinnen V.B. u. H.	1 372	382	45,2	577
Insterburg V.B. u. H.	3 592	411	47,3	477
Königsberg K G. u. H.	869	526	36,3	912
(Prov. Brandenburg)				
Berlin Louisenstädt.-V u. H. . . .	635	1 875	55,1	1 656
Berlin G V. Stralauer Stadtviertels u. H.	1 060	1 435	38,0	2 407
(Prov. Pommern)				
Stralsund K.V. u. H.	726	564	29,0	1 362
(Prov. Posen)				
Posen K V. u. H.	604	376	39,1	588
(Prov. Schlesien)				
Breslau V.V. b. H.	2 631	345	29,1	838
(Prov. Sachsen)				
Merseburg V.V. u. H.	675	549	33,5	1 087
(Prov. Schleswig-Holstein)				
Altona K.V.C.R.	4 979	393	18,8	1 397
(Prov Hannover)				
Hannover C.V. u. H.	914	**321**	**9,7**	**8 018**
(Prov. Hessen-Nassau)				
Cassel K.V. u. H	3 007	619	42,3	1 152
Wiesbaden V.V. u. H.	5 895	454	18,1	2 052
(Rheinprovinz)				
Kreuznach Volks-V. u. H.	1 001	430	21,5	1 643
(Bayern)				
Augsburg Landw.K.V. u. H. . . .	11 427	208	54,1	185
München Industrie-V. u. H. . . .	1 122	588	30,4	1 347
(Württemberg)				
Ulm G V. b. H.	1 164	1 653	39,2	2 547
(Baden)				
Karlsruhe Vereins-V. u. H.	3 149	466	30,7	1 051
Freiburg i. B. G.V. u H.	2 924	901	34,7	1 230
(Hessen)				
Darmstadt Volks-V. u. H.	943	953	41,2	1 205
Mainz Volks-V. b. H.	2 602	616	34,1	1 187
(Thüringen)				
Gotha G. u. Landw.V. u. H. . . .	3 029	212	30,4	490
Meiningen V.V u H.	1 088	298	27,1	811

Um die Stellung, welche die Hannoversche Kredit-Bank in Betreff der **soliden Basis** unter den größeren deutschen Vorschußvereinen einnimmt, übersichtlicher zu kennzeichnen, will ich die 23 Vereine noch in besonderer Reihenfolge aufführen: a) nach dem Verhältniß des eigenen Vermögens zum Betriebsfond (Prozentsatz); b) nach der Belastung des einzelnen Mitgliedes durch die fremden Gelder (Mark); c) nach der Belastung des Mitgliedes pro Kopf durch die fremden Gelder nach Abzug des auf den Kopf kommenden Betrages des eigenen Vermögens:

a) Reihenfolge nach dem Verhältniß des eigenen Vermögens zum Betriebskapital (Prozentsatz):

1. Berlin-Louisenstadt 55,1. 2. Augsburg 54,1. 3. Insterburg 47,3. 4. Gumbinnen 45,2. 5. Cassel 42,3. 6. Darmstadt 41,2. 7. Ulm 39,2. 8. Posen 39,1. 9. Berlin-Stralauer 38,0. 10. Königsberg 36,6. 11. Freiburg 34,7. 12. Mainz 34,1. 13. Merseburg 33,5. 14. Karlsruhe 30,7. 15. u. 16. München 30,4 und Gotha 30,4. 17. Breslau 29,1. 18. Stralsund 29,0. 19. Meiningen 27,1. 20. Kreuznach 21,5. 21. Altona 18,8. 22. Wiesbaden 18,1.*) 23. **Hannover 9,7.**

b) Reihenfolge nach der Belastung der Mitglieder pro Kopf durch die fremden Gelder (Mark):

1. **Hannover 3046.** 2. Ulm 2547. 3. Berlin-Stralau 2407. 4. Wiesbaden 2052. 5. Berlin-Louisenstadt 1656. 6. Kreuznach 1634. 7. Altona 1397. 8. Stralsund 1362. 9. München 1347. 10. Freiburg i. B. 1230. 11. Darmstadt 1205. 12. Mainz 1187. 13. Cassel 1152. 14. Merseburg 1087. 15. Karlsruhe 1051. 16. Königsberg 912. 17. Breslau 838. 18. Meiningen 811. 19. Posen 588. 20. Gumbinnen 577. 21. Gotha 490. 22. Insterburg 447. 23. Augsburg 185.

c) Reihenfolge nach der Belastung der Mitglieder pro Kopf durch die fremden Gelder nach Abzug des auf den Kopf kommenden Betrages des eigenen Vermögens (Mark):

1. **Hannover 2697.** 2. Wiesbaden 1598. 3. Kreuznach 1204. 4. Altona 1004. 5. Berlin-Stralau 972. 6. Ulm 894. 7. Stralsund 798. 8. München 759. 9. Karlsruhe 585. 10. Mainz 571. 11. Cassel 535. 12. Meiningen 513. 13. Breslau 493. 14. Merseburg 438. 15. Königsberg 396. 16. Freiburg 329. 17. Insterburg 316. 18. Gotha 278. 19. Darmstadt 252. 20. Posen 212. 21. Gumbinnen 195. 22. Augsburg — 23.**) 23. Berlin-Louisenstadt — 219.**)

Die Hannoversche Kredit-Bank bleibt hinter allen vorgenannten anderen Kreditvereinen **weit zurück** in Betreff der nothwendigen Basis des ausreichenden eigenen Vermögens, sie marschirt **weit voran** in Betreff der Belastung der solidarisch verhafteten Mitglieder durch fremde Gelder! Es bedarf keiner weiteren Erläuterung. Möge die Kredit-Bank zu Hannover den eindringlichen Mahnungen des **unsterblichen Meisters** Schulze-Delitzsch Folge leisten und die bisher nicht beachteten **„Grundforderungen solider Geschäftsführung“** nicht länger vernachlässigen und **„das Geschäft lieber beschränken als seine Ausdehnung auf unsolider Basis begünstigen.“**

---

*) Breslau, Stralsund, Meiningen, Kreuznach, Wiesbaden haben vor Jahren einmal bedeutende Verluste gehabt, welche die Kapitalbildung aufhalten mußten. Die Kreditbank zu Hannover will niemals Verluste gehabt haben.

**) Bei Augsburg und Berlin-Louisenstadt stellt sich der Betrag der Belastung als Minus im Vergleich zum eigenen Vermögen dar.

Siebentes Kapitel.

Wie Dr. Glackemeyer nach dem Ausscheiden des Niedersächsischen Verbandes aus dem Allgemeinen Verbande den Kampf gegen Organisation und Grundlehren des Meisters Schulze-Delitzsch führt.

Alles hat nach Licht und Klarheit
Einen wundersamen Trieb,
Nur dem Menschen ist statt Wahrheit
Oft die Nacht des Irrthums lieb.
Hoffmann von Fallersleben.

Dr. Glackemeyer hatte schon zu Schulze's Lebzeiten einzelne Grundlehren desselben zu bekämpfen begonnen, nach der Aufnahme des Niedersächsischen Verbandes in den allgemeinen Verband fing er allmählich den Kampf gegen die Organisation an, aber erst als er den Austritt vorbereitet, machte er sich die Zertrümmerung des allgemeinen Verbandes zur Aufgabe.

Schulze-Delitzsch schilderte in seinen Jahresberichten regelmäßig die Grundzüge der Organisation, der „als mustergültig anerkannten", der die deutschen Genossenschaften ihre großen Erfolge verdankten. In dem letzten von ihm selbst herausgegebenen Jahresbericht für 1881 heißt es darüber:

„Es ist der auf freier Einigung beruhende, vom Verfasser angeregte allgemeine Verband der auf Selbsthilfe beruhenden deutschen Erwerbs- und Wirthschaftsgenossenschaften. Die diesem Verbande beigetretenen Vereine, dessen Geschäfte gegenwärtig der Verfasser als besoldeter Anwalt mit förmlich eingerichtetem Bureau führt, besenden einen jährlich stattfindenden allgemeinen Vereinstag durch Deputirte, welche als oberste Instanz die gemeinsamen Interessen überwacht, deren Wahrnehmung bei der Gesetzgebung, ebenso wie die Beratung der einzelnen Vereine bei ihrer Organisation und allen einschlagenden geschäftlichen Vorkommnissen dem Anwalt übertragen ist. Als Zwischenglieder zwischen diesen Zentralorganen und den einzelnen Vereinen sind sogenannte Unter- oder Provinzial- oder engere Landes-Verbände gebildet, welche die Vereine einzelner deutscher Länder, Provinzen oder gewisser Branchen der Genossenschaften umfassen und die Wahrnehmung von deren Sonderinteressen, sowie die Vermittlung mit den Zentralstellen zu ihrer Aufgabe haben. Indem sie dem Allgemeinen Vereinstage durch besondere Versammlungen theils vorarbeiten, anderntheils in ihrem Bereiche dessen Beschlüsse zur Geltung bringen, greifen sie lebendig in das Getriebe ein, und die von ihnen gewählten Vorstände bilden als engerer Ausschuß eine Körperschaft, welche dem Anwalte in der Zwischenzeit zwischen den Vereinstagen und insbesondere bei Ordnung der Finanzen des Verbandes zur Seite steht. So ist, ohne in die freie Bewegung der einzelnen Vereine einzugreifen, ein Mittelpunkt geschaffen zum Austausch der gemachten Erfahrungen, zur Läuterung und Kritik des sich immer mehr anhäufenden Materials, zu Rath und Hilfe jedem Angriff, jeder Verlegenheit der einzelnen Glieder gegenüber, zu machtvollem Zusammenfassen der Einzelkräfte behufs Verfolgung und Wahrung gemeinsamer Interessen, endlich zu Abwehr und geschlossenem Zusammenstehen drohenden Lagen und Gefahren gegenüber" ...

Dr. Glackemeyer griff nicht die Organisation in ihrer Gesammtheit als solche an, aber alles Einzelne, was dazu gehört, was die Organisation ausmacht.

1. Die Anwaltschaft ist 1861 hervorgegangen aus dem 1859 entstandenen „Zentral-Korrespondenz-Bureau der deutschen Vorschuß- und Kreditvereine" noch vor „dem allgemeinen Verbande der auf Selbsthilfe beruhenden deutschen Erwerbs- und Wirthschaftsgenossenschaften" nach dessen

organischem Statut von 1864 der Anwalt, dessen umfassende Pflichten § 5 bis § 10 enthält, auf Kündigung (sechs Monat) angestellt. Der Anwalt ist Rathgeber des Verbandes und der einzelnen Genossenschaften in allen genossenschaftlichen Angelegenheiten, — seine Rathschläge zu befolgen sind die Vereine aber nicht verpflichtet.

Dem Dr. Glackemeyer sind der Anwalt und seine Vertreter lediglich Juristen; es ist schädlich, daß diese Juristen („für theueres Geld der Vereine") die Verbandstage bereisen, stets die gleichen Ansichten durchzudrücken suchen, andere Meinungen niederhalten — man soll, wenn man Juristen braucht, die an Ort und Stelle zuziehen. Die auf der Grundlage von Schulze's Musterstatuten und den Genossenschaftstags-Beschlüssen verfaßten Muster- oder Probestatuten der Anwaltschaft sind unbrauchbar, lediglich von Theoretikern am grünen Tisch fabrizirt. Dr. Glackemeyer verlangte, daß der Anwalt durch die Verbandsdirektoren, nicht direkt mit den Vereinen verkehre. Schulze-Delitzsch wollte unter Zustimmung des engeren Ausschusses eine Agitation durch Wort und Schrift, durch Wanderredner und Broschüren nicht darauf gerichtet wissen, neue Genossenschaften zu gründen, indem darüber das Bedürfniß der betheiligten Volksklassen allein zu entscheiden habe, sondern vielmehr darauf, die bestehenden Genossenschaften in ihrer Entwickelung vor Abwegen zu schützen, ihnen durch Belehrung der Volksklassen, für die sie gegründet sind, neue Mitglieder zuzuführen und sie hierdurch innerlich zu kräftigen.*) Dr. Glackemeyer aber verlangt von der Anwaltschaft Aussendung von Wanderrednern zu Vorträgen in den kleinen Städten und auf dem platten Lande behufs Gründung neuer Kreditvereine.**)

Jedermann kann heute die Behauptung aufstellen, der allgemeine Verband, Schulze-Delitzsch's „mustergültige Organisation" hätte, wenn sie „besser geleitet" wäre, noch mehr leisten können — unter der Anwaltschaft Schenck's, wie unter der Anwaltschaft Schulze-Delitzsch's selbst. Auch ich habe, so lange ich im Genossenschaftswesen thätig bin, also seit 1859 oft besondere, in der Regel vielleicht unbegründete, zuweilen wohl auch begründete Wünsche gehabt, die nicht erfüllt sind. Das ist im Leben nicht anders: bei keiner menschlichen Einrichtung ist Vollkommenheit möglich. Schulze-Delitzsch ließ über seine eigene Meinung von der Unvollkommenheit und der Nothwendigkeit weiterer Vervollkommnung seiner Organisation niemals Zweifel. Im Februar 1882 schrieb der 73 Jährige (Blätter für Genossenschaftswesen Nr. 6 S. 26):

„Eins steht fest: daß man in den Reihen der Genossenschaften **nicht daran denkt**, das Genossenschaftswesen **für abgeschlossen, unsere Einrichtung für vollkommen zu halten.** Vielmehr sind wir unablässig bemüht, in gemeinsamen Berathungen, wissenschaftlicher Bearbeitung und Verständigung mit den Nachbarvölkern immer weiter zu kommen und die rechtlichen und wirthschaftlichen Grundlagen unserer Organisation den Bedürfnissen zahlreicher Bevölkerungsklassen immer mehr anzupassen." ...

*) Vgl. u. A. Blätter für Genossenschaftswesen 1876 Nr. 11.

**) Hier wie überall sind Dr. Glackemeyers Aussprüche wortgetreu wiedergegeben, für jeden Ausspruch einen Beleg anzuführen erschien überflüssig, da er sich in fast jeder Nummer der letzten Jahrgänge seines Credit-Vereins in denselben Redensarten bewegt. Es werden die betreffenden Nummern des Credit-Vereins nur bei außerordentlichen Leistungen seiner Feder angeführt werden.

Und in Darmstadt auf dem letzten Genossenschaftstage, den er besuchte, am 25. April 1882, 8 Monat vor seinem Tode, erklärte er mit großem Nachdruck, er habe sich **nie für zu alt gehalten**, aus den Verhandlungen auf den Verbandstagen **zu lernen.**

Dr. Louis Glackemeyer, dessen Leistungen als Unterverbandsdirektor weit hinter den bescheidensten Ansprüchen zurückbleiben, hatte am wenigsten Anlaß, heftige Angriffe wegen nicht genügender Leistungen gegen den Anwalt und sein Bureau zu richten.

2. „Sämmtliche deutsche Genossenschaften, welche auf dem Prinzip der Selbsthilfe der Mitglieder in Wirthschaft und Erwerb beruhen“ sind nach § 2 des Organischen Statuts, wie es Schulze 1864 dem Genossenschaftstag zu Mainz vorlegte und von diesem angenommen wurde, „befugt, dem Allgemeinen Verbande beizutreten“, insbesondere Vorschuß- und Kreditvereine (Volksbanken), Genossenschaften in einzelnen Gewerbszweigen (Rohstoff-, Magazin- und Produktivgenossenschaften) und Konsumvereine. Auch keine neue Form von Genossenschaften sollte ausgeschlossen werden.

Dr. Glackemeyer's jahrelange Bemühungen zur Sprengung des allgemeinen Verbandes, die Kreditgenossenschaften aus demselben herauszuziehen, und sie zu bewegen, der von ihm zu diesem Behufe gegründeten und von ihm geleiteten „Freien Vereinigung von Kreditgenossenschaften“ sich anzuschließen, sind von Dr. Crüger auf dem allgemeinen Vereinstage in Stettin ausführlich geschildert und verweise ich dieserhalb auf den im Sonderabdruck erschienenen Bericht. Auch die dort enthaltene Besprechung des Programms der Glackemeyer'schen freien Vereinigung bedarf keiner Ergänzung.*)

---

*) Bezeichnend für Dr. Glackemeyer ist, daß er den Austritt des Verbandes der landwirthschaftlichen Genossenschaften für Ost- und Westpreußen (Molkereien und landwirthschaftliche Konsumvereine) aus dem allgemeinen Verbande mit dem Austritt des Niedersächsischen Verbandes auf eine Linie stellt. Jener Verband, Unterverband des allgemeinen Verbandes seit 1876, gehörte seit der 1883 auf Schulze-Delitzsch's dringendes Anrathen erfolgten Begründung der Vereinigung der deutschen landwirthschaftlichen Genossenschaften zwei allgemeinen Verbänden an. Der Verband schied nach dem Schreiben seines Direktors Stöckel, des stellvertretenden Anwalts der Vereinigung vom 9. Juli 1891 aus, weil ihm die Beiträge für zwei allgemeine Verbände aufzubringen nicht mehr möglich war und er „bei dem augenblicklichen Stande der Entwickelung des landwirthschaftlichen Genossenschaftswesens für unbedingt nothwendig hielt, alle Kräfte daran zu setzen, die Vereinigung der landwirthschaftlichen Genossenschaften lebensfähig zu gestalten und so viel als möglich in nahe freundschaftliche Berührung zu dem Allgemeinen Verbande zu bringen.“ Er schied aus mit dem „herzlichsten und wärmsten Dank“ an den Anwalt, den engeren Ausschuß und den Allgemeinen Verband „für alle Anregung, Hülfe, Belehrung und Förderung, die den landwirthschaftlichen Genossenschaften des Verbandes in den langen Jahren seiner Zugehörigkeit in so reichem Maße zu Theil geworden!“ Dieser Brief, der ein glänzendes Zeugniß für den allgemeinen Verband und den engeren Ausschuß ist und die Antwort des Letzteren ward in Freiburg August 1890 in Gegenwart des Dr. Glackemeyer verlesen (abgedruckt in Mittheilungen S. 45). Ist es da nicht **wider besseres Wissen,** wenn Dr. Glackemeyer im Credit-Verein schreibt November 1890 Nr. 8: „Der Verband schied aus unserm Allgemeinen Verbande aus und gehört jetzt dem Allgemeinen Verbande der ländlichen Genossenschaften an. Daß der Verband dort seine Interessen besser gewahrt findet, liegt auf der Hand“ ..., ferner im Credit-Verein 1891 Nr. 8: „Auch dieser Verband fand also

Von den nothwendigen Einrichtungen des allgemeinen Verbandes greift Dr Glackemeyer insbesondere noch folgende an:

3. Die Allgemeinen Vereins- und Genossenschaftstage. Alljährlich mindestens einmal soll nach Schulze's Organisation der Allgemeine Vereinstag zusammentreten, der die höchste Instanz des Verbandes ist, alle Zuständigkeiten jedoch „unbeschadet der vollen Selbstständigkeit der Vereine in deren eigenen Angelegenheiten" übt.

Dr. Glackemeyer ergeht sich in Angriffen gegen den allgemeinen Vereinstag, den er nur alle zwei Jahre abgehalten wissen will. Er greift die Beschlüsse früherer Allgemeiner Vereinstage an, ohne sie zu kennen. Bei der Berichterstattung über den Vereinstag in Freiburg behauptete er anders behandelt zu sein, wie andere Redner. Der Sekretär der Anwaltschaft, Häntschke, der die „Mittheilungen" unter Aufsicht des Anwaltes redigirt hat, legte dem engeren Ausschuß in Gera eine schriftliche Erklärung vor, worin er Dr. Glackemeyer's Behauptungen als unwahr nachwies. Da Dr. Glackemeyer's Verband inzwischen ausgeschieden war, unterblieb nähere Untersuchung.*)

4. Engere Ausschuß. Dr. Glackemeyer, der über Verhandlungen in demselben ungebührlich berichtet hatte, verlangte, daß die Sitzungen nicht mehr „vertraulich", sondern für alle Theilnehmer des Vereinstages öffentlich seien, und daß die Verhandlungen stenographisch aufzunehmen und durch die Mittheilungen und in den Blättern für Genossenschaftswesen zu veröffentlichen seien. Zu solchen sonderbaren Anforderungen bringt ihn seine Erbitterung gegen seine früheren Kollegen.**)

5. Jahresberichte. Schulze-Delitzsch verlangte „die Aufstellung einer möglichst genauen Statistik über Einrichtungen, Resultate und Ausbreitung der Genossenschaften zum Behufe des Austausches und Vergleichens der gemachten Erfahrungen und Ermöglichkeit einer Kritik darüber" Die kleine statistische Tabelle über die Kreditvereine, die 1857 12, 1858 17 Spalten enthielt, wuchs bald zu 50 Spalten an. Namentlich Sörgel leistete durch Aufsätze in den Genossenschaftsblättern zur Verbesserung dieser Statistik Beihülfe. Auch ein Gutachten des internationalen statistischen Kongresses (1865) wurde benutzt. Schon 1873 am 16. Juli konnte Schulze im Reichstage die Vorzüge seiner „des Privatstatistikers, dem keine Regierungsvollmachten zur Seite stehen," Statistik vor der des englischen Registrars darstellen. Jede Erweiterung der Tabelle durch neue Kolonnen begründete er in den Genossenschaftsblättern mit erläuternden Ausführungen.**) Die Verbandsdirektoren hielt er an, die Statistik für die Vereine nutzbar zu machen.

Dr. Glackemeyer, der als Verbandsdirektor, wie bereits dargethan ist, die Pflicht zur Unterstützung des Anwaltes bei Beschaffung der statistischen Nachrichten und die Verwerthung der Tabelle für seinen Verband gröblich vernachlässigte, wollte die Jahresberichte nur alle drei oder fünf Jahre

nicht mehr das im Allgemeinen Verbande, was man darin finden sollte.." (folgen die üblichen Schmähungen) und im Credit-Verein 1891 Nr 10 nach Motivirung des Austrittes des Niedersächsischen Verbandes: „Wäre der Allgemeine Verband besser geleitet worden, so hätte er heute mehr Mitglieder. Auch ein Unterverband in Insterburg erklärte im vorigen Jahre seinen Austritt aus dem Allgemeinen Verbande."

*) Vgl. Credit-Verein 1892, Nr. 8 und 1891, Nr. 4. Siehe oben S. 45.

**) Vgl Credit-Verein 1890, Nr. 8.

erscheinen lassen. Zur Ersparung der Kosten könnten die 33 Verbandsdirektoren einen Theil der Arbeit übernehmen.*)

6. Blätter für Genossenschaftswesen. Aus der achtmal jährlich als Beiblatt zu Wieck's Gewerbezeitung erscheinenden „Innung der Zukunft" wurde 1861 ein Monatsblatt zunächst zu 10 Bogen in Schulze's Selbstverlag, dann wuchs das Blatt seit 1864 im Verlage von Keil allmählich; 1865 wurde es Wochenblatt, 1866 zu 26 Bogen unter dem jetzigen Namen. Heute hat es 65 Bogen. Dem Anwalt war durch das organische Statut die Herausgabe „eines besonderen Organs für das Genossenschaftswesen" zur Pflicht gemacht: jede Genossenschaft im allgemeinen Verbande hatte seit dessen Gründung ein Pflichtexemplar zu halten. Seit zwei Jahren deckt es vollständig alle Kosten und gewährt dem allgemeinen Verbande noch einen Reingewinn. Dr. Glackemeyer erging sich von der Zeit an, wo ihm die Redaktion ungenügende Aufsätze zurückgesendet hatte, in heftigen Angriffen gegen dieselbe. Er verlangte, daß das Blatt den Vereinen unentgeltlich geliefert und nannte es mit Rücksicht auf den mit Recht zurückgewiesenen Aufsatz gegen die Revisionsberichte (s. oben S. 54) einen „schönen Zustand, daß ein Verbandsdirektor in dem Blatte, welche die Verbände für ihr Geld halten, nicht die Ansichten des Verbandes vertreten könne."

7. Unterverbände. Schulze-Delitzsch hatte die Unterverbände zu nothwendigen „Zwischengliedern" zwischen den Zentralorganen und den einzelnen Vereinen herausgebildet. Wie Dr. Glackemeyer als Verbandsdirektor seinem Verband die Wohlthaten der Organisation geflissentlich sorgsam vorenthielt und den Verband als Agitationsmittel zur Sprengung des allgemeinen Verbandes zu entwickeln suchte, ist im sechsten Kapitel ausführlich dargestellt.

8. Verbandsrevision.**) Wie die Verbandsrevision, unter Schulze-Delitzsch's steter Anregung, in den einzelnen Verbänden sich zu einer obligatorischen Einrichtung entwickelte, und wie für diese Einrichtung in seinem Sinne durch die auf Antrag des Anwaltes gefaßten Beschlüsse des Genossenschaftstages zu Plauen 1887 die einzuhaltenden Grundsätze festgestellt sind, ist in den Kommentaren von Pröbst, S. 183—186 und 193—196 oder Parisius und Crüger, S. LVII—LXII und S. 204—208 nachzulesen.**) Dr. Glackemeyer hatte die Verbandsrevision in seinem Verbande vernachlässigt, an den eingehenden Verhandlungen in Plauen betheiligte er sich nicht.

Die ruhige Fortentwickelung der Verbandsrevision wurde unterbrochen durch die von Schulze-Delitzsch und den allgemeinen Genossenschaftstagen nicht befürwortete Einführung der Zwangsrevision. Neue Anstrengungen der Verbände waren erforderlich, um die Revision in Anwendung abweichender und zum Theil nicht nützlicher Bestimmungen des Gesetzes zur Förderung der Genossenschaften weiter auszubilden. Dr. Glackemeyer störte diese mühselige Arbeit fortwährend. Vor Erlaß des Gesetzes hatte er bereits die in Plauen den Verbänden empfohlenen, schriftlichen Berichte, welche die Revisoren den ordentlichen Verbandstagen alljährlich über ihre Thätigkeit erstatteten, obschon sie nur für die Verbandsvereine bestimmt waren, mit scharfen Angriffen bedacht. Nach Erlaß des Gesetzes schlug er zunächst vor (Credit-Verein 1889, Nr. 4, Dezember), die Berichte aller Revisoren im Druck

*) Vgl. Credit-Verein 1891, Nr. 2, vgl. oben S. 26.
**) S. oben S. 39.

zusammenzustellen, „um die Erfahrungen der Revisoren zum Gemeingut aller Vereine zu machen," dann aber betrieb er die Verunglimpfung der Revisionsarbeiten gewerbsmäßig und hetzte die revidirten Vereine gegen die Revisoren auf,*) die nach der ihnen gegebenen Instruktion gemäß erörterten und feststellten, ob die Geschäftsführung den Vorschriften des Genossenschaftsgesetzes und des Vereinsstatuts entspricht und im Einklang steht mit den Rathschlägen und Mahnungen der Anwaltschaft, der allgemeinen Vereinstage und der Unterverbandstage.**)

In gleicher Weise wie die Organisation Schulze's bekämpft Dr. Glackemeyer auch Grundlehren desselben betreffend die Kreditvereine.

a) Mitgliedschaft. „So lange jemand noch den eigenen und der Seinigen Unterhalt, sei es auch kümmerlich, durch Arbeit zu erschwingen im Stande ist, nehme man ihn auf" Vorschuß- und Kreditvereine als Volksbanken, S. 46). Dem entgegen sagt Dr. Glackemeyer: „Was sollen die Kreditvereine mit den Arbeitern, Dienstmännern, Gesellen, Gehülfen, ja Dienstmädchen als Mitglieder?"***) Die meisten Kreditvereine blieben den Grundsätzen Schulze's treu. Denn, wie im Jahresbericht für 1892 mitgetheilt, gehörten in den 942 Kreditvereinen, welche die Tabelle über die Eintheilung der Genossen nach Berufsklassen betheiligte, von den 456 495 Mitgliedern am 1. Januar 1893 zu den Klassen

II.	Gehilfen und Arbeiter bei der Land- und Forstwirtschaft, Gärtnerei und Fischfang	3,2%
V.	Fabrikarbeiter, Bergarbeiter, Handwerksgesellen	5,6 „
VII.	Handlungskommis und sonstige kaufmännische Gehülfen . .	0,9 „
X.	Dienstmänner, Dienstboten	0,9 „
	also zu der Klasse, die Dr. Glackemeyer von der Mitgliedschaft von den Kreditvereinen ausschließen will	10,6%

während es zu Beginn des Jahres 1892 10,5% waren; die Vermehrung um 0,1% war bei der Klasse VII eingetreten.

b) Eintrittsgeld. Mit dem Verzicht auf diese Klassen begründete Dr. Glackemeyer es auch, daß man entgegen den Grundlehren Schulze's und den Beschlüssen der Genossenschaftstage ein „nicht zu niedriges Eintrittsgeld" nehmen soll.

c) Eigenes Vermögen. Schulze's Grundlehren über das Verhältniß des eigenen Vermögens zum fremden Kapital ist bereits im sechsten Kapitel (S. 70) erörtert und ebenso hier und im fünften Kapitel (S. 34), wie Dr. Glackemeyer diese Lehre bekämpft und in der Praxis als Direktor der Kreditbank zu Hannover sich dagegen schwer versündigt.

d) Dividende. Schulze-Delitzsch hielt für wünschenswerth, solchen Gewinn herauszuwirthschaften, daß die Mitglieder „einen irgend den gewöhnlichen Zinssatz übersteigenden Prozentsatz" ihrer Guthaben als Dividende erhalten (Vorschuß- und Kreditvereine als Volksbanken, S. 200). Dr. Glackemeyer eifert wiederholentlich gegen hohe Dividenden, für hohe Spezial-

*) Eine sorgfältige Prüfung der im Credit-Verein und in der kleinen Brojchüre „die Revision auf Abwegen" gemachten Vorwürfe ist deshalb nicht möglich, weil Dr. Glackemeyer ohne die Verbände zu nennen, nur von ihm ausgezogene Stellen bekrittelt und er bei Aussonderung und Wiedergabe von Aussprüchen Anderer in seiner besonderen Manier ungenau und wahrheitswidrig verfährt.

**) Vgl. Schwanitz' Hülfsbüchlein, S. 48.

***) Credit-Verein 1892, Mai Nr. 5.

reserven und für niedrige Geschäftsantheile (S. 34); er versucht durch sein eifriges Schelten auf die hohen Dividenden zu verstecken, daß er in seiner Creditbank die Grundlehren Schulze-Delitzsch's über die Höhe des eigenen Vermögens in gröblicher Weise vernachlässigt ... Ich habe bereits S. 72 mitgetheilt, daß bei der Kreditbank zu Hannover das Verhältniß des eigenen Vermögens zum Betriebsfonds Ende 1891 wie Ende 1892 9,7% betrug. Ich will diese Mittheilung noch dahin ergänzen, daß von jenen 9,7% Ende 1891 nur 6,0 und Ende 1892 gar nur 5,4% des Betriebsfonds auf das Guthaben fielen, der Reingewinn aber 1891 1,20% und 1892 1,14% des Betriebsfonds betrug. Danach kann jeder „Praktiker“ entnehmen, wie gewirtschaftet ist, und wie gering der zur Verfügung stehende Reingewinn im Verhältniß zu dem an der Dividende betheiligten Guthaben sein würde, wenn das eigene Vermögen die von Schulze-Delitzsch als „Grundforderung solider Geschäftsführung“ verlangte Höhe erreicht hätte!

e) Vorstand. Schulze-Delitzsch forderte, daß durch das Statut die Vorstandsmitglieder von der Kreditgewährung völlig ausgeschlossen würden und ihnen die Uebernahme von Bürgschaften gänzlich verboten werde.*)

In seiner letzten Schrift erklärte er sich sogar dafür, daß das Verbot der Kreditgewährung an Vorstandsmitglieder bei Revision des Gesetzes in dasselbe aufzunehmen sei.**)

Dr. Glackemeyer ist mit dieser „Grundlehre“ Schulze's und der Genossenschaftstage nicht zufrieden. „Jeder Verein,“ sagt er, „muß doch selbst wissen, ob er seinen Vorstandsmitgliedern Kredit gewähren will oder nicht. Will er das nicht, so sagt er das in seinem Statut ... Jeder Verein kennt seine lokalen Verhältnisse, kennt seine Bedürfnisse, muß wissen, was ihm frommt und der Revisor hat nichts drein zu reden.“

f) Aufsichtsrath. Schulze-Delitzsch verlangte sofort nach Erlaß des Preußischen Genossenschaftsgesetzes 1867 strenge Scheidung des Vorstandes und des Aufsichtsraths, der Verwaltung und der Kontrolle.***) In dem späteren Genossenschaftsgesetze ist die Trennung beider Organe noch bestimmter hervorgehoben.†)

Seine Bestrebungen, die Aufsichtsräthe der Kreditvereine zu nöthigen, ihre Pflicht zu thun, sind schon besprochen (S. 27). Schulze sorgte für Ausarbeitung von Geschäftsanweisungen für den Aufsichtsrath in Ausübung seiner Kontrollfunktionen.

Auf eine Anregung des Schlesischen Verbandstages verhandelte darüber eine Reihe allgemeiner Vereinstage: Breslau 1872, Bremen 1874, München 1875, Danzig 1876, Wiesbaden 1877, nachdem Vorbesprechungen auf Unterverbandstagen stattgefunden hatten. Fünf Entwürfe einer Geschäftsanweisung

---

*) Musterstatut § 69, Beschluß des Bremer Genossenschaftstages 1874.

**) Materialien zur Revision 1883, S. 48. Vgl. § 37 des Genossenschaftsgesetzes, Parisius und Crüger Kommentar, S. 167—171.

***) Vgl. Schulze's vollständige Anweisung für Vorschuß- und Kreditvereine, die sich unter das Genossenschaftsgesetz stellen wollen (1868).

†) Dr. Glackemeyer stellte zuerst im Credit-Verein 1890, Nr. 3 (März) die durchaus unrichtige Behauptung auf: „Seit Jahren ist systematisch darauf hingearbeitet, als sei der Aufsichtsrath das Hauptorgan des Genossenschaftswesens,“ und wiederholte diese Behauptung in verschärftem Maße (Credit-Verein 1890, Nr. 9) unter Berufung auf einen von ihm nicht verstandenen Aufsatz des Dr. Crüger und unter Entstellung der Thatsachen.

für die Aufsichtsräthe von Kreditvereinen waren von Unterverbänden eingesendet. Neben den Entwürfen des Preußischen, des Norddeutschen, des Nordwestdeutschen, des Magdeburg-Braunschweigischen Verbandes hatten vier Verbände — Starkenburg, Mittelrhein, Unter-Baden, Pfalz — durch eine aus ihren vier Verbandsdirektoren: Bernhardt-Darmstadt, Schenck-Wiesbaden, Weber-Bruchsal und Knecht-Neustadt a. d. H., sowie Dr. Herz-Mannheim und Direktor Meißner-Frankfurt bestehenden Kommission unter Benutzung des von Schulze-Delitzsch in sein Buch aufgenommenen Aufsatzes Sörgel's über den Schluß der Bücher und die Inventur am Jahresschlusse, in Auerbach an der Bergstraße einen Entwurf festgestellt: Schulze-Delitzsch veröffentlichte über alle Entwürfe in den Genossenschaftsblättern ein von ihm revidirtes Referat des Dr. Schneider, zugleich mit der auf den „Vereinsentwurf" gestützten Probeinstruktion (Blätter für Genossenschaftswesen 1877, Nr. 34). Diese legte er dem allgemeinen Vereinstage als „Instruktion für die Aufsichtsräthe der Vorschuß- und Kreditvereine bei Ueberwachung der Geschäftsführung" vor. Auf seinen Antrag beschloß der Vereinstag nach eingehenden gründlichen Debatten:

„Daß er als eine ernstliche Verpflichtung sämmtlicher Genossenschaften anerkenne: 1. Die bei ihnen fungirenden Aufsichtsräthe mit einer speziellen, von der Generalversammlung zu genehmigenden Instruktion zu versehen, nach welcher dieselben bei der ihnen obliegenden Ueberwachung der Geschäftsführung zu verfahren haben; 2. hierbei die nach dem Danziger Beschlusse unter Benutzung der Arbeiten der Unterverbände von dem Anwalt revidirten und zusammengestellten Probe-Instruktion zu Grunde zu legen, welche diejenigen Punkte enthält, auf welche es

a) bei der laufenden regelmäßigen Kontrolle, sowie

b) bei den Kassen- und Geschäftsrevisionen, namentlich am Jahresschlusse wesentlich ankommt."

Die Geschäftsanweisung ist in zahlreichen Aufsätzen der Genossenschaftsblätter von Schulze und Anderen besprochen. Sie ist vom Anwalt Schenck nach den Bestimmungen des neuen Genossenschaftsgesetzes revidirt und von ihm in Sonderabdruck zu beziehen.

Dr. Glackemeyer weiß von der Empfehlung der Geschäftsanweisung nichts; er kennt weder die Verhandlungen der Genossenschaftstage noch die Aufsätze in den Genossenschaftsblättern vor 1880. Er ist ein Gegner aller Instruktionen und erklärte schon 1890 die Probeinstruktionen („sogenannte Musterinstruktionen") für „absolut unbrauchbar," ohne es zu begründen. Im Mai 1891 schrieb er einen geharnischten Aufsatz gegen die Instruktionen für Vorstand*) und Aufsichtsrath und führte aus Instruktionen ungenannter

---

*) Probeinstruktionen für den Vorstand waren 1880 vom mittelrheinischen Verband und von der Gewerbebank in Gotha veröffentlicht. Schulze wurde vom Genossenschaftstag zu Altona aufgefordert, sie einer Ueberarbeitung zu unterziehen. Er besprach diese Instruktionen in den Blättern für Genossenschaftswesen 1881, Nr. 21 und 22 und beantragte auf dem allgemeinen Vereinstage zu Cassel 1881 in der Erwägung, daß bei der Verschiedenheit im Umfange und der Art der Geschäftsführung die Aufstellung einer Musterinstruktion unthunlich erscheine, einem dem Bedürfniß der weniger bankmäßig entwickelten Vereine angepaßten Entwurfe die Zustimmung zu ertheilen. Der Vereinstag beschloß indessen, den Entwurf zur Kenntnißnahme der Genossenschaften zu bringen, damit sie sich danach selbst eine Instruktion ausarbeiten. — Durch die genaueren Bestimmungen des jetzigen Genossenschaftsgesetzes mag ein Bedürfniß für eine Instruktion des Vorstandes weniger

Vereine Beispiele an, um zu beweisen, daß diese Instruktionen „von reinen Theoretikern hinter dem grünen Tisch gemacht sein müßten, kein Praktiker werde dabei zur Hülfe gerufen sein.“ Er hat keine Ahnung, daß die von ihm besonders hervorgehobenen Bestimmungen von hervorragend tüchtigen Leitern notorisch guter, großer Vereine herrühren, von Schulze-Delitzsch und den allgemeinen Vereinstagen nach sorgfältiger Prüfung gebilligt sind, und von anerkannt guten Vereinen in ihre Instruktionen aufgenommen wurden und gebraucht werden. Wie leichtfertig er seine Angriffe in die Welt schleudert, ergiebt sich ferner daraus, daß er sich besonders erhitzt über Bestimmungen, die er in Schulze-Delitzsch's Buch als dessen Rath oder als „praktischer Wink“ Sörgel's gelesen haben müßte, wenn er vor Niederschrift seiner heftigen Angriffe die Schriften des „unsterblichen Meisters“ nachzulesen für nöthig hielte.*)

Schulze-Delitzsch hatte in Uebereinstimmung mit den Geschäftsanweisungs-Entwürfen des Preußischen Verbandes und der vier süddeutschen Verbände für **nothwendig** erklärt, daß der Aufsichtsrath an der Aufnahme der **Inventur** am Jahresschluß mitwirkt und der Vereinstag in Stuttgart hatte die entsprechende Bestimmung der Geschäftsordnung ohne Widerspruch angenommen. Dr. Glackemeyer erklärte diese Mitwirkung für nicht nöthig — weil sie nicht im Genossenschaftsgesetz vorgeschrieben sei und meinte aus Unkenntniß, diese „auf einem Vereinstage ausgesprochene Ansicht,“ die „wie er sehr wohl wisse, den Vereinen lange Jahre gepredigt“ sei, beruhe auf „irrthümlicher Gesetzesauffassung“ (Credit-Verein 1890, Nr. 1 u. Nr. 6). Schließlich fand er in der Mahnung der Verbandsrevisoren

---

vorhanden sein, als früher, aber viele gut geleitete größere Vereine, wie Breslau, Insterburg, Königsberg i. Pr., Meiningen, Cassel u. s. w. besitzen gedruckte Instruktionen nicht bloß für den Aufsichtsrath, sondern auch für den Vorstand.

*) Sörgel hat in seiner vortrefflichen Anweisung für die Aufnahme der Inventur (Schulze-Delitzsch, Vorschuß- und Kreditvereine, S. 412) erklärt, daß die vorhandenen Vorschuß- und Diskont-Wechsel oder Schuldscheine inventarisirt, „einzeln verzeichnet werden müssen und zwar mit ihrer Kontrollnummer, dem Betrage, der Verfallzeit und dem Namen des Schuldners (Vorschußempfängers).“ Er widerlegt die Einwendungen, erklärt die Arbeit für unbedingt erforderlich zu einer „exakten Inventur“ und begegnet „den letzten Bedenklichkeiten über die Möglichkeit,“ durch die Mittheilung, daß er die Inventur in der Genossenschaftsbank viermal im Jahre an einem Tage aufnehme, und daß, wie er genau wisse, in mehreren größeren Vereinen mit sehr großem Wechselvorrath ebenso verfahren werde. Dr. Glackemeyer, der nach Sörgel noch niemals eine exakte Inventur gemacht haben kann, schreibt flottweg: „Wozu die nutzlose Arbeit am Jahresschlusse, ganz abgesehen davon, daß sie in Vereinen von einiger Größe gar nicht durchführbar ist.“ Thorwart theilt in dem Aufsatz: „Die Revisionsthätigkeit des Aufsichtsrathes bei den Vorschußvereinen“ (Bl. f. G. 1892 Nr. 52) mit, was in der Frankfurter Kommandite am halben Vormittag des 1. Januar der Aufsichtsrath mit 4000 Wechseln vornimmt. Der in Schulze's Buche enthaltene Ausspruch, daß wenn die Inventarisirung der Bestände und Vergleichung mit den Listen und Kontrollen an demselben Tage nicht zu beenden sei, dieselben an dem nächsten Tage fortzusetzen, bis dahin aber Alles unter sicherm Verschluß zu nehmen sei u. s. w., ist wörtlich der in Wiesbaden (1877) angenommenen Instruktion entlehnt. Gegen diese Bestimmung hatte keiner der zahlreichen Direktoren größerer Vereine, die anwesend waren, etwas erinnert. Dr. Glackemeyer aber behauptet, daß „so etwas nur ein Theoretiker, ein Mann bestimmen könne, der **nie eine Inventur** mitgemacht“ habe. (Siehe Schulze-Delitzsch's Vorschußvereine, S. 255 u. 396, Mittheilungen beim Stuttgarter Vereinstag, S. 28—42 u. 117—121.)

einen „Uebergriff," den sich die Vorstände nicht länger gefallen lassen dürfen! *)

g) Generalversammlung. Welchen Werth Schulze-Delitzsch auf die Generalversammlungen legte, durch die er auch die in wirthschaftlicher und sittlicher Hinsicht so wichtige Erziehung unserer wenig bemittelten Gewerbtreibenden zur Selbsthilfe fördern wollte, ist in Schulze's Buch (Vorschußvereine als Volksbanken, S. 110—118) zu lesen. Schulze sicherte in seinem Musterstatut der Generalversammlung die Beschlußfassung in wichtigen Angelegenheiten. Dr. Glackemeyer ist natürlich entgegengesetzter Meinung. Er trat gerade solchen Kompetenzen der Generalversammlung am entschiedensten entgegen, die für Schulze-Delitzsch von grundsätzlicher Bedeutung waren. Beispiele:

aa) Ausschluß von Mitgliedern ist nach Schulze's Buch nur durch die Generalversammlung zuzulassen. „Solche delikaten Sachen gehören" nach Glackemeyer „nicht vor die große Oeffentlichkeit"; er erwähnt weder Schulze's Gründe, noch versucht er sie zu widerlegen (Credit-Verein 1893, Dezember).

bb) Daß nach den vom allgemeinen Vereinstage zu Stuttgart auf Schulze's Antrag gefaßten Beschlüsse die Geschäftsinstruktion des Aufsichtsrathes von der Generalversammlung zu genehmigen ist, wurde bereits oben erwähnt. Schulze-Delitzsch hat in einem Aufsatze mit der Ueberschrift „Bedarf die Instruktion für den Aufsichtsrath der Genehmigung der Generalversammlung?" (Blätter für Genossenschaftswesen 1880, Nr. 43) die Nothwendigkeit dieses Verfahrens nachgewiesen. Dr. Glackemeyer aber erklärt es für „total verkehrt" — wer nur kurze Zeit in der Praxis gestanden hat, „der weiß positiv, daß alle diese Dinge nicht vor die Generalversammlung gehören" (Credit-Verein 1890, Nr. 4).

cc) Die Wahl des Aufsichtsrathes muß nach dem Gesetze durch die Generalversammlung erfolgen. Dies kann gar nicht anders sein, da der Aufsichtsrath bestimmt ist, die Gesammtheit der Genossenschafter, wie sie in der Generalversammlung organisirt ist, dem Vorstand gegenüber zu vertreten und an Stelle der Generalversammlung unter deren Aufsicht die ganze Führung der Geschäfte des Vereins zu überwachen.

Aber gegen diese „Grundlehren" Schulze's machte „ein Verein vom Rhein" in einem Briefe an Dr. Glackemeyer, wie dieser berichtet, die wunderlichsten Gründe geltend und meinte, es müsse gestattet sein durch ein Statut eine andere Art Bestellung festzusetzen, — flugs stimmte Dr. Glackemeyer dem Briefschreiber, der sich bei ihm auch über eine Erinnerung eines Revisors beschwerte, mit der Bemerkung zu, daß bei einer Reform des Genossenschaftsgesetzes „dieser Punkt nicht aus dem Auge zu verlieren sei!" (Credit-Verein 1893, Juli).

dd) Schon vor dem Genossenschaftsgesetz von 1867 verlangte Schulze-Delitzsch, daß die Generalversammlung zufolge statutarischer Bestimmung von Zeit zu Zeit den **Höchstbetrag** der Schuldverpflichtungen und den Höchst-

*) „Wozu wieder dieser Uebergriff? Die Vorstände haben sich von jeher zu viel gefallen lassen, als seien sie bloße Beamte oder Untergebene anderer Herren, darum werden sie heute auch so oft nichtssagend (? soll wohl nichtachtend heißen?) behandelt." (Credit-Verein 1892, Nr. 11.) Später drückte er sich noch kräftiger über diese That der Theoretiker aus. (Credit-Verein 1892, Nr. 2; 1893, Nr. 2 u. s. w.) So wird gegen die Aufsichtsräthe und Revisoren gehetzt!

betrag der bei einem einzelnen Mitgliede ausstehenden Kredite feststelle; er forderte, unterstützt durch Beschlüsse des Vereinstags immer und immer wieder die strenge Befolgung dieser Vorschrift des Statuts. Dies hat Veranlassung zur Entstehung des § 47 des Genossenschaftsgesetzes gegeben. Da fast bei jedem Zusammenbruch eines Kreditvereins konstatirt werden konnte, daß der übermäßige Kredit, den einzelnen Mitgliedern gewährt worden war, die Schuld trug, so nahm Schulze in den Vorschlägen seiner letzten Gesetzesnovelle auf, daß der Gesellschaftsvertrag eine Bestimmung über diese Verpflichtung der Generalversammlung enthalten müsse. Seite 69 ist bereits erwähnt, daß darauf der § 47 des Genossenschaftgesetzes gegründet ist, und daß Dr. Glackemeyer gegen denselben eifert. Welchen hohen Werth Schulze-Delitzsch unter Zustimmung „der Praktiker" des allgemeinen Vereinstages auf die gewissenhafte Ausübung dieser Funktion durch die Generalversammlung legte, konnte Dr. Glackemeyer wissen, auch wenn er die Mittheilungen über die allgemeinen Vereinstage zu Gotha 1860, Mainz 1864, Quedlinburg 1867, Konstanz 1873 und die Aufsätze Schulze's und Dr. Schneider's in den Genossenschaftsblättern nicht kannte, — er konnte es wissen aus Schriften, die er besitzt, aus meinem Kommentar von 1876, aus dem von Dr. Crüger und mir herausgegebenen Kommentar von 1889, vor allem aber aus Schulze's Vorschuß- und Kreditvereine als Volksbanken, S. 217 und 366. In seinen Angriffen auf § 47 verschwieg Dr. Glackemeyer, wie der „unvergeßliche Meister Schulze-Delitzsch" dieses „Schutzmittel gegen die Solidarhaft" schätzte. Keinen einzigen von diesem dafür geltend gemachten Grund führte er an. Dagegen erklärte er, alle Praktiker seien darüber einig, daß diese nur von Theoretikern in das Gesetz gebrachte Bestimmung nicht hineingehöre; die Generalversammlung habe nicht „die nöthige Ein- und Uebersicht," die Bestimmung sinke zur bloßen Form herab und schädige die gute Sache; die Schuld am § 47 trage der Umstand, daß seit Jahren auf Vereinstagen und in den Genossenschaftsblättern, in denen keine gegentheilige Meinung zu Wort komme, die Forderung gestellt sei; auf dem Verbandstage in Lüneburg 1890, dem kein Vertreter der Anwaltschaft beiwohnte, sei man allseitig der Ansicht gewesen, daß eine Generalversammlung überhaupt nicht im Stande sei, diese Frage richtig zu beurtheilen*); die Be-

*) „Das paßt dem deutschen Volke nicht, diese Bestimmung muß aus dem Gesetze entfernt werden!" so verlangte ein Redner in Lüneburg sollten die Kreditvereine einstimmig dem Parlament in betreff des § 47 zurufen. Der Redner war der Lederfabrikant Bankier und Stadtrath Louis Wehrhahn aus Hessisch-Oldendorf, der Schwager des Senators Dr. Louis Glackemeyer. Hessisch-Oldendorf ist eine der angeblich 49 Städte in der Provinz Hessen-Nassau, die bisher noch immer keinen Kreditverein haben, obgleich Dr. Glackemeyer schon 1883 (s. oben S. 53) in der Magdeburgischen Zeitung und dann in seiner Schrift über die Kreditvereine und Darlehnskassen förmliche Anklagen erhob, daß nicht genug für Ausbreitung der Kreditvereine geschehe und jetzt Dr. Glackemeyers Freie Vereinigung, „die Gründung neuer Kreditvereine bis in die kleinste Stadt Deutschlands im Interesse von Handel und Gewerbe für durchaus nothwendig" erklärt hat. Daß dem Dr. Glackemeyer die Gründung eines Kreditvereins in seiner Heimathsstadt noch nicht gelungen ist, erscheint um so auffallender, als sein Schwager ein regelmäßiger Besucher der Niedersächsischen Verbandstage ist, dort sich lebhaft an den Debatten betheiligt und von seinem Schwager, dem Verbandsdirektor in Fragen des Großbank- und Wechselverkehrs öfter als Autorität aufgerufen wird, sich zu äußern. Daß man in der Stadt Hessisch-Oldendorf Gelegenheit hat, sich als Autorität im Bankwesen

stimmung sei undurchführbar, paßte vielleicht für Ilmenau und ähnliche Orte, sei aber für viele, viele Kreditvereine unangebracht und schädige das Genossenschaftswesen in empfindlichster Weise! (Credit-Verein 1890, Nr. 1, Nr. 4, Nr. 9; 1891, Nr. 4).

h) Guthabenbeleihung. Schulze-Delitzsch und die allgemeinen Vereinstage haben die sogenannte Guthabenbeleihung, die sich aus den Zeiten vor Erlaß der Genossenschaftsgesetze bei Vorschußvereinen eingebürgert hatte, lebhaft bekämpft. Nachdem viele Unterverbandstage sich für Abschaffung dieser „alten und bequemen Einrichtung" ausgesprochen hatten, beschloß auf Antrag Schulze's der allgemeine Vereinstag zu Neustadt a. H. 1869:

„Es wird den Vereinen dringend widerrathen, die Guthabenbeleihung einzuführen, dagegen da, wo sie besteht, mindestens allmählich abzuschaffen."

Im Laufe der Debatte sagte Schulze-Delitzsch:

„Man kann ja wohlhabenden Leuten Blankokredit gewähren, aber mit solchen Maßregeln schaffen Sie Klassen-Unterschiede, während im Gegentheile unsere Genossenschaften die Aufgabe haben, die bestehenden Klassen-Unterschiede auszugleichen oder doch zu mildern. Darum, meine Herren, geben wir keinen Blankokredit, das ist das Richtige."

Dr. Glackemeyer vertheidigt den Blankokredit als durchaus zulässig, die Praxis habe sich eben auch hier (gegenüber der Empfehlung die Guthabenbeleihung aufzuheben) stärker als die Theorie bewiesen (Credit-Verein 1889 Nr. 2), jeder Verein habe es in der Hand, nach seinem Ermessen Blankokredit zu gewähren, daß dieser bis zur Höhe der Guthaben vollständig gefahrlos sei, liege auf der Hand! (Credit-Verein 1891 Nr. 8.)

i) Geschäftsberichte. Schulze-Delitzsch hat an dem Entwurf des „Stuttgarter Schemas" mitgewirkt und dessen Annahme lebhaft befürwortet. Es ist bereits dargestellt (S. 67), wie Dr. Glackemeyer sich weder als Verbandsdirektor noch als Direktor der Credit-Bank von Hannover um diesen sorgfältigen von Schulze und einer Reihe seiner tüchtigsten Gehülfen ausgearbeiteten, von dem allgemeinen Vereinstag genehmigten Vorschlag gekümmert hat und kümmert.

Dr. Glackemeyer hat eine Reihe von Jahren den Muth gehabt, sich zu rühmen, mit sammt seinem Blatte „stets auf den **Prinzipien des unsterblichen Meisters Schulze-Delitzsch** zu stehen". Im Lichte der Wahrheit aber waren in der Regel gerade diejenigen Ansichten und Aussprüche, die er mit Spott und Hohn bekämpfte, Ansichten und Aussprüche von Schulze-Delitzsch!

auszubilden, ist überraschend, da der Geburtsort des Dr. Louis Glackemeyer noch viel weiter davon entfernt ist „Großstadt" zu sein, als das von ihm so oft angezogene Ilmenau. Nach der letzten Volkszählung hat Ilmenau über doppelt soviel Einwohner (6453) als Gifhorn (3105) und fast viermal soviel als Hessisch-Oldendorf (1688). Uebrigens ist Herr Louis Wehrhahn, wenngleich er nur genossenschaftlicher „Theoretiker" ist, da er „niemals einen Kreditverein geleitet hat", eine durchaus angenehme Persönlichkeit (er ist mir von den Verbandstagen in Hannover 1886 und Harburg 1887 bekannt) und muß ein tüchtiger Geigenspieler sein. Denn Dr. Glackemeyer schreibt in seinem Bericht über den Verbandstag zu Hameln 1889, daß Herr „Bankier Wehrhahn Hessisch-Oldendorf sich bereit finden ließ, einer herbeigeschafften Geige die göttlichsten Töne zu entlocken" und in seinem Bericht über den Verbandstag in Gifhorn 1886, Herr Wehrhahn-Oldendorf habe „wieder gezeigt, daß er nicht allein mit Wechseln, sondern auch mit Frau Musika auf gutem Fuße steht".

Nachdem nun die Freunde und Schüler Schulze's sich endlich entschlossen haben, den Dr. Glackemeyer nicht mehr todtzuschweigen, scheint es ihm doch recht unbequem zu werden, daß schon auf dem Stettiner Genossenschaftstage und jetzt wiederholt in den Blättern für Genossenschaftswesen ihm nachgesagt wird, er sei von den Lehren Schulze's abgefallen. Er verlangt — daß ihm dies nachgewiesen werde! Ich hoffe, er wird meinen Nachweis als hinreichend anerkennen. Er mag den Kreditvereinen auch ferner versichern, seine ganze genossenschaftliche Thätigkeit schütze ihn gegen den Vorwurf; — Kreditvereins-Mitglieder, die meine Darlegungen mit Aufmerksamkeit lesen, werden seiner Versicherung keinen Glauben schenken und ihn höchstens bedauern oder bemitleiden. Mit Prahlereien wie: die „Führerrolle in Kreditvereinssachen“ werde seinem Hetzblättchen nicht fehlen (Credit-Verein 1893 Nr. 4) und: „Hannover marschirt mit an der Spitze der Kreditgenossenschaften Deutschlands und die Creditbank zu Hannover an der Spitze der Credit-Vereine von Stadt und Land Hannover“ (Credit-Verein 1894 Nr. 2) wird er fernerhin Niemand mehr Sand in die Augen streuen; in der That sollte er sich deren schämen!

Achtes Kapitel.

Wie Doktor Glackemeyer Schulze-Delitzsch's Geschäftsordnung der genossenschaftlichen Festmahle bekämpft, wie er angetoastet und angedichtet wird, und wie man über ihn „in seiner Heimath denkt“.

(Ein zweites eingeschobenes Kapitel.)

Eitelkeit ist der Hampelmann;
Zieh! und er fängt zu tanzen an.

Sich selbst erkennen ist gar fein,
Doch muß auch was dahinter sein.
Hoffmann von Fallersleben.

Nachdem ich den Kampf des Dr. Glackemeyer gegen Schulze-Delitzsch's Organisation und Grundlehren dargestellt habe, will ich in einem zweiten eingeschobenen Kapitel seinen Kampf gegen Schulze-Delitzsch' Geschäftsordnung der genossenschaftlichen Festmahle und die dadurch erzielte Förderung der heimischen Dichtkunst besprechen.

Schulze-Delitzsch hat von seinem ersten Genossenschaftstage an (1859) darauf bestanden und es unter allgemeiner Zustimmung der Genossenschaften durchgesetzt, daß auf den genossenschaftlichen Festmahlen die persönlichen Toaste verboten wurden. In seiner mannhaften thatkräftigen Eigenart Feind hohlen Scheins, eitler Ehre und leeren Wortgepränges — war es ihm ein Gräuel angetoastet und angedichtet zu werden. Wer seine Lehren und Leistungen lobenswerth fand, von dem verlangte er, daß er sich aller lobenden Redensarten enthielte, aber ihm in Thaten nach besten Kräften nacheiferte. Also fort mit den Lobhudeleien! Und ich meine, verständige deutsche Männer sollten überall die aus der Zopfzeit stammende, widerliche Mode des Philisterthums abschaffen und nicht dulden, daß bei Festmahlen einer den andern antoastet. Von den Genossenschaftstagen blieben die persönlichen Toaste ausgeschlossen. Dieser gute Brauch ging auf die Festmahle aller Unterverbandstage über, und solange Schulze-Delitzsch lebte, gab es keinen Unterverband im deutschen Reiche, der persönliche Toaste duldete. Erst dem nach Schulze's Tode entstandenen Niedersächsischen Unterverbande, war es vorbehalten, im Gegensatz zu Schulze-Delitzsch bei dem alten schlechten Brauch des gegenseitigen Antoastens und Andichtens zu verbleiben — und zwar mit voller Absicht.

Der Niedersächsische Verband wurde 1884 auf dem Genossenschaftstage zu Weimar als Unterverband aufgenommen. In Weimar waren Dr. Glackemeyer als Verbandsdirektor und sein Stellvertreter Schulze-Gifhorn als Vertreter des Verbandes anwesend. Auf dem nächsten Niedersächsischen Verbandstage, also dem ersten Unterverbandstage am 11. und 12. Juli 1885 in Gifhorn erstattete Schulze-Gifhorn über den Genossenschaftstag in Weimar Bericht. Wie es in dem gedruckten Bericht des Dr. Glackemeyer heißt,

„ergänzte Schulze-Gifhorn seinen Bericht noch dahin, daß das Leben an der großen Festtafel in Weimar ihm nicht behagt habe, die Toaste seien alle abstrakter Natur gewesen und der Humor habe gefehlt. Anwalt Schenck erklärt, warum man bislang so verfahren und wünscht, daß auch der Niedersächsische Verband so verfahren möge, **dem aber nicht zugestimmt wurde.**"

Daß Dr. Glackemeyer mit diesen schlecht stylisirten Worten seines in Darstellung der Diskussion überaus mangelhaften Berichts das Ergebniß der nur gelegentlichen Erörterung konstatirte, zeigt, welchen Werth der Niedersächsische Verband, d. h. er und sein Freund Schulze-Gifhorn darauf legten, die „Geschäftsordnung" Schulze-Delitzsch's für die genossenschaftlichen Festessen zu verwerfen. Und so blieb der Niedersächsische Verband auch während der Zeit, wo er unserm allgemeinen Verbande angehörte, in der Ausnahmestellung, die seinen unzertrennlichen, stets durch Akklamation wiedergewählten Leitern Dr. Glackemeyer und Schulze-Gifhorn gestattete, sich anzutoasten und anzudichten und antoasten und andichten zu lassen. Demnach war auch Dr. Glackemeyer, seit er den Credit-Verein herausgab, in der Lage, neben Lob und Preis spendenden Zuschriften aus dem Reiche, die ihn und seine Thaten verherrlichenden Reime hannoverscher „Dichter" der Welt zu verkündigen.

Es war nicht zu vermeiden, daß seit dem Ausscheiden des Niedersächsischen Verbandes aus dem allgemeinen Verbande sich in diese Ergüsse dichterischer Begeisterung auf Dr. Glackemeyer und seine Werke auch kleine Bosheiten gegen die Leiter des großen deutschen Verbandes einschlichen. Ein hübsches Beispiel lieferte Schulze-Gifhorn bei einer im Hause des Direktor Glackemeyer am 5. Dezember 1892 veranstalteten „Einweihungsfeierlichkeit der neuen Lokalitäten"*) der Hannoverschen Kreditbank in einem „improvisirten" Trinkspruch. „Unvorbereitet, wie er sich hatte" las der alte, ehrliche Senator von Gifhorn den vorher aufgeschriebenen Trinkspruch ab; sein Freund Glackemeyer hatte also nicht nöthig, Stenographen hinzuzuziehen, als er in Nr. 1 des Credit-Vereins im Januar 1892 berichtete:

„An der Festtafel erfreute Schulze-Gifhorn durch seine bekannte Muse die fröhlichen Festgenossen. Mögen die herzlichen Worte hierdurch der Vergessenheit entrissen werden."

Nun folgte der „Improvisirte Toast", welcher beginnt:

---

*) Ein nettes Deutsch! Vgl. „der Doktortitel der Philosophie" oder „100 Stück Kinderhemden von 2 bis 14 Jahre" in Wustmann: Allerhand Sprachdummheiten Seite 212. Der Setzer.

Wird man alt und damit schwach
Dann läßt auch das Gedächtniß nach,
Drum ist es besser, rasch aufgeschrieben,
Als hinterher gar stecken geblieben.
Das hatt' ich mir auch gleich vorgenommen,
Doch bin ich erst eben dazu gekommen.

Die bekannte Muse schildert nun, was „Freund Senator" geschaffen hat, — manchmal ist sie etwas undeutlich, z. B. in den Zeilen:

„Ganz klein, so wie er's selbst gethan,
Fing einstens den Verein er an"

aber das schadet nicht. Nachher heißt es:

„Wir wissen, es war seine Kraft,
Die unbeirrte Zähigkeit,
Trotz Aerger, vielem Gift und Neid,
Die durch viel' Klippen, manches Riff,
Gezogen hat das kleine Schiff, —
Sie kennen ihn, den Mann der Feier,
Den Herrn Direktor Glackemeyer. — —
Wenn ich als alter Steuermann
Den heut'gen Tag mitfeiern kann,
So hat mich das so animirt,
Daß ich gereimt, improvisirt.
Hab' ich doch auch mit Ihm, zur Seit',
Getragen Freud' und manches Leid,
Als wir gegründet den Verband,
Weithin bekannt im Vaterland.
Mit Nadeln- und mit Wespenstich,
Mit Worten grob und widerlich
Hat man ihm oftmals zugesetzt,
Doch blieb er immer unverletzt.
Wenn auch ein „Krüger" und Freund „Schenk",
Der Welfen-Schaar uneingedenk,
Ihn griffen, wo sie konnten an,
Er blieb doch fest als ganzer Mann." ...

Diese Proben mögen genügen, den zahlreichen Freunden, die sich der alte ehrliche „Steuermann" von Hannover und Senator von Gifhorn im Deutschen Reiche erworben hat, zu zeigen, was „seine bekannte Muse" leistet*).

Die hannoversche Augustversammlung deutscher Kreditvereine und die Gründung der „Freien Vereinigung" gaben dem Dr. Glackemeyer reiche Gelegenheit, sich antoasten und andichten zu lassen. In dem sogen. „Bericht" theilt er in wörtlicher Uebereinstimmung mit Nr. 9 des Credit-Vereins (1893) über das Festessen im Börsensaale mit:

„Bald herrschte helle Fröhlichkeit bei dem schönen Mahle und viele Worte kamen und gingen zu Herzen. Immer wieder klang es durch, daß die „Freie Vereinigung der deutschen Creditgenossenschaften" endlich zu

*) Am 1. März ward das neue Lokal durch einen „solennen Kommers" eingeweiht. Im Credit-Verein (Nr. 9, 1892) ist ein dabei vorgetragenes Lied des hannoverschen Dichters Frerking mitgetheilt. Der „Dichter" schildert darin, wie Adam, der sonst nur als Stifter der ersten Genossenschaft — der Ehe mit Eva — besungen wird, den Kredit erfunden hat — ich kann nicht herauslesen wie und weshalb —, den Kredit, den Schulze-Delitzsch dann weiter „ausgesponnen."

Stande gekommen, und man feierte in **fast** überschwänglicher Weise den Anreger zu diesem Gedanken, Senator Dr. Glackemeyer."

Das Wörtchen **„fast"** kennzeichnet den Mann. Noch höher ging es in Hameln her, dort an der Festtafel in Dreyers Berggarten „folgten Rede auf Rede" und der wohlbekannte Sänger der Rattenfängerstadt, Herr Rüdiger von Hameln, „ließ seiner poetischen Ader **freien Lauf**"*). Dr. Glackemeyer bringt in seinem Bericht als „poetische Zugabe" zwei Erzeugnisse des „freien Laufs" der „poetischen Ader" des Herrn Rüdiger. Zunächst eine „poetische schöne Erinnerung an unsern unsterblichen Meister Schulze-Delitzsch"**).

Ueber den poetischen Werth dieser „schönen" Gabe kann man verschiedener Ansicht sein. Sie beginnt:

Nach zurückgelegten Stunden,
Die zur Arbeit Euch verbunden,
Kommt Ihr durch des **Dampfes Flug*****)
Gar nach Hameln zu Besuch.

Nach einem „herzlichen Willkommen!" werden die Verwüstungen des Wuchers vor Schulze in den grellsten Farben ausgemalt:

(6.) Ohne jegliches Verschulden, Nur vielleicht, weil wen'ge Gulden Den Geschäftsmann drückten schwer†), Ward des Wuch'rers Opfer er. (7.) Tausende, ja Millionen, Hin, bis in die fernsten Zonen, Wurden so durch List und Macht An den Bettelstab gebracht. (8.) Und noch Viele würden heute Der Cravattenmacher Beute, Hätte nicht mit selt'ner Kraft Wandel einst ein Mann geschafft."

Das war also Schulze-Delitzsch. Ueber dessen Verdienste durch Gründung der Kredit-Vereine werden nun sechs Strophen zusammengereimt. Der Name wird aber erst in der 15. Strophe genannt:

„Schulze-Delitzsch! — Ob das Leben
Längst den Abschied ihm gegeben,
Durch die Werke, die er schuf
Bleibt sein Name, bleibt sein Ruf", u. s. w.

Das zweite Erzeugniß des „freien Laufs" der poetischen Ader des Sängers Rüdiger von Hameln „pries die Arbeit des Senators Dr. Glackemeyer". Es ward „in goldenen Lettern gedruckt" oder, wie es zwei Seiten später heißt, „eingerahmt in goldenen Lettern", dem Gefeierten überreicht. Im Eingange des Gedichtes ist der Verdienste des unvergeßlichen Schulze-

*) „Der freie Lauf" der „poetischen Ader!" — das ist ja „Wippchen" wie er leibt und lebt. Man sollte dem Herrn Doktor wirklich rathen, Dr. Wustmanns „Allerhand Sprachdummheiten" zu studieren, damit er nicht noch schließlich dahin gelangt, Sätze zu schreiben, wie „dieses Schreckgespenst ist schon so abgedroschen, daß nur noch ein politisches Wickelkind darauf herum reiten kann" (s. Wustmann, Sprachdummheiten, Bildervermengung, S. 290). Der Setzer.

**) In einer hannoverschen Zeitung, die einen sehr wohlwollenden Bericht über die Versammlung vom 13. August 1893 brachte, war mitgetheilt, „das Bild des großen Vorkämpfers für das Genossenschaftswesen, Schulze-Delitzsch", habe sich vor dem Rednerpulte befunden. Im „Bericht" steht davon nichts.

***) Vgl. des Herrn Setzers Bemerkung S. 88 über Bildervermengung nach Wustmann's Sprachdummheiten. Die Melodie dieses Liedes ist nicht mitgetheilt. Es wird sich gut singen lassen im Ton der Lieder des edlen Schartenmeier.

†) Daß den Geschäftsmann nicht Schulden, sondern Gulden schwer drücken, ist nicht recht glaubhaft.

Delitzsch um die Vorschuß- und Kreditvereine rühmend gedacht, dann wird fortgefahren:

„Doch Jünger auch hatte der große Mann,
Die schlossen sich treu und wacker ihm an,
Und was er erstrebt, was hoch Jeder schätzt,
Das haben sie rühmend fortgesetzt,
Erweitert haben sie die Ideen,
Vergrößert, was durch den Meister gescheh'n . . .

Auch im Hannoverland seien in langen Reih'n Vorschuß- und Kreditvereine entstanden, — aber Manches wäre doch nicht richtig gemacht. Da trat Dr. Glackemeyer an:

„Ein Mann mit offenem Kopf und Blick
Erkannte dieses Mißgeschick . . .
Er gründete mit Geist und Hand
Den „Niedersächsischen Verband",
Wodurch, was vorher nie gescheh'n
Erstand ein Austausch der Ideen" u. s. w.

Dr. Glackemeyer, von dem der Dichter anzunehmen scheint, daß er der erste Erfinder von Kreditgenossenschafts-Verbänden sei, wird dann als der „wahre Volksmann" gepriesen.

Damit die Poeten von Hannover nicht neidisch auf den Dichter der Rattenfängerstadt seien, theilt Dr. Glackemeyer zum Schluß seines „Berichts" noch die Dichtungen mit, die der Versammlung von Poeten der Stadt Hannover gewidmet wurden und „wohl werth sind, daß dieselben für immer den Genossenschaften erhalten bleiben." Ob diese Reimereien oder die von Hameln den Vorzug verdienen, will ich nicht entscheiden. Am absonderlichsten ist das Lied von R., nach der Weise „Crambambuli das ist der Titel" zu singen, in welchem enthüllt wird, daß Schulze-Delitzsch aus purer Langeweile die Kreditvereine erfunden habe. Es heißt darin:

Ach ja, den Kranken und Gesunden
Ist Vorschußnehmen eine Lust, vallera;
Ein Schulze hat dies einst erfunden,
Als er nichts Bess'res grad' gewußt, vallera,
Wie herrlich die Erfindung war,
Das wurde mit der Zeit erst klar
Ja mit der Zeit erst klar.

Daß Dr. Glackemeyer solche Reimereien als werthvoll für die Genossenschaften des deutschen Reiches veröffentlicht, mag man für eine Geschmacksverirrung halten, — über Geschmäcker ist nicht zu streiten. Aber ihm ungerügt durchgehen lassen kann ich nicht, daß er des Dichters Rüdigers Toast als Reklame für sich auszubeuten versucht. Er schreibt im „Bericht:"

„Das Gedicht zeigt, daß in weiten Kreisen das Vorgehen Glackemeyers als richtig anerkannt wird, und **er dabei stets auf den Principien unseres unsterblichen Meisters Schulze-Delitzsch steht.**"*)

Und zwei Seiten weiter ist zu lesen:

„Das Gedicht findet lediglich deshalb hier Aufnahme, um den Genossen in Deutschland zu zeigen, wie man über Glackemeyer und seinen Charakter in seiner Heimath denkt" u. s. w.

Also Rüdigers Gedicht soll einen vollgültigen Beweis dafür abgeben, 1. daß Dr. Glackemeyer ein treuer Jünger von Schulze-Delitzsch ist, 2. daß

---

*) Auch im Bericht fett gedruckt.

Dr. Glackemeyer als wahrer Volksmann in seiner Heimath anerkannt ist. Wie Dr. Glackemeyer zu Schulze-Delitzsch steht, wie von ihm neben allen wesentlichen Einrichtungen der Organisation auch die Grundlehren Schulze's mit leidenschaftlichem Eifer bekämpft werden, ist schon ausführlich dargethan. Ganz unklar aber ist es, wenn Dr. Glackemeyer meint, daß Rüdiger von Hameln mit seinem Gedicht ihm bezeuge, was die öffentliche Meinung seiner Heimath über ihn sagt. Hameln ist doch nicht seine Heimath. Wenn ich recht berichtet bin, ist, wie bereits erwähnt, Hessisch-Oldendorf im Kreise Rinteln, Regierungsbezirk Cassel seine Vaterstadt. Es mag sein, daß er die Stadt Hannover oder die Provinz Hannover für seine Heimath ansieht. Aber auch dann ist es nicht zu begreifen, daß Rüdigers von Hameln Reimerei die öffentliche Meinung von Hannover vertreten soll.

Dr. Glackemeyers Prahlerei mit dem Ansehen, das er genieße, klingt verdächtig. In derselben Nr. 9 des Credit-Vereins (1893 Septbr.), und auf derselben Seite, auf der er der „**fast** überschwänglichen" Weise, in der er auf dem Festessen der August-Versammlung gefeiert sei, Erwähnung thut, greift er den Stadtrath Haase von Gera, der auf dem Thüringer Verbandstage sich gegen Glackemeyers Verhetzung der Vorstands- und Aufsichtsrathsmitglieder ausgesprochen hatte, folgendermaßen an:

„In Hannover hält man unbedingt darauf, daß den Worten eines Stadtraths (Senator) der **öffentliche Glaube beiwohnt**. Dasselbe wird doch auch in Gera der Fall sein. So hätte schon die amtliche Stellung des Herrn Haase in Gera ein Schutz gegen unwahre Behauptungen für uns sein müssen. Herr Senator Dr. Glackemeyer erwartet darum von seinem Collegen Herrn Stadtrath Haase-Gera die Rücknahme seiner Behauptung oder den Nachweis, wo derselbe solche „„Verhetzung"" betrieben."

Aussprüche, die sich als „Verhetzung" der Vorstands- und Aufsichtsrathsmitglieder bezeichnen lassen, sind schon angeführt. Was nun aber den **öffentlichen Glauben** betrifft, der in Hannover den **Worten eines Senators unbedingt beizuwohnen** hat, so waren darüber in Hannover gerade in Betreff des Dr. Glackemeyer die Meinungen, früher wenigstens, recht getheilt. Anfang Februar 1889 beschäftigte sich der „Hannoversche Courier" gelegentlich eines kommunalen Streites mit der Person des Senators Dr. Glackemeyer. Das Blatt schrieb in der mir vorliegenden Nummer vom 2. Februar 1889 über ihn wörtlich:

„Es gehört zu den **besonderen Eigenthümlichkeiten** dieses Herrn, so oft er an Erörterungen Theil nimmt, dieselben aus dem rein sachlichen **in das persönliche Gebiet herüberzuspielen**. Die Klage ist innerhalb der Bürgerschaft **allgemein**, daß er eine sachliche Erörterung ungemein erschwert, wobei der Umstand noch in's Gewicht fällt, daß er seinen Opponenten **das Wort im Munde herumdreht.**"

Der Hannoversche Courier war damals und ist noch heute das Hauptorgan der nationalliberalen Partei in Stadt und Provinz Hannover.*) Zu dieser Partei bekannte sich und bekennt sich trotz mancher Wandelungen in

---

*) Der Hannoversche Courier ist nach einer Bekanntmachung des Central-Handelsregisters neben dem Credit-Verein genossenschaftliches Blatt für die öffentlichen Bekanntmachungen der im December 1893 in das Genossenschaftsregister als Genossenschaft mit beschränkter Haftpflicht eingetragene Hannoversche Centralkasse (Vorsitzender Dr. Glackemeyer) und nach dem Statut auch eins der Blätter für die Bekanntmachungen der Creditbank.

einzelnen Fragen,*) noch heute Senator Dr. Glackemeyer. Veranlassung zu jenem Ausspruch gab ein Bericht des Senators Dr. Glackemeyer über eine Audienz beim Oberpräsidenten von Bennigsen. Der Hannoversche Courier theilte mit, der Vorsitzende des nationalliberalen Wahlvereins Oberlehrer Dr. Ehrenholz habe bestätigt, daß dieser Bericht des Senators Dr. Glackemeyer sich **als der Wahrheit widersprechend** erwiesen habe. Das Schlußwort des Hannoverschen Couriers lautete:

„Mit solchen Mitteln kämpft Herr Senator Glackemeyer, der allzeit wahrheitsliebende.“

So wenig öffentlichen Glauben besaß vor 5 Jahren der Senator Dr. Glackemeyer bei dem Hauptorgan und bei dem Wahlvereins-Vorsitzenden seiner **eigenen politischen Partei** und er wird schwerlich behaupten wollen, daß er bei den übrigen politischen Parteien der Stadt Hannover, bei Socialdemokraten, Welfen, Freisinnigen **mehr öffentlichen Glauben** besessen habe. Sollte es seit 1889 anders geworden sein, sollte sich die öffentliche Meinung in Hannover über die Wahrheitsliebe des Senator Dr. Glackemeyer zu seinen Gunsten gewandelt haben, so hat er nach der Rechtsregel, daß Veränderungen nicht vermuthet werden, den Beweis dafür beizubringen. Die Reime. die der Dichter Rüdiger zu Hameln zu seinem Lobe schmiedete, sind kein Beweis!

Neuntes Kapitel.

Von Doktor Glackemeyer's Kampfesweise.

Andere anzuschwärzen bist du so frei,
Und wirst doch selber nicht weißer dabei.
Hoffmann von Fallersleben.

Die **Kampfesweise des** Dr. Glackemeyer ist anschaulich auf dem vorjährigen Schlesischen Unterverbandstage zu Reichenbach im Juni 1893**) und dann auch auf dem Stettiner Genossenschaftstage vom Verbandsdirektor Morgenstern-Breslau geschildert. Morgenstern kennzeichnete aus Anlaß der Versuche den Allgemeinen Verband zu sprengen, die verschiedenen

*) Senator Dr. Glackemeyer, „ein bekannter Nationalliberaler Hannovers“, wie die Kreuzzeitung ihn nannte, hielt am 29. December 1893 in einer Versammlung des „Vereins der Kaufleute der Provinz Hannover und der umliegenden Länder“ einen Vortrag, worin er die schwere Nothlage des Mittelstandes als eine Folge der „verkehrten Freiheiten“ bezeichnete, die „der Liberalismus in unsere Gesetzgebung hineingetragen“ habe. Er befürwortete die zünftlerischen Forderungen (Beschränkung der Freizügigkeit, der Gewerbefreiheit, des Hausirhandels, der Konsumvereine; Einführung des Arbeitsbuchs der Gesellen, Befähigungsnachweis der Meister u. s. w.) und räumte auf die Bemerkung eines zünftlerischen Handwerksmeisters, er habe vor 10 Jahren ganz anders gesprochen, dies ohne Weiteres ein.

**) Dr. Glackemeyer widmete den Verhandlungen in Reichenbach in Nr. 1 des Credit-Vereins 1894 eine eingehende Besprechung. Freilich brachte er wenig von dem, was Morgenstern und Dr. Crüger gesagt haben, dagegen klaubte er was irgend einer der Kreditvereins-Vertreter Tadelndes sagte, sorgsam heraus, stellte es in hellste Beleuchtung und behauptete schließlich, daß die Annahme des gegen die Bestrebungen auf Sprengung des Verbandes durch Trennung der einzelnen Genossenschaftsgattungen gerichteten Antrages des Verbandsdirektors künstlich durchgedrückt sei.

Aufgaben der Kreditvereine und der Konsumvereine und ging sodann auf die Entstehung der besonderen Verbände der Konsumvereine über:

„Der in Schlesien 1862 gegründete Verband Schlesischer Genossenschaften, bildete einen Sammelpunkt für alle Arten Genossenschaften, Kreditvereine, Konsumvereine, Rohstoffgenossenschaften. Sieben Jahr später hatten die Konsumvereine einen eigenen Verband gegründet und sich von uns getrennt. Wir haben uns darüber gefreut, daß die Konsumvereine sich kräftig genug gefühlt haben auf eigenen Füßen zu stehen und ihre eigenen Aufgaben selbstständig zu verfolgen. Wir haben sie mit unsern besten Wünschen begleitet . . Im ganzen deutschen Reiche ist die Entwickelung die gleiche gewesen . . Wir haben innerhalb des allgemeinen Verbandes neun Konsumvereinsverbände*) und es giebt nur noch einen kleinen Konsumverein, der einem Unterverbande von Kreditgenossenschaften angehört. Ueberall sonst haben die Konsumvereine sich von den Kreditvereinen getrennt. Aber neben den besonderen Aufgaben der verschiedenen Gattungen der Genossenschaften, sind sie vereinigt durch gemeinsame Interessen. Alle Arten Genossenschaften sind erwachsen auf demselben Boden, auf dem stolzen Boden der Selbsthilfe, der Selbstverantwortlichkeit. Sie unterstehen demselben Gesetze, dem Genossenschaftsgesetz . . Um die gemeinsamen Interessen in Eintracht und mit Energie vertreten zu können, dazu ist der allgemeine Verband nothwendig . . Die neun Verbände von Konsumvereinen*) gehören diesem

*) Die neun Konsumvereinsverbände nach ihrem Alter geordnet, enthalten nach den „Mittheilungen über die Stettiner Genossenschaftstage" 1893 zusammen 395 Genossenschaften, darunter 377 Konsumvereine:

1. 1865. Verband der Konsumvereine der Provinz Brandenburg und der angrenzenden Provinzen und Staaten, 28 K.-V. Verbandsdirektor seit 1885 A. Krüger in Berlin, Geschäftsführer des Konsumvereins Biene das.

2. 1867. Verband der Konsumvereine der Provinz Sachsen und der angrenzenden Provinzen und Staaten, 133 V. (124 Konsumvereine, 4 Rohstoff-, 3 Produktiv-, 1 Magazin-, 1 Bau-Genossenschaft). Verbandsdirektor seit 1868 Kaufmann G. Oppermann zu Magdeburg, Vorsitzender des Aufsichtsrathes des neuen Konsumvereins das. e. G. m. b. H.

3. 1869. Verband Schlesischer Konsumvereine, 13 K.-V. Verbandsdirektor seit 1882 Kaufmann J. Kringel zu Breslau, Vorstandsmitglied des Breslauer Konsumvereins.

4. 1871. Verband der Konsumvereine der Lausitz, 26 K.-V. Verbandsdirektor seit 1892 Stadtrath Knorr zu Sommerfeld, Direktor des Konsumvereins e. G. m. u. H. daselbst.

5. 1872 (in Sonderstellung schon seit 1869). Verband Sächsischer Konsumvereine, 44 K.-V. Verbandsdirektor seit 1892 M. Hoppe zu Dresden, Kassirer des Konsumvereins Vorwärts das. e. G. m. b. H.

6. 1872 (in Sonderstellung schon seit 1867). Verband Süddeutscher Konsumvereine, 44 K.-V. Verbandsdirektor seit 1892 Konrad Barth in München, bürgerlicher Magistratsrath das., Vorsitzender des Aufsichtsrathes des Konsumvereins München und der Baugenossenschaft Arbeiterheim.

7. 1872. Verband Rheinisch-Westfälischer Konsumvereine, 22 K.-V. Verbandsdirektor seit 1879 Handelskammerpräsident Fabrikant August Nölle in Lüdenscheid, Direktor des Konsumvereins das. e. G. m. b. H.

8. 1877. Verband Thüringer Konsumvereine, 57 G. (53 Konsumvereine, 1 Rohstoff-, 1 Produktiv-Genossenschaft, 1 Wohnungsverein, 1 Weideverein). Verbandsdirektor seit 1890 Eisenbahn-Betriebs-Kontroleur E. Nier in Meiningen, Direktor des Konsumvereins das. e. G. m. b. H.

9. 1888. Verband Nordwestdeutscher Konsumvereine. 30 G. (25 Konsumvereine, 1 Rohstoff-, 2 Produktiv-, 1 Magazin-, 1 Bau-Genossenschaft). Verbandsdirektor seit 1888 J. Heins Lehrer zu Bremen, Vorstandsmitglied des Bremer Konsumvereins, Aktiengesellschaft.

Zum allgemeinen Verbande, aber zu keinem Unterverbande gehörten außerdem noch 8 Konsumvereine.

an und berathen auf dem allgemeinen Genossenschaftstage mit uns gemeinschaftlich, aber die Trennung ist auch auf diesen Genossenschaftstagen in der Weise durchgeführt, daß die Konsumvereine nicht abstimmen in Fragen der Kreditvereine und umgekehrt. Alle haben sie eine Stimme in Fragen, welche allen Arten der Genossenschaften gemeinsam sind."

Morgenstern besprach nun die Aufnahme des Niedersächsischen Verbandes in den allgemeinen Verband und seines Direktors in den engeren Ausschuß. Vom ersten Tage an stellte sich Dr. Glackemeyer in Gegensatz zu allen übrigen Organen. Bei aller „Hochachtung vor seinem Eifer in Verfolgung genossenschaftlicher Fragen und vor der Gewandtheit und Geschicklichkeit in Vertretung seiner Ansichten" müsse man doch behaupten, daß er eine völlig fremde Methode in die Debatten hineingetragen; es habe ihm von Anfang an das Gefühl gefehlt, ein Glied zu sein eines großen Ganzen und der Pflicht sich unterzuordnen der Ueberzeugung der Mehrheit. Endlich sei er mit seinem Verbande ausgeschieden und könne in demselben alles ausführen, was er im allgemeinen Verbande nicht ausführen konnte. Aber das genüge ihm nicht. In seinem „Kredit-Verein" ist

„nirgend und niemals ein Wort des Tadels zu finden über irgend einen Verein des Niedersächsischen Verbandes; in seinem Verbande ist alles in der denkbar vollkommensten Weise geordnet. Im Gegensatz dazu scheint er es als seine Lebensaufgabe zu betrachten, nachdem er sich von uns getrennt hat, nicht Verbesserung und Vervollkommnung im neuen Verbande einzuführen, sondern nur über uns herzufallen in der ungerechtesten gehässigsten Weise, alle Einrichtungen in unserm Verbande, die seit einem Menschenalter sich bewährt haben, alle Personen, die irgend welchen Einfluß in unserm Verbande ausüben, in der heftigsten Weise anzugreifen, ich möchte fast sagen vergiftete Pfeile abzuschießen gegen alles, was unsern allgemeinen Genossenschaftsverband betrifft. . . . In unserm allgemeinen Verbande ist durchaus nicht Alles so vollkommen, wie es sein könnte . . Aber darin liegt doch ein großer Unterschied, ob man in dem Bewußtsein, Verbesserungen sind nöthig, nun innerhalb des Rahmens in sachgemäßer Weise für Verbesserungen eintritt, oder ob man von außen und zwar nicht in sachlicher Weise, sondern mit persönlicher Kritik Aenderungen, ich möchte fast sagen, gewaltsam herbeizuführen sucht. Das ist die Grenze, welche uns von einander trennt, das ist der Punkt, wo das Tischtuch zwischen uns zu zerschneiden ist, wo die sachliche Kritik aufhört und die persönliche Gereiztheit anfängt."

Auf Dr. Glackemeyers Methode des Kampfes, die von Morgenstern gelegentlich auch als „nicht schön und nicht vornehm" bezeichnet ist, will ich näher eingehen. Sie war von Anfang an nicht schön, sie hat sich aber seit Begründung des Credit-Vereins immer häßlicher und weniger vornehm, ja unedel und niedrig entwickelt. Im Allgemeinen ist zu sagen: er kümmert sich, wie grundsätzlich, nicht um die Entwickelung die das Genossenschaftswesen vor seiner eigenen Thätigkeit genommen hat; er stellt alles, was sich im Laufe der Jahrzehnte, schon zu Schulze-Delitzsch's Lebzeiten und unter seiner unermüdlichen Mitwirkung nach den auf Vereinstagen und Verbandstagen regelmäßig ausgetauschten Erfahrungen der Vereinsleiter als nützlich und gut herausgestellt hat, aber ihm nicht ansteht, als Erfindungen der Theoretiker, des grünen Tischs hin. Dem Theoretiker stellt er als Praktiker jeden Leiter auch des unbedeutendsten Kreditvereins gegenüber, der an seinen schlechten Einrichtungen festhalten möchte; die Unkenntniß und Unwissenheit dieses, vielleicht vom besten Willen beseelten Praktikers preist er als Weisheit, er hält ihn ab, sich zu unterrichten und verdächtigt ihm die Schüler und Freunde Schulze's, die berufenen und gewählten Vertreter der Gedanken und Grundsätze desselben. Von einem Streben, der Wahrheit zu dienen, ist bei

Dr. Glackemeyer nichts zu merken. Die Mittheilungen über frühere Vereinstagsverhandlungen, die früheren Jahrgänge der Jahresberichte Schulze's und seine Blätter für Genossenschaftswesen kümmern ihn nicht, dagegen stöbert er aus Aufsätzen und Schriften, die oft nicht einmal für die Oeffentlichkeit bestimmt sind, Sätze und Sätzchen als Aussprüche von Revisoren, Verbandsdirektoren, Anwaltschaftsvertretern auf, wenn sie ihm geeignet scheinen, sie als unrichtig oder verkehrt in scharfen Worten hinzustellen, öfters unter unrichtiger Wiedergabe; häufig wirft er einzelne Sätze mit der Geschwindigkeit eines Gauklers so lange hin und her, bis sie schließlich das Gegentheil von dem bedeuten sollen,*) was der gesunde Menschenverstand darunter versteht. Oft klammert er sich an einen Ausdruck, der unbeholfen oder unkorrekt wiedergegeben ist und macht den, der ihn gebraucht haben soll, schlecht, um hinterher zu erklären, daß er sachlich derselben Meinung sei. Ungenauen Versammlungsberichten gegenüber stellt er sich an, als ob jedes Wort so gesprochen sein müßte, wie im Bericht steht, gleichviel ob jeder, dem die Person und die Sache nicht fremd ist, sofort den Fehler des Berichtes erkennt.

Verdächtigungen und Beleidigungen richtet er gegen Jeden, der anderer Meinung ist, wie er. Mit den Thatsachen springt er so willkürlich um, daß in vielen Fällen es Niemand glauben will, daß er nur leichtfertig und nicht wider besseres Wissen Unwahres verbreitet. Und wenn er auf einer Unwahrheit, die er nur wider besseres Wissen gesagt haben kann, ertappt wird, so hat er die Stirn, die Unwahrheit mit höhnischen Redensarten zu wiederholen — ohne zu erröthen (s. unten die dritte Berichtigung Morgenstern's).

Bei seinen Angriffen gegen Jedermann, der anderer Ansicht ist, wie er selbst, mit Ausnahme des „unsterblichen Meisters Schulze-Delitzsch", sind drei Perioden zu unterscheiden. So lange er noch Unterverbandsdirektor war, hielt er in seinen scharfen Ausfällen in der Regel noch gewisse Anstandsregeln aufrecht. Seine Angriffe auf die in unserer Organisation thätigen Personen beschränkten sich im Ganzen**) darauf, sie für unpraktische, unwissende, thörichte Leute, — für Theoretiker, die nichts vom Leben verstünden, „keine Ahnung von den Anforderungen der Praxis" haben, für „reine Theoretiker", für „theoretische Juristen vom grünen Tisch" zu erklären. Auch traten die Angriffe meistens insofern nicht offen hervor, als keine Namen genannt wurden, häßliche Motive wurden nur selten den Angegriffenen untergeschoben. Allmählich änderte sich dies und ging der Credit-Verein zu einer schärferen Tonart über. Schon von Beginn des Jahres 1891 fängt es an, nun nennt er die „Theoretiker" öfter bei Namen, spricht von ihrer „Zungenfertigkeit" und bezeichnet Einzelne als „von uns bezahlt". Aber erst vom Austritt des Verbandes im Juni 1891 an ist das System fertig entwickelt. Jetzt geht es an die Verdächtigung der Motive; einer Reihe Personen, die anderer Ansicht sind als er, sagt Dr. Glackemeyer ohne Scheu nach, daß sie gegen ihn „um's liebe Brod kämpfen!" sogar Personen, die lediglich in dem Bestreben, dem Volkswohl zu dienen, seit langen Jahren, ohne sich dessen zu rühmen, für das Genossenschaftswesen arbeiteten, unter Verzicht auf Entschädigung irgend welcher Art. Noch wilder und roher wird

---

*) Seinen Opponenten „das Wort im Munde herumzudrehen" verstände er, sagt man in der Bürgerschaft von Hannover (s. oben S. 92).

**) Mich ausgenommen (siehe unten).

der Ton, seitdem der Genossenschaftstag zu Stettin sich mit ihm und seinen gegen den allgemeinen Verband gerichteten Agitationen beschäftigt hat und er nicht mehr „vornehm ignorirt" wird. Ich werde dies mit Beispielen belegen.

Was nun zunächst Dr. Glackemeyer's stete Redensarten von dem Gegensatz zwischen Theorie und Praxis anlangt, Redensarten, gegen die Schulze-Delitzsch sich wiederholt sehr entschieden ausgesprochen hat, so ist es schwer, zu ergründen, wie Dr. Glackemeyer eigentlich in seinen Schmähungen auf die Theoretiker und seinen Lobreden auf die Praktiker beide Klassen von Genossenschaftsmännern unterschied. Es war möglich, daß er nur diejenigen als Praktiker ansah, die zur Zeit Vorstandsmitglieder eines Kreditvereins sind,*) oder daß er auch die derzeitigen Aufsichtsrathsmitglieder dazu rechnete; vielleicht rechnete er auch nur diejenigen Vorstandsmitglieder zu den Praktikern, die diese Beschäftigung zu ihrem Lebensberuf gemacht hatten, die daraus ganz oder zum großen Theile ihren Lebensunterhalt zogen. Die noch näherliegende Vermuthung, daß er unter den Praktikern nur solche Personen verstände, die das Bankfach kaufmännisch, gleichviel ob in einer Bank oder in einem Vorschußverein, einer Volksbank gelernt hätten, mußte ausgeschlossen bleiben, da er selbst als gelernter Volksschullehrer und sein Freund Schulze-Gifhorn als gelernter Buchdrucker ihre „Praxis" gleich als Direktoren von ihnen selbst begründeter Kreditvereine begonnen hatten, und da er die persönlich haftenden Gesellschafter der deutschen Genossenschaftsbank von Sörgel, Parrisius u. Co. Kommandite Frankfurt a/M., Meißner und Thorwart als Theoretiker behandelte,**) und zu den „unberufenen Rathgebern" der Kreditvereine zählte.***)

Einen näheren Aufschluß über seine Unterscheidungsmerkmale zwischen Theoretiker und Praktiker gab erst dieselbe Nr. 7 des Credit-Vereins 1891,

*) Hierfür schien mir zu sprechen, daß er auf dem Genossenschaftstage zu Erfurt 31. August 1888 von mir sagte, ich sei Theoretiker, der die Sache vom grünen Tisch aus betrachte, und nicht an der Spitze einer Genossenschaft stehe. Der Anwalt Schenck ließ mich dort nicht als Theoretiker gelten, und erwähnte, daß ich auch Leiter eines Vorschußvereins und Verbandsdirektor gewesen sei. Dr. Glackemeyer behauptet aber — wider besseres Wissen, da er noch dazu im Gabow'schen Genossenschaftskalender aus einem Lebenslauf das Gegentheil ersah, wiederholt, daß ich niemals Vorstandsmitglied eines Kreditvereins gewesen sei.

**) Er ignorirte dabei, daß Thorwart, den er als völlig unberufenen genossenschaftlichen Rathgeber mehrmals mit Schmähworten traktirte, zur Zeit, als Dr. Glackemeyer noch als Institutsvorsteher junge Leute zu irgend welchen Prüfungen drillte oder einpaukte, den Genossenschaftstag zu Bremen 1874 als Direktor einer eingetragenen Genossenschaft besuchte, und daß schon früheren Genossenschaftstagen (1866 bis 1869) Meißner als Nachfolger seines Lehrherrn Sörgel in Leitung eines der ältesten und hochangesehenen Volksbanken Deutschlands (Eisleben) beiwohnte.

***) „Herr Meißner möchte nicht gern Theoretiker sein, wie es all den Herren unangenehm ist, auf diese graue Eigenschaft hingewiesen zu werden, ihm soll man glauben, daß er Verständniß für die Bedürfnisse der Kreditvereine habe" (Credit-Verein November 1891 Nr. 1). Ueber Thorwart als „unberufenen Rathgeber" der Kredit-Vereine, der keine Ahnung von dem Geschäftsgange eines einigermaßen entwickelten Kreditvereins habe, dessen Rathschläge jeder Vereinsvorstand mit Entrüstung zurückweisen sollte, und was der Kraftausdrücke mehr sind, fällt er Seiten lang her, weil dieser Rathschläge giebt, die, wie er selbst erwähnt, nicht neu sind, sondern schon von Sörgel ausführlich dargelegt, von Schulze bestätigt sind und in manchem größeren Verein seit Jahrzehnten geübt werden (Credit-Verein 1893 Nr. 4).

in welcher die Lostrennung des Niedersächsischen Verbandes vom allgemeinen Verbande gemeldet wurde. Er sprach von den einigen wenigen Herren, die im engeren Ausschuß das große Wort führten,

„und diese sind fast nur Männer der Theorie, die keinen Verein geleitet, die von dem Leben in den Vereinen sozusagen keine blasse Ahnung haben. Die Herren sind sozusagen auf Lebenszeit gewählt,*) sie besitzen eine große Zungenfertigkeit und das Plenum hörte von ihnen seit Jahren immer wieder und wieder dieselben Glaubenssätze und glaubte unvermerkt selbst an diese Sätze. So kann es nicht Wunder nehmen, wenn die Herren lange Zeit eine förmlich dominirende Führung innehatten."

Hiernach müßte man annehmen, er wolle Jeden für einen Theoretiker erklären, der noch keinen Verein geleitet habe. Damit stimmten auch längere Zeit die Schmähartikel des „Credit-Vereins". Im Gegensatz zu den Theoretikern bemerkte er, daß „die Leiter der Vereine" sämmtlich Männer der Praxis seien. Aber auch diese Unterscheidung ließ Dr. Glackemeyer ohne Bedenken fallen, sobald es ihm nöthig schien, einen Mann, der es nur zum Aufsichtsrath gebracht und niemals im Vorstande gesessen hatte, trotzdem als Praktiker vorzustellen. In seinem Bericht über die Hannoversche Augustversammlung 1893 begleitet er die Namen der von ihm bestellten Referenten mit besonderen Empfehlungen. Von dem Referenten über die Errichtung von Zentralkassen, einem Fabrikanten, theilt er mit, daß er eine große Möbelfabrik habe, deren Ruf weit über die Grenzen Hannovers hinausgehe; von seiner genossenschaftlichen Thätigkeit aber kann er nur anführen, daß er langjähriges Mitglied des Aufsichtsrathes seiner Creditbank sei und sich in allen Theilen des Vereinslebens einzuarbeiten wußte:

„Er ist also ein Mann der Praxis im öffentlichen Geschäftsleben und **ein Mann der Praxis** auf dem Gebiete der Kreditgenossenschaften."

Hiernach wird man nicht fehlgehen, wenn man annimmt: Dr. Glackemeyer erachtet von den im Genossenschaftswesen thätigen Männern alle diejenigen für Praktiker, die ihn in seinen Bestrebungen unterstützen, gleichviel ob sie je einen Verein geleitet haben oder nicht, und alle diejenigen für Theoretiker, die er zu schmähen und zu verdächtigen ein Interesse zu haben meint. Daher kommt es denn auch, daß er um seine Behauptungen glaubhaft zu machen, nicht Anstand nimmt, Männer, von denen er wissen mußte und wußte, daß sie Kreditvereine leiten oder in früheren Jahren geleitet haben, als Theoretiker zu bezeichnen, die niemals einen Verein geleitet hätten. Daran pflegt er dann, je nachdem es ihm paßt, bei dem Einzelnen persönliche Beleidigungen und Verdächtigungen hinzuzufügen.

Um Dr. Glackemeyer auch in dieser Beziehung im vollen Lichte der Wahrheit erscheinen zu lassen, will ich Näheres aus zwei Aufsätzen mittheilen, in denen er Massenabschlachtungen an seinen Gegnern vollzieht. Die Nr. 6 des Credit-Vereins von 1892, die er jedenfalls an alle Vereine des Niedersächsischen Verbandes versandte, da sie Programm und Einladung zum 11. Hannoverschen Verbandstage enthält, zeichnet sich durch wahrheitswidrige Angriffe und wüste Prahlereien aus. In einem auf Zertrümmerung des allgemeinen Verbandes gerichteten Aufsatze mit der Ueberschrift „Widernatürliche Zusammenkoppelung" befürwortet er, daß die Kredit-

*) In allen Unterverbänden findet die Wahl des Verbandsdirektors auf ein Jahr statt. Nur Dr. Glackemeyer ließ sich auf drei Jahre wählen.

vereine und Konsumvereine für sich besondere Verbände bilden, besondere Versammlungen abhalten, je für sich einen Anwalt haben sollten u. s. w. Darin heißt es wörtlich:

„Weil ganz verschiedenartige Genossenschaften in einem Verbande zusammengekoppelt sind, ist man auch genöthigt, die Führung der Verbandssachen lauter Theoretikern zu überlassen, um eine Art Objektivität zu schaffen. Der Anwalt ist ein reiner Theoretiker, seine Gehülfen sind gleichfalls Theoretiker, der eine ein blutjunger Jurist,*) der andere ein älterer juristischer Berufsparlamentarier**) der Sekretär ein Theoretiker.***) Neben diesen drei Juristen aber sitzen im engeren Ausschuß wiederum viele Theoretiker, man findet dort einen Amtsrichter, einen Rechtsanwalt, einen Stadtsyndikus, einen Buchhändler, einen Generalagenten, einen Statistiker, zwei Fabrikanten, zwei Stadträthe, zwei Bürgermeister, einen Schuldirektor u. s. w., alles Personen, die **niemals Vorstandsmitglieder von Kreditvereinen** waren, die also über die praktische Führung und Handhabung der Kreditgeschäfte **keinerlei Verständniß** haben, die aber die Hauptwortführer auf den allgemeinen Vereinstagen sind. Und dieser theoretische Apparat verschlingt das viele Geld, jährlich über 60000 Mk., wofür er eigentlich wenig leistet. Wozu drei Juristen an der Spitze des Verbandes? Wäre nicht ein Nichtjurist besser an der Stelle, da man Rechtsbeistand und juristischen Rath sich bei jedem Rechtsanwalte holen kann? . . . Wir reden immer von Selbstverwaltung und haben in unserm Verbande das starrste bureaukratische Regiment!" —

Dr. Glackemeyer fand es nicht für nöthig, die Namen der einzelnen Verbandsdirektoren zu nennen. Freilich hätten dann manche Leser sofort erkannt, daß ein großer Theil seiner Behauptungen unwahr sei. Im engeren Ausschuß saßen damals ein Amtsrichter, Justizrath Schwanitz-Ilmenau, zwei Rechtsanwälte, Ebner-Ulm und Scholz-Wiesbaden, beide inzwischen verstorben, ein Buchhändler, Morgenstern-Breslau, ein Generalagent, Finckh-Karlsruhe, ein Statistiker, Pröbst-München, zwei Fabrikanten, Nölle-Lüdenscheid und Moras-Ruhrort, zwei unbesoldete Stadträthe (in Hannover Senatoren genannt), Wartner-Halberstadt und Hopf-Insterburg, drei Bürgermeister, Gurlitt-Husum, Nizze-Ribnitz und Strauch-Guben, ein Schuldirektor Trotter-Miltenberg. Ein Stadtsyndikus war nicht unter den Verbandsdirektoren. Der Stadtsyndikus Dr. Schulze-Greifswald, lange Jahre Direktor des Vorschußvereins zu Greifswald, war und ist Stellvertreter des Verbandsdirektors Nizze-Ribnitz.

In Nr. 4 des Credit-Vereins, Jahrg. 1893 unternahm Dr. Glackemeyer, in einem Leitartikel, überschrieben „Eigenthümliche Erscheinung", nachzuweisen, daß im Genossenschaftswesen **jeder Unberufene** glaube Rath und Anleitung ertheilen zu können. Er musterte nun die Unberufenen. Zuerst Justizrath Schwanitz-Ilmenau (siehe unten die besondere Besprechung), dann den Statistiker Pröbst-München, den er den ersten Rathgeber auf allen Allgemeinen Versammlungen nannte, „wenn er auch einen Verein niemals geleitet." Es folgten Spottworte über dessen Zungenfertigkeit und Brustton der Ueberzeugung. Vom Bürgermeister Nizze-Ribnitz sagte Dr. Glackemeyer auch, daß ihm ein Verein nie unterstellt war;

*) Der „blutjunge Jurist" Dr. Crüger ist seit 1886 Gerichtsassessor.

**) Obschon ich niemals „Gehülfe" des Anwaltes gewesen, bin ich doch hier genannt. „Berufsparlamentarier" können nur Rentner sein. Ich war von 1858 bis 1864 Kreisrichter und bin seitdem Schriftsteller. Mit dem Beruf hängt es nicht zusammen, daß ich von 1861—1866 und von 1867 bis jetzt Landtagsabgeordneter bin und von 1874—1881 und von 1881—1887 Reichstagsabgeordneter war.

***) Häntschke ist gelernter Kaufmann im Bankfache.

„von den Herren Juristen aus Berlin wollen wir ganz schweigen, wenn sie auch allesammt Theoretiker reinsten Wassers sind, sie haben das Amt, Rath zu ertheilen, und darum können sie es auch. Nun könnten wir auch noch den Buchhändler Herrn Morgenstern-Breslau, die Fabrikanten Herrn Nölle und Moras aus Westfalen, den Stadtsyndikus Schulze aus Greifswald u. A. erwähnen, doch wozu, es ist ja bekannt, daß auf den Vereinstagen fast nur die Herren Theoretiker das Wort führen. Nur die Herren Konsumvereinler machen hier und da eine Ausnahme. Herr Oppermann-Magdeburg" u. s. w.

Auf den Allgemeinen Versammlungen säßen die Männer der Praxis so schweigend da, weil sie Männer der That und nicht der Worte seien und aus Erfahrung wüßten, daß auf den Versammlungen gegen die Zungenfertigkeit der Juristen und sonstigen wissenschaftlichen Theoretiker doch nicht aufzukommen sei u. s. w. Zuletzt fällt Dr. Glackemeyer dann über den Direktor Thorwart wegen seines ausgezeichneten Aufsatzes in den Blättern für Genossenschaftswesen 1892, Nr. 53 her und widmet diesem „Unberufenen" volle $1^1/_2$ Seiten (s. oben, S. 97).

Wie steht es nun in Wahrheit mit den in den beiden Aufsätzen als Theoretiker, die „niemals Vorstandsmitglieder eines Kreditvereins" gewesen seien, angegriffenen Männern? Von den genannten Verbandsdirektoren waren und sind der Fabrikant Moras aus Ruhrort in der Rheinprovinz (nicht Westfalen), der (damalige) Stadtrath Hopf-Insterburg, der Bürgermeister Gurlitt-Husum und der Schuldirektor Trotter-Miltenberg Direktoren von Kreditvereinen, der Justizrath Schwanitz-Ilmenau, Bürgermeister Nizze-Ribnitz und Bürgermeister Strauch-Guben sowie der Anwalt Schenck und ich sind es eine Reihe von Jahren gewesen. Die andern Verbandsdirektoren Ebner-Ulm, Pröbst-München, Scholz-Wiesbaden, Morgenstern-Breslau, Finckh-Karlsruhe, Wartner-Halberstadt sind meines Wissens allerdings „niemals Vorstandsmitglieder eines Kreditvereins" gewesen, haben also nach des unfehlbaren Dr. Glackemeyer Ausspruch „keinerlei Verständniß über die praktische Führung und Handhabung der Kreditgeschäfte." Aber da sie lange Jahre Aufsichtsrathsmitglieder in großen und angesehenen Kreditvereinen waren, so läßt sich doch wohl annehmen, daß sie in ihrer Stellung als Aufsichtsrathsmitglieder und Verbandsdirektoren noch leichter „Männer der Praxis auf dem Gebiete der Kreditgenossenschaften" werden konnten, als jenes Aufsichtsrathsmitglied der Kreditbank Hannover, welcher niemals einen allgemeinen Vereinstag besucht hat;*) und seine ganze Kenntniß von der Praxis nur der Kreditbank Hannover verdankte.

Daß Dr. Glackemeyer seine unwahren Behauptungen aus unlauteren Absichten wider besseres Wissen veröffentlicht hat, läßt sich ihm nicht nachweisen. Denn, wenngleich er über die genossenschaftliche Vergangenheit von Schenck, Nizze, Schwanitz, Morgenstern, Pröbst und mir sich aus den Lebensabrissen informiren konnte, welche die von ihm mehrmals empfohlenen genossenschaftlichen Kalender enthalten, und wenngleich er aus jedem Jahres-

*) Auch der Konsumvereinler Fabrikant Nölle-Lüdenscheid hat mehrere Jahre im Aufsichtsrath eines Kreditvereins (Lüdenscheid) gesessen. Als Begründer und Direktor eines der ältesten Konsumvereine Deutschlands, als Verbandsdirektor eines Konsumvereinsverbandes, als langjähriger Handelskammerpräsident, und als Besitzer und Leiter einer Fabrik, die viele hundert Arbeiter beschäftigt, wird er sich als Glackemeyer'scher „Theoretiker reinsten Wassers" im Gegensatz zu den Glackemeyer'schen „Männern der Praxis", wohl sonderbar vorkommen.

berichte und aus jedem Heft Mittheilungen über Genossenschaftstage ersehen konnte, daß Moras, Hopf, Gurlitt, Trotter Direktoren von Kreditvereinen waren und noch sind, so kann er die Behauptung aufstellen, aus diesen von ihm oftmals citirten Drucksachen nichts von alledem gelesen zu haben. Die bodenlose Leichtfertigkeit, mit der er dann das Gegentheil von der aus selbstverschuldeter Unwissenheit ihm unbekannt gebliebenen Wahrheit zu persönlichen Anschuldigungen verwendete, wird Niemand entschuldigen können. Durch den von ihm bewirkten Austritt seines Verbandes und seines Vereins aus dem Allgemeinen Verbande hat er sich klug und weise der Möglichkeit entzogen, auf Genossenschaftstagen öffentlich seine Verdächtigungen und wahrheitswidrigen Behauptungen den davon Betroffenen in's Gesicht zu sagen; er kann jetzt schimpfen und schmähen nach Belieben, ohne dafür Auge in Auge öffentlich Rede zu stehen.

In Betreff einzelner Persönlichkeiten noch Einiges:

a) Der **Anwalt Schenck**, der nach Glackemeyer der reine Theoretiker ist und nie ein Blatt der Praxis gesehen hat, wird von ihm in der Regel bei Schmähungen mit seinen Vertretern auf Unterverbandstagen zusammengefaßt.*) Er möchte ihn wie die ganze Anwaltschaft gern beseitigen; zwar soll auch der künftige gesonderte Verband einen Anwalt haben, aber einen Nichtjuristen. Wen er zu dieser Stelle für den Geeignetsten hält, ist nicht zweifelhaft. Dr. Glackemeyer gönnt dem Anwalt Schenck auch das vom allgemeinen Vereinstage bei seiner Wahl festgesetzte, im Verhältniß zu den Einnahmen der aufgegebenen Rechtsanwaltstelle mäßige Gehalt nicht, denn er sagt den Kreditvereinen wiederholt, daß sie für ihr Geld nichts erhalten, daß sie nicht der Existenz einiger Berliner Herren wegen da seien u. dergl. Etwas ganz besonderes flickt Dr. Glackemeyer dem Anwalt Schenck am Zeug durch die öfters wiederkehrende und in allen Tonarten variirte Behauptung, daß derselbe auf dem Unterverbandstage zu Gifhorn eifrig für Schuldscheine gegen Wechsel gesprochen habe. Daß es sich hier nur um Verdrehungen handelt, weiß Jeder, der die Ansichten kennt, die Schenck auf allgemeinen Vereinstagen und Unterverbandstagen seit 1862 vertreten hat. Schenck hat nicht für erforderlich erachtet, gegen Glackemeyer's Credit-Vereins-Artikel irgend etwas zu erklären.

b) **Dr. Crüger** wird von Dr. Glackemeyer jetzt mehr wie jeder Andere mit Schmähungen und Verdächtigungen angegriffen, oft unter gröblicher Verletzung der Wahrheit. Als Vertreter des Anwalts auf Unterverbänden, als Redakteur der Genossenschaftsblätter, als Schriftsteller wird er im Credit-Verein Nummer für Nummer heruntergerissen. Seitdem Dr. Crüger im vorigen Jahre auf mehreren Unterverbandstagen und zuletzt auf dem Genossenschaftstage in Stettin über das Treiben des Dr. Glackemeyer und die unlauteren Mittel, die er zur Abbröckelung der Vereine vom Allgemeinen Verbande gebraucht, sachgemäßen wahrheitsgetreuen Bericht erstattet hat, kennt die Entrüstung des Dr. Glackemeyer über die Uebergriffe die „ein bezahlter Beamter aus Berlin" sich „freien Männern der Creditvereine gegenüber erlaubt", keine Grenze mehr. Die freien Männer ertrügen das

---

*) „Von den Herren Juristen in Berlin wollen wir ganz schweigen, wenn sie auch allesammt Theoretiker reinsten Wassers sind" . . „Die Herren aus Spreeathen, die ihre genossenschaftliche Weisheit auf alle Verbandstage hausiren tragen" u. s. w. Aehnliche Stellen ließen sich noch manche nachweisen.

nur im Bewußtsein durch Liebe zur Sache getrieben zu werden, während „die Herren aus Berlin nur um ihre Existenz kämpfen". „Dr. Crüger kämpfte ja nur für sein tägliches Brot" (Credit-Verein 1893 Nr. 7, Nr. 9). Mit allen diesen Redensarten soll doch den Kreditvereinen nur weis gemacht werden, daß Dr. Crüger als abhängiger Beamter gegen seine Ueberzeugung Meinungen vertrete, die er für unrichtig hält.*) Dr. Glackemeyer macht sich nicht klar, daß mit derartigen „Unterstellungen" man sich erst recht gegen jeden besoldeten Kreditvereins-Vorsteher wenden könnte. Dr. Crüger's Leistungen in seiner Stellung als erster Sekretär der Anwaltschaft, als Vertreter des Anwalts, als Redakteur der Genossenschaftsblätter, als genossenschaftlicher, juristischer und volkswirthschaftlicher Schriftsteller werden nicht bloß in den Genossenschaften im ganzen deutschen Reiche, sondern auch in der Wissenschaft als hervorragend anerkannt und gewürdigt. Wenn Dr. Glackemeyer anderer Meinung ist, so spricht das nur für sein mangelndes Verständniß. Lächerlich sind Dr. Glackemeyer's Redensarten von dem Kampf um die Existenz auch insofern, als Dr. Crüger, wenn er sein genossenschaftliches Amt niederlegte, als Rechtsanwalt bei dem Ansehen als Jurist und der großen Bekanntschaft, die er sich in seiner jetzigen Stellung erworben hat, sofort eine sein jetziges Einkommen weit übersteigende Einnahme haben würde. Da er noch immer im Preußischen Justizdienst steht (er ist beurlaubter Gerichtsassessor), so hat er das Recht sich als Rechtsanwalt niederzulassen, wann und wo er will.

c) Was meine Person anlangt, so konnte ich — bis vor zwei Jahren, wo mich Dr. Crüger darin überholte, nach Inhalt des Credit-Vereins die Ehre in Anspruch nehmen, in der Reihe der Angegriffenen des Dr. Glackemeyer an erster Stelle zu stehen. Kein Wunder! Mein Zusammenstoß mit ihm nach dem Harburger Unterverbandstag, mein Protest und seine Entgegnung in den Blättern für Genossenschaftswesen 1887 hatten wesentlich dazu beigetragen, die Eigenart seiner Persönlichkeit in den Genossenschaftskreisen in helles Licht zu stellen.

Zur Ergänzung meiner Mittheilungen über diesen Zusammenstoß noch folgendes. Vom Unterverbandstag in Harburg 1887 fuhr ich nach Grund im Harz zur Sommerfrische. Hier erkrankte ich schwer an der Kopfrose Anfang August. — Während ich noch fieberkrank im Bette lag, fragte Dr. Glackemeyer bei mir an, was ich in Harburg über einen dort angenommenen Antrag betreffend Zentralkassen in Geldsachen (siehe S. 38) geäußert habe. Ich diktirte vom Krankenbett einen Brief, worin ich unter dem Vorbehalt, daß mein Gedächtniß mich möglicher Weise während der Krankheit im Stiche lasse, erklärte, ich erinnere mich eines solchen Beschlusses gar nicht. Dr. Glackemeyer antwortete sehr freundlich; er rieth mir, wenn ich nicht völlig genesen sei, lieber nicht nach Plauen zum Genossenschaftstag zu gehen; ich könne leicht einen Rückfall bekommen, der heftiger zu sein pflege.**) In der Sache selbst schrieb er, es ginge ihm just ebenso bezüglich des Gedächtnisses, wie mir, auch er habe vergessen, daß jener

*) Auch von dem Referat in Stettin sagt Dr. Glackemeyer: „Herr Assessor Dr. Crüger war Referent. „Der Bien muß", sagt ein russisches Wort... Es ist doch eine herrliche Sache, ein absolut freier, selbstständiger Mann zu sein!" (Credit-Verein 1893 Nr. 11).

**) Ich beachtete die Warnung nicht, und bekam in der That einen bösen Rückfall.

Beschluß in Harburg gefaßt sei, und ihn erst in dem Protokoll des Herrn Preiser gefunden.

Auf den Protest, den ich in Nummer 35 der Genossenschafts-Blätter 1887 gegen seinen Bericht über den Harburger Verbandstag veröffentlichte, sandte er am 2. September an die Redaktion eine „Berichtigung" voller Entstellungen und persönlicher Angriffe. Er sagte darin, ich hätte mich absolut nicht zu erinnern gewußt, daß auf dem Verbandstag ein Antrag auf Errichtung von Zentralkassen diskutirt und angenommen sei. Wenn ich trotzdem nun erkläre, in seiner Berichterstattung seien mir widersinnige und verkehrte Behauptungen in den Mund gelegt, woher sei mir denn so plötzlich diese Kenntniß gekommen?

Auch nicht mit einer Silbe erwähnte er dabei die Entstehung jenes im Fieber diktirten Briefes. Seiner „Berichtigung" wurde die Aufnahme verweigert. Hierauf sandte er eine zweite „Berichtigung" ebenfalls voller Entstellungen und persönlicher Angriffe; darin hob er hervor, seine Berichterstattung erfolge in strengstem Anschluß an das Protokoll, welches doch sicherer gehe, als mein Gedächtniß, dessen Unzuverlässigkeit ich ja selbst zugegeben hätte. Auch hier wiederum keine Erwähnung, daß es sich um eine mit Vorbehalt abgegebene Erklärung eines Schwerkranken gehandelt habe.

Der Anwalt schrieb ihm, die Genossenschaftsblätter verweigerten niemals thatsächlichen Berichtigungen über gedruckte Mittheilungen die Aufnahme, würden dies auch jetzt nicht thun, namentlich wenn dadurch Aufklärung gegeben würde, weshalb dem von mir in Harburg ausgesprochenen berechtigten Verlangen, den Bericht vor der Drucklegung in der Korrektur durchzusehen, nicht entsprochen worden sei. Sein Gegenprotest beschränke sich aber nicht auf thatsächliche Richtigstellungen, sondern ergehe sich in ungerechtfertigsten Insinuationen gegen mich als Vertreter der Anwaltschaft u. s. w.

Die endlich zur Aufnahme gelangte „Berichtigung" in Nummer 45 der Genossenschafts-Blätter vom 24. Oktober 1887 war von einem Rechtsanwalt gesandt unter Berufung auf § 11 des Preßgesetzes und mit der Drohung, die Aufnahme auf gerichtlichem Wege erzwingen zu wollen. Sie enthält erhebliche Abschwächungen der früheren „Berichtigungen", unter Beseitigung der Injurien; auch der auf mein Gedächtniß sich beziehende Satz ist fortgefallen. Die Redaktion erklärte in den dem Abdruck beigefügten Bemerkungen, die ich nachzulesen bitte, daß die Berichtigung keines Falls dem § 11 des Preßgesetzes entspreche.

Man wird es nur zu begreiflich finden, daß ich nach diesen Vorgängen keine Neigung hatte, mich um Dr. Glackemeyer noch weiter zu kümmern, und daher auch dem Anwalt erklärte, ich müsse es ablehnen, ihn vorkommenden Falles wieder auf einem niedersächsischen Unterverbandstage zu vertreten. Dr. Glackemeyer hat von diesen, für ihn nicht gerade ruhmvollen Vorgängen lange Jahre geschwiegen, und ich würde mich auch jetzt nicht entschlossen haben, darüber etwas zu veröffentlichen, wenn er sich nicht gestattet hätte, fast fünf Jahre später in Nummer 8 des Credit-Vereins 1892 folgende die Wahrheit gröblich verletzende Verdächtigung der Redaktion der Genossenschaftsblätter zu veröffentlichen:

Als vor einigen Jahren die Blätter für Genossenschaftswesen irrtümliche Dinge aus der Feder des Herrn Parisius gegen uns brachten, da machten die Genossenschaftsblätter erst allerlei Einwendungen gegen unsere Berichtigungen und suchten dieselben hinauszuschieben, und wir mußten schließlich einen Rechtsanwalt zu Hülfe nehmen, der unter Androhung **„sofortiger Klageerhebung"** die Redaktion zur Aufnahme unserer Berichtigung zwang.*)

Obschon ich seit jener Zeit, wie schon im Kapitel 1 erwähnt, mich entschlossen hatte, den Dr. Glackemeyer als „Luft" zu behandeln, war ich doch genöthigt, ihm auf dem Genossenschaftstage zu Erfurt in der Diskussion entgegenzutreten. Die Verhandlungen in Erfurt und eine Begegnung auf dem Unterverbandstage zu Lüdenscheid (1888) benutzt er, seit er sich sein eigenes Organ geschaffen hat, fast in jeder Nummer desselben, oft unter grober Entstellung der Wahrheit, mich zu verdächtigen. Ein paar dieser Anzapfungen, die für seine Angriffsweise besonders bezeichnend sind, werden nachher noch besprochen werden. Seine Hauptstärke ist, daß er wiederholentlich mich als besoldeten Beamten des allgemeinen Verbandes, als unfreien Gehülfen des Anwalts, als einen „um sein Brot" um „seine Existenz" kämpfenden bezeichnet.**) Er weiß, wenn nicht sonst, so aus den Verhandlungen des engeren Ausschusses und des Genossenschaftstages über Rechnungslegung und Etataufstellung, sehr genau, daß ich niemals Beamter des Verbandes oder der Anwaltschaft gewesen bin, daß ich niemals irgend ein Gehalt aus der Kasse des allgemeinen Verbandes erbat oder in Empfang nahm, und nur für die in Vertretung des Anwaltes auf dessen Ersuchen gemachten Reisen, zu denen ich durch die auf Schulze-Delitzsch's Antrag gefaßten Beschlüsse der Genossenschaftstage zu Stettin (1865) und Neustadt a/Hardt (1869) legitimirt bin, diesen Beschlüssen gemäß die gleichen Tagegelder wie die Verbandsdirektoren und mäßige Versäumnißkosten erhalte.

Welche Auffassung von Anstand und guter Sitte, von Wahrheit und Ehrenhaftigkeit muß Dr. Glackemeyer besitzen, um es fertig zu bekommen, nachdem ich seit 1865 also seit 29 Jahren der Genossenschaftssache in ganz gleicher Weise öffentlich diene, Jahr aus Jahr ein seinen Lesern über mich solche Unwahrheiten aufzutischen, von denen er meint, daß sie mich in deren Augen herabsetzen und ihm die Zerstörung der Organisation „des unsterblichen Meisters Schulze-Delitzsch" erleichtern.

b) Bürgermeister Reinhold **Nizze-Ribnitz,** seit 1863 gewählter Vorsitzender des aus allen Verbandsdirektoren bestehenden Ausschusses, seit 1866 Vorsitzender der Genossenschaftstage, wird von Dr. Glackemeyer in Nr. 4 des Credit-Vereins 1893 den unberufenen Rathgebern der Genossenschaften eingereiht. Er bedenkt ihn frisch fromm frei mit folgenden Worten:

„**Herr Bürgermeister Nizze-Ribnitz** versteht die Allgemeinen Versammlungen als kundig auf dem Genossenschaftsgebiete zu leiten, wenn auch **ein Verein ihm nie unterstellt war.** Macht nichts, **die Jahre thun viel.**"

---

*) Ohne Nennung meines Namens war er schon früher, nämlich Juli 1890, in seinem Blättchen auf den Vorfall zurückgekommen: „Von uns bezahlten Gehilfen der Anwaltschaft (damit war ich gemeint) steht das Blatt zu Angriffen sogar auf Verbandsdirektoren (Verbandsdirektor Dr. Glackemeyer!) offen, der Zulassung einer Vertheidigung des Angegriffenen aber werden allerlei Schwierigkeiten entgegengesetzt."

) Diese Anzapfungen begannen schon in der Nr. 2 des Jahrgangs 1890 des Credit-Vereins, wo es heißt: „Herr Parisius ist der **von uns bezahlte (fett gedruckt) Mitarbeiter bei der Anwaltschaft". Daß ich außerhalb der Vertretungsreisen mit den Geschäften der Anwaltschaft nichts zu thun habe, war ihm, wie jedem Verbandsdirektor längst auch aus meinen eigenen Mittheilungen bekannt.

Dr. Glackemeyer darf hier sich nicht damit entschuldigen, daß er es nicht besser gewußt habe. Freilich in den paar Jahrgängen der Genossenschaftsblätter, Jahresberichte und Mittheilungen, die er kennt — sie reichen nicht einmal bis in die 70er Jahre zurück —, findet er von der Thätigkeit dieses treuen Freundes und Schülers Schulze's in betreff der Leitung von Kreditvereinen kaum etwas. Aber er hätte nur nöthig gehabt, den von ihm wiederholt empfohlenen deutschen Genossenschaftskalender zu Rathe zu ziehen. Der im Jahrgang 1891 enthaltenen Lebensbeschreibung Nizze's ist Folgendes zu entnehmen:

Nizze, seit 1850 Advokat in Rostock, gründete 1860 den Vorschußverein zu Rostock, der Ende 1869 bereits 2389 Mitglieder zählte. Er war von Anfang an Direktor des Vereins und mußte ihm bald seine ganze Arbeitskraft widmen. Als das Genossenschaftsgesetz von 1868 in Kraft trat, beantragte Nizze, die durch dasselbe bedingte, von Schulze-Delitzsch und den Genossenschaftstagen für nöthig erklärte Umgestaltung der Organisation dahin, daß dem Vorstand die Geschäftsführung, dem Aufsichtsrath die Kontrolle zufiel. Nach heftigen Kämpfen aber wurde dieser Antrag vom Aufsichtsrath und von der Generalversammlung abgelehnt, und eine Organisation eingeführt, nach welcher der Aufsichtsrath zu beschließen und der Vorstand die Beschlüsse auszuführen hatte.

„Dies veranlaßte Nizze und seine beiden Kollegen im Vorstande zu kündigen, die **Erwerbsstelle preiszugeben**, und aus dem Verein auszutreten. Ihnen folgten etwa 250 Mitglieder und mit diesen gründeten sie Anfangs 1870 einen neuen Vorschußverein unter der Firma „Rostocker Gewerbebank", in den sie wieder als Vorstand eintraten."*)

Der Entschluß Nizze's und seiner beiden Kollegen Ferd. Wendeler Buchhalter und G. T. Berg Kassirer, lieber die „Erwerbsstelle" in dem durch ihre Arbeit stattlich erblühten Verein aufzugeben, als denselben künftig nach einer, ihres Erachtens unrichtigen und mit genossenschaftlichen Grundsätzen nicht zu vereinbarenden Organisation zu leiten, verdient dem gegenwärtigen Geschlecht als nachahmenswerth vorgeführt zu werden, — vollends nach den unwahren Behauptungen, die Dr. Glackemeyer, wenn nicht im Bewußtsein zu lügen, so doch jedenfalls im unverzeihlichen Leichtsinn in die Welt schleudert.

e) Angriffe auf **Justizrath Schwanitz**-Ilmenau sind in einem nachfolgenden besonderen Abschnitt behandelt.

f) Buchhändler **Morgenstern-Breslau**. Wie Dr. Glackemeyer seiner Erbitterung über ihn wegen seiner Aeußerungen auf dem Schlesischen Unterverbandstag in Reichenbach und dem Genossenschaftstag in Stettin Luft machte, ist S. 9 und in besonderem Abschnitt erörtert.

g) „Der Statistiker" **Franz Xaver Pröbst** zu München wird von Dr. Glackemeyer mehrfach mit beleidigenden Aussprüchen bedacht. Ueber Pröbst's genossenschaftliche Thätigkeit bringt der Deutsche Genossenschaftskalender 1893 Mittheilungen. Dr. Glackemeyer erfuhr daraus auch, daß Pröbst Anfangs 1875 als Oberbeamter die Leitung des neubegründeten

*) Nizze an Stelle seines Vaters zum Bürgermeister in Ribnitz gewählt, verließ Oktober 1870 Rostock. Ueber jene Kämpfe im Vorschußverein zu Rostock finden sich Aufsätze von Dr. Schneider und dem Advokat C. H. Müller-Rostock mit einer Redaktionsbemerkung von mir, in Nr. 22 und Nr. 29 der Blätter für Genossenschaftswesen 1870.

statistischen Amtes der Stadt München übernahm und noch heute in der gleichen angesehenen Stellung sich befindet. So im Kalender 1893. Schon im Januar 1894 ließ Dr. Glackemeyer gegen ihn in seinem Credit-Verein einen Schmähartikel los, worin er wider besseres Wissen ihn als einen Herrn Unterbeamten bezeichnete, gegen den er die „selbstständigen Kaufleute" aufhetzte (s. unten S. 125).

h) **„Die bezahlten Konsumvereinler".** Nr. 5 Jahrgang 1891 (Mai) des Credit-Vereins bringt eine Zuschrift des Senators Schulze-Gifhorn, die nach Inhalt und Styl so sehr an die Aufsätze seines Freundes Dr. Glackemeyer erinnert, daß man annehmen könnte, es liege eine gemeinsame Stylübung der beiden Senatoren vor. Die Zuschrift bespricht die Verhandlungen des Freiburger Genossenschaftstages über die Hetzrede, die Schulze-Gifhorn wider die Konsumvereine auf dem Harburger Unterverbandstage gehalten hat und redet dabei in Beziehung auf die Freiburger Redner mit Geringschätzung von den „bezahlten Konsumvereinlern". Von den Konsumvereinlern, die in Freiburg das Wort ergriffen, haben die beiden Münchner Oscar **Sitzler** und **Feierabend** ihre Thätigkeit im Aufsichtsrath des Konsumvereins München und ebenso der Handelskammerpräsident **Nölle** in Lüdenscheid seine 30jährige Thätigkeit als Direktor des Konsumvereins Lüdenscheid im Ehrenamt ausgeübt. Es blieben nur die beiden Magdeburger, Verbandsdirektor **Oppermann** und sein im Januar 1893 verstorbener Stellvertreter Direktor F. W. **Schulze**-Neustadt. Mit Beiden beschäftigte sich Dr. Glackemeyer auch in Nr. 4 April 1892 des Credit-Vereins, in der er seine stolze Haltung bei jener Freiburger Verhandlung anpries.*) In diesem Artikel heißt es:

„Auch die Herren Oppermann und Schulze aus Magdeburg wetterten der eine stärker als der andere. Aber wer kann ihnen das verdenken, beide sind Konsumvereinler, **beide kämpfen um ihr tägliches Brot.**"

Den Kaufmann Oppermann-Magdeburg bedenkt Dr. Glackemeyer öfters mit Seitenhieben, aber er läßt ihn als „Praktiker" gelten, er weiß wohl nicht, daß Oppermann „niemals einen Verein geleitet" und nur im Aufsichtsrath eines Konsumvereins gesessen hat. Oppermann hat 30 Jahre lang einen bedeutenden Theil seiner Zeit in rastloser Arbeit selbstlos und opferwillig mit unermüdlichem Eifer und großem Erfolge der Genossenschaftssache gewidmet — ohne Entschädigung! Als er sich vor einigen Jahren „zur Ruhe setzte" — er war ein Menschenalter hindurch selbstständiger Geschäftsführer einer angesehenen Großhandelsfirma (Indigohandel) — übernahm er auch noch die Revisionen in dem Konsumvereinsverband seines Freundes Nölle. Was er dabei „verdiente" weiß ich, aber verrathe es nicht.

F. W. Schulze-Neustadt hatte mit Dr. Glackemeyer gemeinsam, daß auch er Volksschullehrer von Beruf, berufsmäßiger Leiter einer Genossenschaft wurde. Aber sonst sind größere Gegensätze kaum denkbar, als Dr. Glackemeyer und mein verewigter Freund und Landsmann Schulze-Neustadt. Ich enthalte mich dies darzulegen. F. W. Schulze war ein kaufmännisches Talent ersten Ranges und daneben einer unserer treuesten

---

*) In Freiburg stimmten er und sein Revisor Preiser gegen die Resolution. Hinterher scheint es ihm der stolzen Haltung nicht zu entsprechen, daß er mitgestimmt hat, und er läßt drucken, daß die Resolution einstimmig angenommen sei.

und tüchtigsten Genossenschaftsmänner, der in seinem Wirken niemals vergaß, auch die idealen Aufgaben der Genossenschaften zu pflegen. Niemand stand fester wie er auf dem Standpunkt Schulze-Delitzsch's, daß Theorie und Praxis immer übereinstimmen müssen. In dem Bericht zum 25jährigen Jubiläum des von ihm von kleinsten Anfängen in Sturm und Drang zur höchsten Blüthe geleiteten Konsumvereins schrieb er:

„Die geschäftlichen Erfolge des Konsumvereins Neustadt liefern ein anschauliches Bild von der Kraft genossenschaftlicher Selbsthülfe . . Lediglich der richtigen Anwendung gesunder volkswirthschaftlicher und genossenschaftlicher Grundsätze, wie ein Schulze-Delitzsch sie vertreten hat, verdankt der Verein sein Dasein, seine Größe und seine Bedeutung. Und er wird auch in der Zukunft . . weiter blühen und gedeihen zum Segen von Tausenden, wenn seine Leiter und Mitglieder sich durch Nichts bewegen lassen jenen Grundsätzen untreu zu werden."

Und diesem Mann, der sich — wie es in dem Nachrufe seines Vereins heißt — „würdig einreiht in die kleine Schaar von Männern, denen nicht die Ansammlung von persönlichem Reichthum, wohl aber das Wohlergehen ihrer Mitmenschen über alles geht", diesem Mann der Wahrheit und strengen Pflichterfüllung, wagt, weil er das gute Recht unserer Genossenschaften vertheidigt, ein Dr. Glackemeyer mit edler Dreistigkeit nachzusagen: er kämpft um sein tägliches Brot. —

Es erübrigt noch die Kampfesweise des Dr. Glackemeyer bei einigen besonders interessanten Vorgängen darzustellen:

1. Justizraths Schwanitz Hülfsbuch (1887 bis 1893)

„Eigenthümliche Erscheinung" überschrieb Dr. Glackemeyer den Leitartikel in Nr. 4 seines Credit-Vereins, Jahrgang 1893, in welchem er unternahm nachzuweisen, daß im Genossenschaftswesen **jeder Unberufene** glaube Rath und Anleitung ertheilen zu können.

Er musterte nun die Unberufenen nacheinander: **Schwanitz**-Ilmenau, **Pröbst**-München, **Nizze**-Ribnitz, die „Herren **Juristen aus Berlin**", Buchhändler **Morgenstern**-Breslau, Fabrikanten **Nölle** und **Moras** aus Westfalen, Stadtsyndikus **Schulze**-Greifswald, Direktor **Thorwart**-Frankfurt a/M. Ich will hier von dem zuerst genannten sprechen. Dr. Glackemeyer schreibt:

„**Herr Justizrath Schwanitz-Ilmenau** schrieb ein „**Hülfsbuch**" für „alle" Vorschuß- und Kreditvereine, **sehr empfohlen von der Anwaltschaft**, obgleich er **nie einen Verein direkt leitete**, sondern nur Aufsichtsrath eines Kreditvereins in Ilmenau ist, der wöchentlich einige, sage nur einige, Stunden geöffnet ist. Und doch sollen die bei diesem Vereine gesammelten Erfahrungen als Rathschläge für die Leitung aller anderen Vereine dienen, auch solchen, die vielleicht jährlich über 100 Millionen Umsatz haben. Macht nichts! Zur Leitung einer Genossenschaft kann jeder **Jurist guten Rath geben!**"

Soweit Dr. Glackemeyer. Nun die **Wahrheit**:

Die Behauptung, Schwanitz habe **nie einen Verein direkt geleitet**, ist unwahr und wenn nicht wider besseres Wissen, so doch höchst leichtfertig aufgestellt. Dr. Glackemeyer war als Unterverbandsdirektor zugleich mit Schwanitz auf den Genossenschaftstagen zu Freiburg, wo Schwanitz präsidirte, zu Weimar, Colberg, Plauen, Erfurt, wo Schwanitz als Stellvertreter des Vorsitzenden fungirte, er saß mit ihm auf diesen Genossenschaftstagen in dem engeren Ausschuß, er hatte in einer Sitzung desselben in Plauen

(August 1889) erlebt, daß Schwanitz seine Entrüstung über Vorgänge auf dem Unterverbandstage in Harburg in würdiger eindrucksvoller Rede aussprach, er hatte im Herbst 1887 mit ihm in der vom Reichsjustizamt berufenen Sachverständigen-Konferenz gesessen. Aber wenn er alle diese Gelegenheit nicht benutzte, sich bei Schwanitz selbst oder bei Freunden von ihm nach dessen genossenschaftlicher Vergangenheit zu erkundigen, so hatte er doch den in Hildburghausen seit 1888 erschienenen Genossenschafts-kalender zur Hand, den er mehrmals, z. B. im Credit-Verein Januar 1890 und im **Februar 1892** als höchst brauchbar allen Vereinen empfohlen hatte. Gerade in dem von ihm benutzten Jahrgang 1892 fand er Bildniß und kurze Lebensschilderung von Karl Schwanitz zu Ilmenau (geb. 28. Januar 1823). Darin war zu lesen, wie derselbe sich stets an allen der Förderung des Gemeinwohls zugewandten Bestrebungen betheiligt hatte.

„In **Apolda** begründete er **1865** den Vorschußverein, einige Jahre später den Konsumverein. Ersteren leitete er bis zu seiner Uebersiedelung nach Ilmenau (**1872**). Auch hier betheiligte er sich bei der Reorganisation des Vorschuß- und der Neubegründung des Konsumvereins. Seit **1874** bekleidete er die Stellung des Verbandsdirektors der thüringischen Vorschußvereine. Seine umfassende Thätigkeit und ausdauernde Hingebung hat den Verband äußerlich und innerlich mehr und mehr erstarken gemacht . . ."

Näheres über den Vorschußverein in Apolda konnte Dr. Glackemeyer aus den von ihm so oft angegriffenen Tabellen der Jahresberichte des Anwaltes entnehmen. Der Verein hat die Tabellen alljährlich ausgefüllt. Bis 1871 wird Schwanitz als Direktor genannt. In dieser Eigenschaft hat er den Verein auf allen Genossenschaftstagen und thüringischen Verbandstagen besucht. Der Verein hat sich, zum Bedauern seines Gründers, 1889 mit 612 Mitgliedern und 126,848 Mk. eigenem Vermögen in eine Aktiengesellschaft verwandelt.

Herrn Dr. Glackemeyer aber gefiel es, zu behaupten, daß Schwanitz „nie einen Verein direkt geleitet" habe, und im Gegensatz dazu seine Thätigkeit im Aufsichtsrath des kleinen Vereins zu Ilmenau hervorzuheben. Den Angriff auf Schwanitz hat Dr. Glackemeyer aus langer Hand vorbereitet. Ein paar Monate nach dem Ausscheiden des niedersächsischen Unterverbandes, im November 1891 schilderte er in seinem Credit-Verein (Nr. 11) unter der Ueberschrift „Erinnerungen an Thüringen" seine Reise vom Erfurter Genossenschaftstage (August 1888) nach Ilmenau. Nachdem, wie er sich geschmackvoll ausdrückte, die Mehrheit des Erfurter Genossenschaftstages „den Nacken vor dem Gesetzentwurfe gebeugt hatte" fuhr er nach Ilmenau.

„Heiß war die Luft des Kampfes, der Sieg fiel auf Seiten der Nackenbeuger mit Hülfe der vielen thüringischen Vereine, die ihre Parole aus der Großstadt Ilmenau erhielten. Eine Großstadt mußte Ilmenau schon für uns sein, von dort her kommen immer neue Regeln und Vorschriften für die Leiter der Genossenschaften, jedenfalls erprobt in der großartigen Praxis der dortigen Vereine" u. s. w.

Mit solchen weniger geist- als giftvollen Angriffen begann Dr. Glackemeyer seine Erinnerungen. Er schilderte dann, wie es ihm in Ilmenau erging, wie er dort im Hotel übernachtet,*) und am andern Morgen ver-

*) Im Hotel der „berühmten genossenschaftlichen Großstadt Ilmenau" fand der Hannoversche Senator das Essen gut, Bedienung vorzüglich, Wein vortrefflich und Betten brillant. Den Namen des Hotels nennt er nicht, so daß man ihm

geblich nach dem Kreditverein suchte, bis es ihm endlich gelang ihn zu entdecken; ein Plakat an der Thür aber zeigte an, daß der Verein nur Mittwoch und Sonnabend Nachmittags auf zwei Stunden geöffnet sei: **„Von der Zeit an** sagt **bei uns** Niemand mehr: Nach dem **Hülfsbüchlein** müssen wir das so oder so machen.“ *)

Was nun das Hülfsbüchlein anlangt — sein vollständiger Titel ist „Genossenschaftliches Hülfsbüchlein, den Vorschußvereinen, insbesondere des thüringischen Verbandes zu fleißiger Benutzung dargebracht von Karl Schwanitz rc.“ — so enthält es außer dem vom 19. Dezember 1886 datirten Vorwort einen Abdruck des Genossenschaftsgesetzes, des organischen Statuts, der Bedingungen für den Giroverband, ferner Probeinstruktionen für den Vorstand und für den Aufsichtsrath eines Vorschußvereins, das Thüringische Verbandsstatut, die Geschäftsordnung für den Thüringischen Verbandstag, das Regulativ für die Verbandsrevision, den Anstellungsvertrag mit dem Verbandsrevisor, und Zusammenstellungen der wichtigsten Beschlüsse der allgemeinen Vereinstage und der Thüringischen Verbandstage. Das Hülfsbüchlein ist aber nicht bloß „von der Anwaltschaft sehr empfohlen“ wie Dr. Glackemeyer anführt, sondern ebenso von Persönlichkeiten, auf deren Empfehlung Dr. Glackemeyer weit bedeutenderen Werth legt, nämlich:

1. von Dr. Herz-Mannheim, derselbe schrieb in seiner „Deutschen Genossenschaft“ Nr. 7 vom **1. April 1888** im Briefkasten:

„Das vom allgemeinen Vereinstage in Stuttgart (1879) empfohlene Schema für die Geschäftsberichte der Kreditgenossenschaften, auf welches schon öfters in dieser Zeitschrift hingewiesen ist, finden Sie in der auch sonst recht empfehlenswerthen Schrift des Verbandsdirektors Schwanitz „Genossenschaftliches Hülfsbüchlein“!“

Ferner schrieb er im Briefkasten der Nr. 11 vom **1. Juni 1888** desselben Blattes, welches auf jeder Nummer den Senator Dr. Glackemeyer als Mitarbeiter aufführte, daß er für Orientirung über gewisse Fragen keinen besseren Leitfaden empfehlen könne, als das Hülfsbüchlein des bewährten Leiters des größten deutschen Genossenschaftsverbandes ... Den nun folgenden lobenden Worten ist hinzugefügt, daß das Buch einen „bleibenden Werth“ habe.

2. Der zweite Mann, der das Hülfsbüchlein auf das wärmste empfohlen hat, nennt sich Verbandsdirektor Dr. Louis Glackemeyer. In einem Rundschreiben an die Vereine seines Verbandes vom **1. März 1887** empfahl er ihnen das kurz zuvor erschienene „Genossenschaftliche Hülfsbüchlein“ als einen **höchst praktischen** Rathgeber in der Leitung und Kontrolle der Vereine; der Credit-Verein in Hannover habe für jeden der Herren des Vorstandes und des Aufsichtsrathes ein Exemplar kommen lassen. Aber nicht bloß den Vereinen seines Verbandes, sondern allen Kreditvereinen empfahl er in einem von ihm verfaßten und unterzeichneten Leitartikel der Magdeburgischen Zeitung vom **8. Mai 1888** das „vor einem Jahr erschienene“ Hülfsbüchlein als **„wirklich praktisch für die Kreditvereine“**.

---

nicht die Absicht der Reklame „unterstellen“ kann, deren er wegen seiner Aufsätze zum Preise des „Lustigen Seehundes“ auf der Insel Amrum (Credit-Verein 1890 Nr. 3) und des „Hotel Paradies“ in Karlsbad (Credit-Verein 1892 Nr. 5) von bösen Menschen verdächtigt werden könnte

*) Dr. Glackemeyer war von seiner „Schilderung Thüringens“ so erbaut, daß er im Briefkasten des Credit-Vereins (1892 Nr. 8) bekannt machte, sie habe bei vielen Vereinen Anklang gefunden.

Dr. Glackemeyer empfahl das Hülfsbüchlein noch, nachdem er ¾ Jahr früher in der Sitzung des engeren Ausschusses in Plauen (August 1887) von seinem Kollegen Schwanitz eine ebenso feierliche wie entschiedene Vermahnung erhalten hatte. Daraus geht hervor, daß er damals eine Loslösung vom allgemeinen Verbande noch nicht plante. Seine Empfehlung des Hülfsbüchleins blieb bei ihm selbst ohne Erfolg, insofern er keine Zeit fand, den „höchst praktischen Rathgeber" zu studiren. Denn im **Februar 1890** erklärte er im Credit-Verein, daß er das in dem Hülfsbüchlein abgedruckte **Stuttgarter Schema „niemals zu Gesicht bekommen"**.

Man sieht aus diesem thatsächlichen Hergang, wie wandelbar Dr. Glackemeyer in seinem Urtheil und in seiner Ueberzeugung über brauchbar und nicht brauchbar, über praktisch und nicht praktisch ist: Im **Februar 1887** schaffte er Schwanitz's Hülfsbüchlein für jedes Vorstands- und Aufsichtsrathsmitglied seines Credit-Vereins an, am 1. **März 1887** empfahl er es als **höchst praktischen Rathgeber** allen Vereinen seines Verbandes, am 1. **April 1888** verwies Dr. Herz in der unter Mitwirkung des Dr. Glackemeyer herausgegebenen „Deutschen Genossenschaft" auf das **höchst empfehlenswerthe** Buch, in welchem das Stuttgarter Schema für die Geschäftsberichte der Kreditverein zu finden sei; am 8. **Mai 1888** empfahl Dr. Glackemeyer das **wirklich praktische Buch,** am 1. **Juni 1888** empfahl Dr. Herz in seiner Zeitschrift das Buch, welches bleibenden Werth habe, als besten Leitfaden. Aber im **Februar 1890** erklärte Dr. Glackemeyer, daß er das Stuttgarter Schema niemals zu Gesichte bekommen habe und im **November 1891** nach Ausscheiden des Niedersächsischen Verbandes aus dem allgemeinen Verbande enthüllte Dr. Glackemeyer der Welt, daß seit er im **September 1888** entdeckt habe, daß in dem Kreditverein Ilmenau das Geschäftslokal nur zweimal in der Woche zwei Stunden lang offen gehalten werde, beriefe sich im Kreditverein Hannover Niemand mehr auf das Hülfsbüchlein. Also das von Jedermann, einschließlich Dr. Glackemeyer, als höchst praktisch gerühmte Buch ward von den klugen Männern im Vorstand und Aufsichtsrath des Glackemeyer'schen Vereins sofort verworfen, als Dr. Glackemeyer ihnen, — wenn nicht wider besseres Wissen, so doch überaus leichtfertig, — weismachte, daß dieses Buch von einem Manne verfaßt sei, der niemals einen Verein geleitet habe, sondern nur Aufsichtsrath eines ganz kleinen Kreditvereins — also kein Mann der **Praxis,** sondern ein **reiner Theoretiker,** und ein **unberufener Rathgeber** sei!

2. Morgenstern's Berichtigungen.

Morgenstern brachte in seiner Stettiner Rede drei Berichtigungen. Eine davon ist bereits oben in Kapitel 2, S. 9 besprochen. Gegen die beiden anderen wendete sich Dr. Glackemeyer in seinem Blättchen 1893, Nr. 11 in der heftigsten Weise. Es lohnt sich darauf einzugehen.

1. Auf dem Schlesischen Verbandstage in Frankenstein 1892 hatte Morgenstern einen Vortrag über Zentralkassen gehalten, der, wie er in Stettin sagte, darin gipfelte,

„daß unter gewissen Umständen und innerhalb bescheidener Grenzen eine Zentralkasse **nützlich wirken könne,** daß aber für Schlesien zur Zeit eine Zentralkasse absolut kein Bedürfniß sei."

Dr. Glackemeyer hatte hierüber vier Wochen später in seinem Credit-Verein 1892, Nr. 7 angeführt, auch im Verbande Schlesien sei über die Errichtung einer Zentralstelle in Geldsachen berathen worden und ihre Nothwendigkeit für Schlesien festgestellt. Schlesien wolle dem Niedersächsischen Verband den Vorantritt lassen.

Dr. Glackemeyer hielt gegen Morgenstern's Berichtigung im Credit-Verein 1893, Nr. 11, nach seiner Methode, seine Behauptungen aufrecht. Ein vom Vorschußverein zu Breslau den Vereinen schon auf dem ersten Schlesischen Verbandstage im Dezember 1862 vorgelegtes Regulativ über den Geldverkehr der zu dem Verbande gehörigen Vereine mit dem Vorschußverein zu Breslau, war, wie Morgenstern in seinem Frankensteiner Vortrag erwähnte, unter persönlicher Theilnahme von Schulze-Delitzsch angenommen. Seit jener Zeit hat der Breslauer Verein einen ununterbrochenen regen Geschäftsverkehr mit den Vereinen des Verbandes unterhalten. Er gewährt den Vereinen fortdauernd Darlehen und nimmt von ihnen überflüssige Gelder als Depositen gegen angemessene Verzinsung an.*)

Hieraus tüftelt nun Dr. Glackemeyer heraus, daß damit zur Evidenz die Nothwendigkeit einer Zentralkasse erwiesen sei; er habe also nichts unrichtiges berichtet!

2. In der Einladung an die Kreditgenossenschaften Deutschlands vom Juni 1893 (siehe S. 2) befand sich folgender Satz:

„Als vor etwa drei Jahren in Schlesien der Anlauf gemacht wurde, den dortigen Verband der Konsumvereine mit dem der Kreditvereine zu vereinigen, erklärten sich die Kreditvereine einstimmig mit großer Entschiedenheit gegen diese unnatürliche Verbindung."

Morgenstern erklärte in Stettin, daß dies vom ersten bis letzten Worte unrichtig sei; eine derartige Verhandlung und Abstimmung habe niemals stattgefunden. Es sei einmal die Frage aufgeworfen, ob man nicht daran denken könne, die Verbandstage beider Verbände gleichzeitig an einem und demselben Orte abzuhalten. Auf dem Schlesischen Verbandstage in Warmbrunn 1888 sei sie erwähnt worden. Das sei nun aufgebauscht zu einem Versuche der Vereinigung beider Verbände. Was erklärt nun hierauf Dr. Glackemeyer? Ich will es wörtlich wiedergeben:

. . . „Auch hier fängt sich Herr Morgenstern wieder in seinem eigenen Netze . . . Im Jahre 1888 tagte der Schlesische Verband unter Herrn Morgenstern in Warmbrunn. Auf S. 5, 6 und 7 seines Berichtes erzählt Herr Morgenstern weitläufig die Verhandlung darüber, ob es räthlich sei, die Verbände der Kreditvereine und Konsumvereine Schlesiens zu vereinigen. Herr Anwalt Schenck war zugegen und sprach sich entschieden gegen die Vereinigung aus. Auch berichtete derselbe, er komme gerade vom Verbandstage der Konsumvereine Schlesiens und auch dort sei über diese Vereinigung verhandelt, einerseits sei dieselbe dort mit Freuden begrüßt, andererseits seien aber auch Bedenken dagegen erhoben. Herr Direktor Kranz-Wüstegiersdorf begrüßte die Idee der Vereinigung beider Verbände, bekannte aber, er sehe die Unmöglichkeit dieser Vereinigung ein, es sei gar nicht daran zu denken, er halte das Projekt ganz für undurchführbar. Herr Krug-Freiburg berichtete, als die Frage an ihn herangetreten, sei er erst für die Vereinigung gewesen, dann habe man in seinem Verein die Frage eingehend diskutirt und es seien viele Bedenken gegen die Vereinigung erhoben, dadurch habe er die Meinung erhalten, die Sache sei undurchführbar.**)

Also nicht auf „einem" Verbandstage Schlesiens wurde die Frage behandelt, sondern auf „zweien".**) Auch in den Einzelvereinen verhandelte man dar-

*) Wie in Schlesien, wurde auf Grund des organischen Statuts § 7 in vielen anderen Verbänden verfahren. Ich hatte darauf auf dem Unterverbandstag in Hannover hingewiesen (siehe oben, S. 34).

**) Glackemeyer meint als zweiten den Verband schlesischer Konsumvereine.

über. Herr Morgenstern führte auf dem einen Verbandstage den Vorsitz, er selbst leitete die Verhandlungen durch einen Vortrag ein, „alle" Redner sprachen gegen die Vereinigung, nicht einer dafür und war die Sache abgethan. **Und diesen Thatsachen, die Herr Morgenstern selbst durch Druck und Wort kundgethan, gegenüber sagt er, vom ersten bis zum letzten Worte sei unrichtig, was ich darüber geschrieben.***) Wer Andern eine Grube gräbt, fällt selbst hinein. Man muß nimmer vergessen, was man selbst hat drucken lassen!"

Man traut seinen Augen nicht, wenn man den Bericht über den Warmbrunner Verbandstag neben diesen Auslassungen des Credit-Vereins liest. Zum zweiten Mal, und diesmal doch nachgewiesener Maßen **wider besseres Wissen** berichtet Dr. Glackemeyer von Anfang bis zu Ende **lauter Unwahrheiten.**

Es ist dem Verbandsdirektor Morgenstern auch entfernt nicht eingefallen, in Warmbrunn von Verhandlungen zu berichten über die **Vereinigung beider Verbände.** Er hat in der That nur über eine Anregung berichtet, künftig die Verbands**tage** beider Verbände gleichzeitig und an einem und demselben Orte stattfinden zu lassen.

Der Anwalt Schenck, der von dem Verbandstage der Schlesischen Konsumvereine kam, berichtete, daß dort — nicht über eine Vereinigung beider Verbände — sondern nur über die Anregung einer **gemeinschaftlichen Berathung** gesprochen sei. Kranz-Wüstegiersdorf sprach über die Unmöglichkeit, daß beide **Verbände zusammentagen.** Krug-Freiburg hat keine Silbe von irgend einer Diskussion, irgend einer Frage in seinem Vereine, geschweige gar von einer Berathung dieser Frage gesprochen. Er erwähnte, daß vor Jahren die Verbände **zusammengetagt** hätten, daß aber eine „neue Vereinigung" — nämlich der Tagungen — nicht möglich sei.

Ich sage mit dem Hannoverschen Kourier vom 2. Februar 1888 (siehe S. 93):

„**Mit solchen Mitteln kämpft Herr Senator Glackemeyer, der allzeit wahrheitsliebende?**"

3. Die Gastrolle in Lüdenscheid.

Seit Dr. Glackemeyer aus dem Allgemeinen Verbande getreten ist, kommt er nicht mehr in die Gefahr über phantastisch ausgeschmückte Schilderungen persönlicher Erlebnisse in Genossenschaftssachen auf den allgemeinen Vereinstagen vor den Augen- und Ohrenzeugen derselben öffentlich Rede zu stehen. Seitdem tischt er mit Vorliebe Vorgänge aus seiner Unterverbandsdirektor-Laufbahn nach seinen durch Eitelkeit getrübten Erinnerungen mit alter oder neuer Brühe den Lesern des Credit-Vereins auf. Eine Hauptgeschichte, mit der er zeigen will, wie die „von uns bezahlten" Herren der Anwaltschaft die Verhandlungen der Unterverbandstage mit „der bekannten Zungengeläufigkeit" beeinflussen,**) ist sein Ausflug nach Lüdenscheid zum 26. Verbandstag der Kreditgenossenschaften von Rheinland, Westfalen,

*) Was hier fettgedruckt, ist auch im Credit-Verein fett gedruckt.

**) „Nur einmal habe ich diesen Einfluß und diese Mache genau persönlich beobachten können, es war dies auf dem Verbandstage in Lüdenscheid. Hätte ich die Dinge nicht selbst erlebt, glauben würde ich sie nicht. . . . Ich weiß nicht, ob man mehr staunen soll über die Stellungnahme der von uns bezahlten Herrn zu den Vereinsleitern, oder darüber, daß diese so viele Dinge ruhig über sich ergehen lassen, als müßte es so sein." (Credit-Verein Nr. 9 September 1891.)

Lippe und Waldeck am 14. und 15. Juli 1888. Seine dortigen Erlebnisse hat er 1888 in seinen Zirkularen und auf dem Genossenschaftstage zu Erfurt zu verwerthen gesucht; nach dem drei Jahre später erfolgten Austritt aus dem allgemeinen Verbande holte er die Geschichte mit allerlei Ausputz als Hetzmittelchen hervor. Die Sache war folgende:

Auf allen Unterverbandstagen des Jahres 1888 fand eine Besprechung des veröffentlichten Entwurfes des neuen Genossenschaftsgesetzes statt. Im Auftrage des Anwalts habe ich als dessen Vertreter 13 dieser Verbandstage besucht, 3 von Konsum-Vereinsverbänden — Jena (Thüringen), Donaueschingen (Süddeutschland) und Kottbus (Lausitz) — und 10 von Kreditvereinsverbänden — Neutomischel (Posen), Potsdam (Westbrandenburg), Babenhausen (Starkenburg), Ochsenfurt (Franken), Gießen (Hessen), Engen (Oberbaden), Offenburg (Unterbaden), Obermoschel (Pfalz), Forst (Lausitz), Lüdenscheid (Rheinland-Westfalen). Auf dem Verbandstag in Lüdenscheid (14. und 15. Juli) hatte ich also zum dreizehnten Male*) diese Verhandlungen, bei denen ich fast immer selbst zu referiren hatte. Auf diesem Verbandstag hatte sich nun Dr. Glackemeyer, wie es in dem vom verstorbenen Verbandsdirektor Philipp Schwarzhaupt-Lüdenscheid herausgegebenen Bericht heißt „als Gast eingefunden." Große Verwunderung bei den Vertretern, die an seinen Zirkularen keinen Gefallen gefunden hatten... Der Verbandsdirektor war zweifelhaft, ob er ihm vorkommenden Falls das Wort gestatten sollte. Ich trat in einer privaten Besprechung entschieden dafür ein. Das Genossenschaftsgesetz war letzter Gegenstand der Tagesordnung. Die Verhandlung darüber dauerte bis über die für den Beginn des Festessens bestimmte Zeit hinaus. Da viele Vertreter gleich nach Tisch die Eisenbahnzüge zur Heimfahrt benutzen wollten, hatte man keine Lust „Gastrollen-Reden" des den Herren, die ihn kannten, nichts weniger als angenehmen Niedersächsischen Verbandsdirektors anzuhören. Dr. Glackemeyer bekam zwar das Wort zu einer Gegenrede. Aber da nach der Geschäftsordnung dieses Verbandes wie vieler anderen nur fünf Minuten Redezeit gestattet war und der Verbandstag eine ausnahmsweise Verlängerung ablehnte, so mußte er bald wieder aufhören — und zog entrüstet ab. Die Beschlüsse, die in Uebereinstimmung mit anderen Unterverbandstagen angenommen waren, definitiv zu redigiren, wurde mir in Gemeinschaft mit dem Bureau übertragen.

Als ich nun auf dem Erfurter Genossenschaftstag in der erregten Berathung über den Antrag auf gänzliche Beseitigung des sogenannten Einzelangriffs die anwesenden Verbandsdirektoren aufforderte, über die Meinung ihrer Verbandstage sich zu erklären, rief mir Dr. Glackemeyer zu: Lüdenscheid! Ich wurde dadurch veranlaßt zu sagen: „Ja Lüdenscheid! Herr Dr. Glackemeyer hat in seinem Zirkular den Verlauf in Lüdenscheid unrichtig wiedergegeben, wie die anwesenden Vertreter des Verbandes bezeugen können."**) Dr. Glackemeyer kam in Erfurt auf Lüdenscheid nicht zurück. Aber dafür um so unfreundlicher in seinem

---

*) Den letzten von mir übernommenen Verbandstag in Königsberg N/M. (Pommern) konnte ich nicht besuchen, weil ich nach dem Verbandstag in Lüdenscheid im Seebad Ahlbeck erkrankte.

**) Es waren dies Verbandsdirektor Schwarzhaupt-Lüdenscheid und sein Stellvertreter, jetzt Verbandsdirektor Moras aus Ruhrort.

Zirkular vom 1. Dezember 1888.*) Nun vergingen fast drei Jahre, bis er die Geschichte wieder aufrührte. Sogar zwei Jahrgänge Credit-Verein entbehren der Erinnerung an dieselbe. Der ersten Erinnerung an Lüdenscheid im Credit-Verein 1891 Nr. 9 folgte die zweite im Credit-Verein Nr. 8 August 1892, fast eine volle Seite mit Schimpfreden recht niedriger Art. Er erwähnte dabei, daß nach seiner Fünf-Minuten-Rede noch ein Redner auftrat und „mit dem Brustton der Ueberzeugung eine gehörige Pauke für die Anwaltschaft" hielt. Zuletzt geht Dr. Glackemeyer auf die Verhandlungen in Erfurt ein:

„In Erfurt wurde ich wieder an Lüdenscheid erinnert. Dort meinte Herr Parisius, ich hätte in Lüdenscheid Gastvorstellungen gegeben, aber ohne Erfolg. Die von den Genossenschaften **„bezahlten"** Herren dürfen ohne Einspruch seitens des Vorsitzenden, auf den Allgemeinen Vereinstagen sich erlauben, Hohn und Spott auf die Vertreter herabzugießen. Wenn man sonst im Leben jemand für seine Dienste bezahlt, so nimmt er eine andere Stellung dem Bezahlenden gegenüber ein. Die Vertreter der Genossenschaften sind kolossal nachsichtig, sonst würden sie einem bezahlten Herrn eine solche Sprache nicht erlauben, sondern ihm die Stellung anweisen, die ihm gehört und gebührt. **Herr Parisius gab in Lüdenscheid Gastrollen natürlich gegen Bezahlung, mir kostete meine Gastrolle mein eigenes Geld, das ist der große Unterschied zwischen unsern Rollen!"** **)

Diese giftigen Salbaderei, mit der Dr. Glackemeyer mich durch unwahre Behauptungen wider besseres Wissen (s. S. 104) herabzusetzen sucht, ist so spaßig, daß sie unverkürzt abgedruckt zu werden verdiente. In den Mittheilungen über den Erfurter Genossenschaftstag ist zwar meine Aeußerung über die erfolglose Gastvorstellung nicht erwähnt, aber ich glaube mich zu erinnern, dieses zutreffende Wort allerdings gebraucht zu haben. Die dritte Erzählung über die Lüdenscheider Gastvorstellung brachte Dr. Glackemeyer schon in Nr. 1 Januar 1893.***) Hier wie in der vierten Erzählung im April 1893 versuchte er den Lesern weiszumachen, daß man aus Furcht vor der Wirkung seiner Rede ihm das Wort abgeschnitten! In der fünften Erzählung kam Dr. Glackemeyer mit neuen Grobheiten (1893 Nr. 8 August):

„Herr Parisius entblödete sich nicht, in Erfurt vor der großen Versammlung mir höhnend zuzurufen: „Sie sind auf Gastrollen gegangen, aber ohne Erfolg!" (Ich hatte für mein Geld den Verbandstag in Lüdenscheid besucht, um mich in Genossenschaftsfragen zu belehren)"...

Ist das Wahrheit oder Heuchelei? oder ist es ein Schreibfehler insofern, als das fünfte Wort vom Ende „mich" zu streichen ist?†)

---

*) Darin sagte er, daß er dem Verbandstag „auf Einladung als Gast anwohnte." Als Einladung faßte er die ihm wie anderen Verbandsdirektoren durch Kreuzband übersendete Einladung der einbezirkten Vereine auf.

**) Das hier fettgedruckte ist auch im Credit-Verein fettgedruckt.

***) „Als ich Irrthümer desselben aufdecken wollte, wurden die Intimen des Herrn Parisius höchst unwillig und man schnitt mir das Wort ab."

†) Dr. Glackemeyer thut hier so, als ob wegen meines Zurufes über die Gastrolle der Niedersächsische Verband sich vom Allgemeinen Verbande losgejagt habe. Er fügt sodann noch hinzu: „Hinterher schreiben die Berliner Herren in den Zeitungen, der Allgemeine Verband hätte uns abgeschüttelt, das war eine wissentlich grobe Unwahrheit." Ich meinerseits muß, solange weder die Zeitung, noch die Zeit, noch die Person des „Schreibers" genannt ist, behaupten, daß sich Dr. Glackemeyer diese wissentlich grobe Unwahrheit aus den Fingern gesogen hat.

Aus der sechsten und bisher letzten Erinnerung an Lüdenscheid in Nr. 1 vom Januar 1894 erfährt man, daß der „Mann mit dem Brustton der Ueberzeugung“ der ihm in Lüdenscheid die Pauke hielt, der jetzige Verbandsdirektor Moras aus Ruhrort war, den Glackemeyer sonst „den Herrn aus Westfalen“ zu nennen beliebt. Glackemeyer schrieb: „Im Jahre 1888 besuchte ich den Unterverbandstag in Lüdenscheid. Ich wollte mal sehen und hören, wie unsere Dinge auf andern Verbandstagen behandelt werden. Statt sich über meinen Eifer — denn ich reiste für mein Geld — im Interesse des Genossenschaftswesens zu freuen und mich wenigstens gastfreundlich aufzunehmen, behandelte man mich wie einen lästigen Aufdringling, schnitt mir einfach das Wort ab, und Herr Moras glaubte es nöthig zu haben, eine Moralpauke gegen mich zu halten. . . Herr Parisius spottete noch in Erfurt über mich, indem er der großen Versammlung erzählte, ich hätte eine Gastvorstellung in Lüdenscheid geben wollen, dieselbe sei aber nicht gelungen. Herr Parisius aber reiste nicht für sein eigenes Geld.“

Ich hätte in Erfurt über die erfolglose Gastvorstellung auch gespottet, wenn Dr. Glackemeyer nicht für sein eigenes Geld gereist wäre, sondern für das Geld des Unterverbandes, der ja beschlossen hatte, seine Kasse zu Agitationszwecken für das Genossenschaftsgesetz zu verwenden (s. oben S. 41).

Daß man ihn in Lüdenscheid für einen „lästigen Aufdringling“ ansah und so behandelte, ist nicht in Abrede zu stellen. Um so sonderbarer, daß er immer wieder von der recht wenig vornehmen Rolle erzählt, die der stolze Senator und Verbandsdirektor aus Hannover als lästiger Aufdringling in Lüdenscheid bei den Kreditvereins-Praktikern in Westfalen spielte. Welchen Eindruck er dort machte, kann er jederzeit von den zahlreichen Besuchern jenes Verbandstages, außer von dem jetzigen Verbandsdirektor Moras, seinem Liebling, z. B. von dem Professor Hindorf in Ruhrort, jetzigen Stellvertreter des Verbandsdirektors und von dem (nationalliberalen) Landtagsabgeordneten zum Heede in Halver in Erfahrung bringen.

4. Die beseitigten Zirkulare.

Als ich am 18. Juni 1888 als Vertreter der Anwaltschaft zum Verbandstage der Oberbadischen Kreditvereine nach Engen kam (s. oben S. 113) und am Abend die Tagesordnung für die Hauptversammlung des 19. Juni festgesetzt wurde, schlug der Verbandsdirektor Schirmeister-Konstanz vor, die Zirkulare des Dr. Glackemeyer als Verhandlungs-Gegenstand auf die Tagesordnung zu setzen. Ich wendete ein, das sei unpraktisch, man müsse die Besprechung mit der Verhandlung über den Entwurf des neuen Genossenschaftsgesetzes verbinden, da ja die Zirkulare nur Ausführungen zu diesem enthielten. So geschah es. In der Hauptversammlung hatte ich Bericht zu erstatten. Ich besprach natürlich dabei den Inhalt der Zirkulare und suchte namentlich die durch sie hervorgerufenen Bedenken, so weit ich sie für ungerechtfertigt hielt, zu widerlegen. Es gelang mir dies auch. Eine entsprechende Resolution wurde angenommen. Hierauf sprach mir — wie es in dem sehr knapp gehaltenen Bericht seines damaligen Stellvertreters, späteren Nachfolgers, des nunmehr verstorbenen Notar Baßler heißt, der Verbandsdirektor Schirmeister „für den interessanten, lehrreichen und in vielen Richtungen auch beruhigenden Vortrag den wärmsten Dank aus“. Er schloß damit (im gedruckten Bericht steht dies nicht): „Und damit sind die Zirkulare des Herrn Dr. Glackemeyer erledigt.“

Auf dem allgemeinen Vereinstage in Erfurt erklärte ich in meiner längeren Rede, nachdem ich durch Dr. Glackemeyer's Zwischenrufe veranlaßt war, mich über den Lüdenscheider Verbandstag auszulassen, u. A. (nach den Mittheilungen):

„Es ist richtig, daß auf vielen der von mir besuchten Verbandstage gerade in Folge der Zirkulare des Herrn Dr. Glackemeyer sehr gründliche Erörterungen dieser Frage stattgefunden haben, schließlich aber die durch die unrichtige Darstellung jener Zirkulare hervorgerufene Stimmung gegen den Fortbestand des Einzelangriffs in das Gegentheil umschlug. Auf einzelnen Verbandstagen wurde dies ausdrücklich konstatirt. In Oberbaden z. B. durch Herrn Verbandsdirektor Schirmeister, der noch hinzufügte: „Und damit sind die Zirkulare des Herrn Dr. Glackemeyer erledigt!" Ich beabsichtigte nicht, auf diese Vorgänge einzugehen, nur der Zuruf hat mich dazu veranlaßt."

Ich hatte mich vorher auf die anwesenden Vertreter aus den einzelnen Verbänden berufen. Aus dem Oberbadischen Verbande waren anwesend der stellvertretende Verbandsdirektor Baßler-Stockach, die Vertreter des Vorschußvereins zu Waldshut i/B. e. G. Tanner und des Spar- und Vorschußvereins zu Zell im Wiesenthal e. G. C. Rümmele.

Dr. Glackemeyer, der später zu Wort kam, sagte unter Entstellung meiner Behauptung:

„Herr Parisius hat das große Wort gelassen ausgesprochen: Die Zirkulare des Herrn Glackemeyer sind ja erledigt! — Ich erwidere darauf, sie sind noch lange nicht erledigt — das wird Herr Parisius sehen!"

Ich hielt es nicht der Mühe werth, dieser wie andern Unwahrheiten in einer persönlichen Bemerkung entgegenzutreten. Aber Herrn Dr. Glackemeyer gefiel seine Entstellung als Hetzmittel. Denn schon in Nr. 2 des Credit-Vereins 1889 schrieb er in einem Triumphgesang über den „eklatanten Erfolg", den der Niedersächsische Verband durch Einfügung der eingetragenen Genossenschaft mit unbeschränkter Haftpflicht in das neue Genossenschaftsgesetz erzielt habe:

„In Erfurt hieß es in übermüthigem Tone, unsere Zirkulare wären **mit der dortigen Abstimmung** einfach beseitigt."

Ich weiß nicht, ob es bei dieser groben Entstellung der Wahrheit möglich ist, anzunehmen, Dr. Glackemeyer habe nur irrthümlich, nicht wider besseres Wissen gehandelt.

5. Dr. Glackemeyer's Muster-Praktiker.

Wenn Dr. Glackemeyer in einem Unterverbandstags-Bericht irgend einen Redner aufstöbern konnte, der etwas, wenn auch Ungereimtes in Opposition gegen den Anwalt oder den Verbandsdirektor oder zur Bestätigung Glackemeyer'scher Irrlehren gesagt hatte, so feierte er ihn sofort in seinem Credit-Verein als den Praktiker gegenüber den Theoretikern. Eine besondere Freude hatte er an dem Direktor Uhle in Glauchau, weil dieser sich 1890 auf dem Unterverbandstage in Chemnitz sehr abfällig über Generalversammlungen und über das Genossenschaftsgesetz ausgesprochen hatte. Dr. Glackemeyer schrieb im Credit-Verein Juni 1891 (Nr. 6):

„Herr Direktor Uhle-Glauchau hob **mit Recht** auf der Versammlung in Chemnitz hervor, man solle sich doch nicht täuschen lassen über den Genossenschaftssinn der Mitglieder eines Vereins. Viele würden wider Willen Mitglieder, weil sie ohne diese Eigenschaft kein Geld bekommen könnten. **Unsere Herren Theoretiker** befinden sich aber nach dieser Richtung **in steter Täuschung!**

Und Juli 1891 (Nr. 7):

„Herr Direktor Uhle-Glauchau meinte auf dem Verbandstage in Chemnitz, er erkenne in dem neuen Genossenschaftsgesetze durchaus keinen großen Segen, sondern nur viel Mühe sei der Arbeit Preis. Herr Anwalt Schenck bemerkte dagegen, daüber sei kein Zweifel, das neue Gesetz sei eins der besten Reichsgesetze, die in letzter Zeit erlassen worden seien. **Offenbar steht hier wieder Theorie und Praxis diametral einander gegenüber.**"

Die Praxis des Direktor Uhle war nichts werth. Denn wenige Monate darauf (Januar 1892) berichtete Dr. Glackemeyer, aber ohne Erwähnung seines Musterpraktikers über den Konkurs der Spar- und Kreditbank zu Glauchau. Die 280 Mitglieder der Bank hätten für 800000 Mk. aufzukommen. Kredite seien „in leichtsinniger ja geradezu frivoler Weise gewährt, Beträge von 30000 Mk. bis über 100000 Mk. an ganz schlecht situirte Leute", die bestellten Sicherheiten in fast allen solchen Fällen gleich Null.

Der Anwalt Schenck sprach sich auf dem Vereinstage in München über die in Konkurs gerathenen Genossenschaften aus, darunter Glauchau mit 600000 Mk. Unterbilanz:

„Ueberall war schlechte Verwaltung, leichtfertige Kreditgewährung, Gewährung von Großbankkrediten an Gesellschaften und Fabrikanten, mangelhafte Kontrolle und Gleichgiltigkeit und Vertrauensseligkeit der Genossen die Ursache des Zusammenbruches . . Die Mißwirthschaft . . stammt nicht aus der letzten Zeit; dieselbe hatte schon lange gedauert, war aber den Genossen, die sich um ihre Angelegenheiten nicht gekümmert hatten, verschlossen geblieben, erst die durch das neue Genossenschaftsgesetz geschaffenen Einrichtungen — die Revision — brachte die schlechte Verwaltung und deren Folgen ans Tageslicht, deckte die gewaltigen Unterbilanzen auf und entlarvte diejenigen, welche das ihnen geschenkte Vertrauen in nichtswürdiger Weise mißbraucht hatten."

Zu den Entlarvten gehörte der Direktor Uhle, der über das Genossenschaftsgesetz geklagt hatte. Man hätte nun erwarten können, daß Dr. Glackemeyer bei der aus dem Zusammenbruch gezogenen Nutzanwendung seinen Irrthum in betreff des Praktikers Uhle und des Werthes der Aussprüche desselben gegenüber den Theoretikern in irgend einer Weise wenigstens andeuten werde, um so mehr als er den Irrthum hätte vermeiden können, wenn er sich hätte entschließen können, in die Jahresberichte des Anwaltes zu sehen.*) Freilich hätte er darin gefunden, daß in Glauchau das Ver-

*) Der Spar- und Vorschußverein Glauchau hatte:

	1887	1888	1889	1890
Geschäftsguthaben . . .	48 675 ℳ	46 851 ℳ	48 716 ℳ	53 991 ℳ
Reservefonds	27 562 „	21 410 „	114 385 „	32 072 „
Fremde Gelder	1 074 183 „	1 150 479 „	1 290 071 „	1 268 607 „
Verhältniß zum				
Guthaben zum Betriebsfond	3,9 %	3,8 %	3,3 %	4,0 %
Reservefonds zum Betriebsfond	2,4 %	1,7 %	7,9 %	2,3 %
Eigenes Vermögen zum Betriebsfond	6,3 %	5,6 %	11,2 %	6,3 %
Verluste	7 861 ℳ	11 442 ℳ	11 587 ℳ	15 386 ℳ
Dividende	8 %	8 %	6 %	6 %
Mitgliederzahl	244	243	251	263
Fremde Gelder pro Kopf	4 402 ℳ	4 738 ℳ	5 179 ℳ	4 894 ℳ
Eigenes Vermögen pro Kopf	300 „	280 „	649 „	327 „
Ueberschuß der fremden Gelder über das eigene Vermögen pro Kopf .	4 102 „	4 458 „	4 530 „	4 474 „

hältniß des eigenen Vermögens zum Betriebsfonds am Schlusse 1889 wenig besser, und 1890 sogar noch schlechter war — als bei der Kreditbank in Hannover und daß die im Verhältniß zu den Geschäftsguthaben sehr hohen Reserven (also ganz nach dem Rezept des Dr. Glackemeyer) bei der dortigen Mißwirthschaft nichts genützt haben, vollends da die Belastung des einzelnen Mitgliedes noch halb mal so groß war wie bei der Kreditbank zu Hannover (s. S. 74).

Aber was für eine Nutzanwendung zog Dr. Glackemeyer aus dem Zusammenbruch in Glauchau? Man muß es lesen, um es zu glauben:

„Das ist allerdings eine Mißwirthschait, die nicht mehr in den Vereinen vorkommen sollte. Die Kreditbank zu Glauchau gehört zu dem Allgemeinen Verbande der Genossenschaften, an **theoretischen***) Rathschlägen hat es der Bank also nicht gefehlt, aber „**grau**" ist alle Theorie. Im allgemeinen Verbande tiftelt und tiftelt man an theoretischen Fragen herum" . . .

— nun kommt eine lange Darstellung von dem, was Dr. Glackemeyer alles für unnütz zu erörtern hält, und er fährt dann fort:

„Genug, wäre die Sache nicht zu ernst, man müßte über solche Tifteleien laut lachen. **Man seihet Mücken, und da Hunderttausende verschluckt werden, ist man nicht zu Hause.****) Ist ein solches Verbandsleben jährlich 60 000 Mark werth? Der Niedersächsische Verband trat aus und daran that er Recht, sein Geld kann er besser anwenden. Die Kreditbank zu Glauchau wurde 1859 gegründet, ist heute bereits 32 Jahre alt, hat aber erst eine Reserve von 79 694 Mark(?). Mußte eine solche Bank, die einen Umsatz von über 6 Millionen Mark hat, nach 32jährigem Bestande, nicht eine Reserve von über 200 000 Mark haben? Die Vertheilung hoher Dividenden, das war seit Jahren das Steckenpferd, und als wir vor einigen Jahren in Karlsruhe dagegen auftraten, da trat der Anwalt Schenck uns scharf und barsch entgegen. . . Mücken seihete man, Kameele ließ man verschlucken!" . .

Da haben wir's! Dem klugen Praktiker Uhle, der übrigens kurz vor der Konkurseröffnung gestorben ist, gab Dr. Glackemeyer stets Recht gegen den Anwalt, den Theoretiker. Aber als ein paar Monate darauf in Folge seiner Mißwirthschaft der Verein zusammenbrach, da war nicht er daran Schuld, sondern die Theoretiker des Allgemeinen Verbandes, daß sie ihm nicht bessere Praxis beigebracht!

Nun hat aber Dr. Glackemeyer in seiner galligen Einbildungskraft, wie gewöhnlich, unterlassen, sich aus den Drucksachen des Allgemeinen Verbandes, aus Mittheilungen und Jahresberichten zu informiren, und da ist ihm wieder ein Unglück passirt.

Direktor Uhle hat es gerade so gemacht wie Dr. Glackemeyer; 1870 Kreditbankdirektor geworden (Dr. Glackemeyer erst 1876) hat er, so lange Schulze-Delitzsch lebte, sich um diesen „Theoretiker" und dessen Verband nicht gekümmert, er meinte sein Geld besser verwenden zu können. Auch nachher hielt er sich noch länger, als Dr. Glackemeyer, dem Verbande fern, bis das von ihm scharf getadelte Genossenschaftsgesetz mit der Zwangsrevision in Kraft trat, und ihn veranlaßte, — erst **1889**, 2 Jahr vor der Konkurseröffnung, sich dem Verband anzuschließen. Auf den paar Unter-

---

Im Dezember 1891 brach über den Verein der Konkurs aus, wie Dr. Glackemeyer im Januar 1892 im Kredit-Verein mittheilte, mit 280 Mitgliedern und 1 364 020 Mark Aktiven, von denen 684 170 Mark als verloren gelten und 1 355 901 Mark Passiven.

*) Das Fettgedruckte auch im Credit-Verein fettgedruckt.

**) Ob hunderttausende Mücken? oder Kameele? oder Mark?

verbandstagen, die er besuchte, hat er weidlich den Theoretikern opponirt, — mit Recht, wie der Credit-Verein bezeugte. Seine Praxis ist von Schulze-Delitzsch und dessen Schülern nicht beeinflußt; seine Praxis stimmte weit mehr mit den Lehren des Dr. Glackemeyer. Kleine Leute, die Dividendenjäger, wollte er nicht haben,*) hohe Guthaben (Geschäftsantheil betrug nur 600 Mark) konnte er nicht brauchen, das Verhältniß des eigenen Vermögens zum Betriebsfonds war ihm gleichgültig,**) er war für die Vermehrung der Reserven, soweit der Gewinn reichte; gegen hohe Dividende hatte er die gleiche Abneigung, wie Dr. Glackemeyer.***) Man wird nicht fehl gehen, wenn man annimmt, daß gerade die von ihm geübte, den von **Dr. Glackemeyer vertretenen Grundsätzen** über Geschäftsguthaben, Reservefonds und Dividende, entsprechende Praxis es dem Direktor Uhle ermöglichte, **die seit langen Jahren von ihm geübte Mißwirthschaft zu vertuschen und den Zusammenbruch lange hinzuhalten.**

6. Was Dr. Glackemeyer von Vereinstags-Beschlüssen weiß.

Ueber Dr. Glackemeyers Unkenntniß von dem, was vor dem Jahre 1880 in Schulze-Delitzsch's allgemeinem Verbande passirt ist und über die köstliche Probe, die er in Nr. 2 des Credit-Vereins 1892 durch die „kleine Blumenlese" von den „in geradezu leichtfertiger Weise gefaßten Beschlüssen" der Vereinstage von seiner Prahlerei mit Kenntnissen, die er nicht besitzt, ablegt, habe ich schon in der Anmerkung zu Seite 51 gesprochen und dabei angekündigt, daß ich in Kapitel 9 noch Beispiele darüber bringen werde, wie er die Auszüge in Gadow's deutschem Genossenschaftskalender zu seinen Zwecken zurechtstutzt. Inzwischen hat Dr. Glackemeyer auf eine Bemerkung des Dr. Crüger im Briefkasten Nr. 2 der Blätter für Genossenschaftswesen, wodurch ihm gerathen wird, die Mittheilungen über die allgemeinen Vereinstage aus der Zeit von Schulze-Delitzsch nachzulesen, in Nr. 2 seines Blättchens vom Februar 1894 jenen Aufsatz in Nr. 2 desselben von 1892 ausdrücklich als Beweis seiner Kenntnisse angeführt. Er schreibt:

„Diesen Vorwurf" (daß ihm bisher die Zeit gefehlt habe, sich mit der Vergangenheit der Genossenschaften zu beschäftigen) „hätte er sich ersparen können, wenn er seinerseits sich die Zeit genommen hätte, Nr. 2 des „Credit-Vereins" vom Jahre 1892 zu lesen. Dort findet er die Beschlüsse der Allgemeinen Vereinstage einer **genauen Betrachtung** unterzogen"...

Ein paar Proben der Glackemeyerschen Betrachtung genügen. Von 13 Vereinstagen theilt er je einen Beschluß mit, um ihn herunterzureißen.

1. In **Gotha** Pfingsten **1860** auf dem zweiten Vereinstage der deutschen Vorschuß- und Kreditvereine wurde auf Anlaß eines in einer Kommission vorberathenen Antrages Sörgel's, des Direktors der Eisleber Diskonto-

---

*) Während der 21jährigen Direktion des Direktor Uhle hat die Glauchauer Vereinsbank jede Jahresberichtstabelle ausgefüllt, man kann deshalb die Thätigkeit derselben besser verfolgen, wie die der Kreditbank des Dr. Glackemeyer. In Glauchau nahmen die Mitglieder von 1870 bis 1888 ohne Unterbrechung ab: Es waren 1870 561, 1872 461, 1875 395, 1880 321, 1883 273, 1888 243 Mitglieder.

**) 1876 war das Verhältniß noch 26,5 %, seitdem fiel es ununterbrochen bis 1888 auf 22,0 — 21,6 — 18,2 — 17,5 (1880) — 14,6 — 12,8 — 10,8 — 9,8 — 8,9 (1885) — 7,8 — 6,3 — 5,6 (1888) — 11,2 — 6,3.

***) In den 21 Jahren seiner Direktion sind je zweimal 8 und 7 % Dividende vertheilt, 17 Jahre nur 6 %.

gesellschaft wurde folgender von Schulze-Delitzsch in den Mittheilungen eingehend begründeter Beschluß gefaßt:

„Der Vereinstag empfiehlt:

1. Die Ausbedingung geraumerer Kündigungsfristen bei den aufzunehmenden Anlehen, besonders bei Spareinlagen, wenn auch mit Vorbehalt sofortiger Rückzahlung an die Gläubiger, ohne Eingehen einer Verpflichtung dazu, insofern es die Kräfte der Kasse und Verhältnisse des Geldmarktes erlauben, aber auch alsdann nur gegen entsprechende Provision;

2. die Führung besonderer Konti's über die verschieden befristeten Kredite, welche jeden Augenblick eine Uebersicht der Totalsummen gewähren, deren Kündigung man je nach den verschieden bemessenen Fristen entgegenzusehen hat;

3. die Gestattung keiner längeren als dreimonatlicher Fristen für Vorschüsse mit Vorbehalt der jedesmaligen Prolongation, insofern es die Verhältnisse der Kasse und des Schuldners gestatten." ..

Dieser Beschluß, gegen dessen Inhalt noch heute kaum etwas einzuwenden, ist im Deutschen Genossenschaftskalender dahin zusammengezogen:

„Anstrebung langer Kündigungsfristen bei Anlehen und kurzer Fristen bei Vorschüssen (nicht über 3 Monate)."

Dr. Glackemeyer aber hielt sich berechtigt, als Beschluß Gotha 1860 anzuführen:

„Vorschüsse sollen nur auf kurze Fristen, nicht über 3 Monate gegeben werden."

Hätte er die Mittheilungen über den Vereinstag gelesen, so würde er doch vielleicht Anstand genommen haben, den Lesern seines Blattes dergleichen weis zu machen, aber ist die Verarbeitung des in Gadow's Kalender veröffentlichten Auszuges nicht auch eine arge Entstellung?

2. Noch böser steht es mit folgendem Falle. Auf dem vierten allgemeinen Vereinstage zu Potsdam Pfingsten 1862 wurde, viele Jahre, bevor ein Genossenschaftsgesetz erlassen wurde, auf Antrag des Anwalts Schultze-Delitzsch ein Beschluß gefaßt,*) der in seinen ersten Theilen folgendermaßen lautet:

„Der Vereinstag erklärt:

a) die Solidarhaft der Vereinsmitglieder für die Vereinsschulden ist die einzig wirksame und rechtlich mögliche Kreditbasis der Vereine,

b) zur Sicherung der Mitglieder gegen die Gefahren der Solidarhaft dienen:

α) die Bildung eines ansehnlichen, zu den aufgenommenen fremden Geldern im Verhältniß stehenden Vereinsfonds in Reserven und Geschäftsantheilen der Mitglieder, welcher anfänglich mindestens 10% betragen und allmählich auf 50% gebracht werden müßte, und dessen Verhältniß die Generalversammlung fortwährend regele und überwache." ..

Es ist bereits (S. 70 u. 71) näheres über die in dem Beschluß niedergelegte Grundlehre Schulze's mitgetheilt. In Gadow's Genossenschaftskalender ist dieser Beschluß dahin zusammengezogen:

„Die Solidarhaft ist die beste Kreditbasis der Vereine, die Mitglieder werden gegen die Gefahren der Solidarhaft geschützt durch Bildung von Reserven und Geschäftsantheilen." ..

Was macht Glackemeyer daraus? Er schreibt unter Benutzung der Anführungszeichen (Gänsefüße), also indem er die Meinung erregt, daß er wörtlich zitirt:

„Potsdam 1862. Die Mitglieder werden gegen die Gefahren der Solidarhaft geschützt durch die Bildung von Geschäftsantheilen."

---

*) Ich selbst war Referent, vgl. oben S. 71.

Nachdem er so den nicht ganz korrekten Auszug des Beschlusses im Kalender sinnentstellend verändert — um nicht zu sagen, gefälscht hat, bekämpft er den Beschluß als widersinnig:

„Ein an sich widersinniger Beschluß Man wollte damit sagen, daß die Mitglieder im Fall der Heranziehung nicht direkt die Solidarhaft fühlten, wenn sie Guthaben eingezahlt haben. Das ist schon richtig, aber immer wird man damit sein Geld los" u. s. w.

Aehnlich macht es Dr. Glackemeyer auch mit andern Beschlüssen. Und da wagt er den Dr. Crüger zum Beweise, daß er die „Mittheilungen der allgemeinen Vereinstage aus der Zeit von Schulze-Delitzsch kenne", auf jenen Aufsatz hinzuweisen?

7. Rechtsanwalt Quassowski-Gumbinnen als Pole.

Quassowski-Gumbinnen war auf dem Stettiner Genossenschaftstage unter den Rednern über den Antrag wider Dr. Glackemeyer und Genossen. Der Rechtsanwalt Quassowski ist Vorsitzender des Aufsichtsraths des Vorschußvereins Gumbinnen e. G. m. u. H., eines vor dreißig Jahren gegründeten, alle Zeit musterhaft verwalteten Ostpreußischen Kreditvereins, aus dessen Drucksachen Dr. Glackemeyer recht viel lernen könnte. Der Vorschußverein Gumbinnen hat sich durch eigene Deputirte fast auf allen Genossenschaftstagen, die Dr. Glackemeyer als Verbandsdirektor, — wie er es bei andern nennt — „auf Regimentsunkosten" besuchte, vertreten lassen, in Karlsruhe und Kolberg durch seinen Direktor Schmidt, in Erfurt durch diesen und den Aufsichtsrathsvorsitzenden, Stadtverordnetenvorsteher Rechtsanwalt Quassowski, in Königsberg durch beide und vier andere Mitglieder und Aufsichtsrathsmitglieder, in Freiburg durch Quassowski allein, Quassowski ist auf den Verbandstagen in Erfurt (mehrmals), in Königsberg und in Freiburg auch unter den Rednern gewesen, und durch seine schneidige, feste ostpreußische Mundart und Ausdrucksweise ist er gewiß Vielen in Erinnerung geblieben. Seine Stettiner Rede mag den Dr. Glackemeyer besonders deshalb geärgert haben, weil er sich auf Schulze-Delitzsch berief und dabei treffend sagte:

„Ich wünschte, daß **Schulze-Delitzsch** noch am Leben wäre mit seinem **heiligen Zorn, der ihm so schön zu Gesicht stand.** Wie würde er den Herren sein „„Halt"" und sein „„Quos ego"" entgegendonnern!""

Dr. Glackemeyer glaubte ihn mit ein paar Redensarten abschütteln zu können — indem er ihn als einen unberufenen Gast, als einen Gastrollen gebenden — Polen behandelte. In der Geographie*) der alten preußischen Provinzen ist der annektirte Kurhesse, der sich als Ur-Hannoveraner gerirt, ebenso unverbesserlich unwissend, wie im Lateinischen.**)

---

*) Der Verbandsdirektor, Fabrikant Moras aus Ruhrort, gegen den er wegen der Vorgänge im engeren Ausschuß zu Kolberg und auf dem Unterverbandstage zu Lüdenscheid einen tiefen Groll hegt, bleibt ihm stets „ein Herr aus Westfalen," obschon die Stadt Ruhrort im Rheinischen Regierungsbezirk Düsseldorf, Kreis Duisburg, auch hessischen und hannoverschen Schulen und Schullehrern schon deshalb bekannt sein sollte, weil sie am Einfluß der Ruhr in den Rhein liegt.

**) Vom Nutzen des Lateinischen habe ich persönlich eine geringe Meinung. Ich bin ein Freund der lateinlosen Realschulen und möchte ihnen die Berechtigung verschaffen, Abgangszeugnisse auszustellen, die auch zum Studium der Rechte und

Daß Gumbinnen der Sitz der Regierung einer der beiden **Bezirke** Ostpreußens ist, hat er, wenn er es schon gewußt hat, wieder vergessen. Er hat auch vergessen, daß er die beiden Vertreter des Vorschußvereins Gumbinnen auf dem Unterverbandstage der Ost- und Westpreußischen Kreditvereine zu Danzig wegen einer daselbst gethanen Aeußerung im Credit-Verein 1890, Nr. 9 „abgethan" hat — wobei freilich, ohne Zweifel durch Schuld des Setzers statt des Namens Quassowski stets Guassowski steht. Aber gleichviel, Dr. Glackemeyer hatte in den Zeitungen gelesen, daß auf dem Stettiner Genossenschaftstage zwei Polen Namens des Polnischen Unterverbandes anwesend waren. Flugs verwandelte sich in seiner verwirrten Phantasie der Rechtsanwalt Quassowski-Gumbinnen in einen Polen und flugs fertigt er ihn als solchen ab:

„Der Verband des Herrn gehört nicht zum Allgemeinen Verband, doch glaubte er demselben beispringen zu müssen. Herr Quassowski stellte sich der Versammlung in Stettin vor mit einem Witze darüber, daß er Jurist sei. Ueber den Geschmack, wie man sich vorstellen soll, läßt sich nicht streiten. Dann hielt der Herr eine lange gelehrte Rede über Ethik und Gott weiß was; darauf machte er eine Reihe Unterstellungen gegen mich, natürlich ohne Beweis, und zum Schluß forderte er auf, uns „ehrlich und offen" zu den uns von ihm unterschobenen und unqualifizirbaren Motiven zu bekennen. Herr Quassowski vergaß in dem Augenblicke, **daß wir in Hannover leben und nicht in Polen!** Der Allgemeine Verband kann sagen: Herr, schütze mich vor meinen Freunden."

Jedes weitere Wort über diesen Ausspruch Dr. Glackemeyer's ist hier überflüssig.

8. Eine „unsinnige" Behauptung des Altmeisters.

Nach einem auch in die neuen Provinzen eingeführten Preußischen Gesetz vom 17. Juni 1833 dürfen Papiere, wodurch die Zahlung einer

---

der Medizin genügen. Aber ich meine, ein Schriftsteller, gleichviel ob er „Gelehrter" mit oder ohne Doktortitel ist oder sich nicht zu den Gelehrten rechnet, sollte, wenn er kein Latein gelernt hat, bei der Anwendung lateinischer Worte vorsichtig sein. Dr. Glackemeyer ist dies nicht. Er hat seit 1886 bis 1894 so und so oft **Legitimitätsprüfung** mit Legitimationsprüfung als gleichbedeutend angewendet und mehrmals **Retensionsrecht** für Retentionsrecht geschrieben. In Nr. 9 1893 findet sich **vulminante** statt fulminante (vielleicht nur ein Druckfehler?) In hochmüthigster Weise verwies er (Credit-Verein 1893 Nr. 12) den Verbandsrevisor Förster-Friedland, der in einer Entgegnung auf Glackemeyer'sche Anzapfungen dem sonderbaren Wort **Monituren** keine Existenzberechtigung zuerkennen wollte, in einem Spottreim auf andere im Deutschen gebräuchliche Worte, die (im Singular) auf ur endigen. Diese Verweisungen passen nicht. Förster hatte mit Recht gefragt, ob Monituren „etwa der **germanische Pluralis** von „Monitum" sein solle; Dr. Glackemeyer zitirte mit Anführungszeichen angeblich wörtlich die Frage Förster's, aber **unterschlug** dabei das Wort „germanisch". Nun wäre ja möglich, daß im vorigen Jahrhundert in die Kanzleisprache irgend eines deutschen Kleinstaats an Stelle des in Altpreußen allein üblichen richtigen monitum, Plural monita, das sonderbare Wort monitura (im Singular) eingedrungen sei. Aber Dr. Glackemeyer braucht nicht bloß sieben Mal in der „Verbandsrevision auf Abwegen," sondern auch im Credit-Verein 1891 und 1893 mindestens zwanzigmal im Plural Monituren, und daneben oft (in der genannten Schrift ebenfalls siebenmal) den Singular Monitum, niemals aber den Singular Monitur. Danach scheint es mir doch, als ob Dr. Glackemeyer's „Monituren" auf denselben unlateinischen Abwegen wandelten, wie die Legitimitätsprüfung und das Retensionsrecht.

bestimmten Geldsumme an jeden Inhaber versprochen wird, von Niemanden bei Strafe von mindestens 100 Thalern ohne landesherrliche Genehmigung ausgestellt und in Umlauf gesetzt werden. Ueber Natur und Merkmale der Inhaberpapiere und die sich daran knüpfende Frage, ob ein Sparkassenbuch, welches zur Auszahlung der Spareinlagen an jeden Inhaber berechtigt und verpflichtet, als Inhaberpapier anzusehen ist, haben die gelehrtesten Juristen von Savigny und Koch bis Förster und Goldschmidt tausende von Druckseiten veröffentlicht und die höchsten preußischen Gerichtshöfe viel bestrittene Urtheile gefällt. Die Frage, wie man Sparkassenbücher einrichtet, um die Gefahr zu vermeiden, durch juristische Streitfragen bedroht zu werden, beschäftigte frühzeitig die Genossenschaften, da schon die ersten von Schulze begründeten Vorschußvereine die ihnen erforderlichen Gelder zum Theil in Form von Spareinlagen aufnahmen. Schulze-Delitzsch hat in seinem Buche über Vorschuß- und Kreditvereine das Formular des Abrechnungsbuches in 2. Auflage (1859), wonach die Einlage dem Vorzeiger des Abrechnungsbuches ohne Legitimationsprüfung zurückgezahlt werde, in den folgenden Auflagen dahin geändert, daß Irrthümer in der Legitimationsprüfung nicht zu vertreten sind. Er hat dabei auf das Verbot der Inhaberpapiere ausdrücklich hingewiesen.*) Schulze-Delitzsch hat die Ansicht, daß man nöthig habe, durch die Bestimmungen des Abrechnungsbuches die Möglichkeit, wegen Ausgabe von Inhaberpapieren bestraft zu werden, auszuschließen, stets festgehalten. Auf dem Vereinstag zu Bremen 1879 erklärte er:

„Sich über die Legitimations-Prüfung desjenigen, der das Sparbuch präsentirt, so hinwegzusetzen, daß der Präsentant als solcher für legitimirt angesehen wurde, würde nach unsern preußischen Gesetzen unzuläßig und straffällig sein. Denn damit, daß man sich verpflichtet, an jeden Inhaber des Buches zu zahlen, macht man dasselbe zu einem Inhaberpapier; die Ausgabe von Inhaberpapieren ist aber nach unsern preußischen Gesetzen nur mit landesherrlicher Genehmigung statthaft." .. (Mittheilungen S. 39.)

Die gleiche Ansicht sprach er noch 1880 auf dem Vereinstage zu Altona aus. Wenngleich er zugab, daß günstige Entscheidungen der höchsten Gerichtshöfe (Obertribunal) vorlagen, veranlaßte er doch die Annahme eines die Legitimationsprüfung betreffenden Antrages.

Neuerdings sind, da die Rechtsprechung keine ungünstigen Entscheidungen aufweist, die Bedenken Schulze's mehr und mehr fallen gelassen und der letzte Vereinstag in Stettin 1893 hat eine Sparordnung empfohlen, nach welcher die Genossenschaft zur Prüfung der Legitimation des Vorzeigers des Sparkassenbuchs nur verpflichtet ist, wenn gegen die Auszahlung Einsprache erhoben ist.

Damit ist die Streitfrage für unsere Genossenschaften sachlich erledigt. Aber zurückgeblieben ist sie als Hetzmittelchen des Dr. Glackemeyer. Er hat gegen die Nothwendigkeit der Prüfung „der **Legitimität**" der Abheber von Spareinlagen schon 1885 auf dem Verbandstage in Gifhorn ge-

---

*) Schulze-Delitzsch's Vorschußvereine :c. 2. Aufl. S. 135, 3. Aufl. S. 77 u. S. 426: Der erste eingehende Aufsatz über die Delitzscher Abrechnungsbücher 2. u. 3. Aufl. und die einschlagenden Rechtsfragen ist von mir 1865 in der Innung der Zukunft veröffentlicht. Er ist nebst einem sich daran anschließenden Aufsatz Sörgel's von Schulze-Delitzsch in das Sammelwerk „Die Entwickelung des Genossenschaftswesens in Deutschland" (1870) S. 413 bis 426 aufgenommen.

sprochen und in dem Sprechsaal der Blätter für Genossenschaften 1886 einen langen Aufsatz geschrieben. Und wenn er auch von dem, was vor 1880 in genossenschaftlichen Fragen geschrieben und verhandelt ist, nicht viel weiß, so hat er doch Schulze-Delitzsch's Antrag auf dem Vereinstage in Altona 1880 und seine dortigen Aeußerungen über Sparkassenbücher als Inhaberpapiere anführen und eingehend bekämpfen können, mit sachlichen Gründen und ohne Schimpfen und Schmähen auf den „unsterblichen Altmeister."

Solche Kampfesweise ist ihm längst fremd geworden. Im März 1894 gelang es ihm aus einem Bericht des Verbandsdirektor Diehls über einen hessischen Verbandstag von 1885 eine Aeußerung des Anwalts Schenck auszugraben, wonach derselbe sich dagegen aussprach, die Legitimationsprüfung bei Auszahlung von Spareinlagen in das Belieben des Vereins zu stellen, da die Sparbücher dadurch zu Inhaberpapieren gemacht würden, deren Ausgabe Private ohne Ermächtigung des Staates sich nicht erlauben dürfen, ohne dem Strafgesetz zu verfallen. Dr. Glackemeyer, der Schulze-Delitzsch's gleichen Ausspruch von 1880 kennt, erklärt hierauf:

„Diese seltsame Ansicht, seltsam erst recht im Munde eines Rechtsanwalts, spukte lange auf den Versammlungen der Unterverbände und es kostete geradezu einen Kampf, dieselbe aus den Köpfen gewisser Herren zu verbannen. Ein Sparbuch soll ein Inhaberpapier werden; sollte man glauben, daß eine solche Ansicht wirklich ernsthaft aufgeworfen werden könnte? Wir legten die Ansicht einem Rechtskundigen Hannover's*) vor, derselbe fing laut an zu lachen, und stellte die Frage: Haben Sie denn noch nie ein Inhaberpapier gesehen?"

Zum Schluß meint Dr. Glackemeyer, endlich scheine die Ansicht zu Grabe gebracht zu sein, da die in Stettin angenommene Sparordnung „die Pflicht der **Legitimitäts**prüfung" nicht enthalte. Dabei passirt dem Dr. Glackemeyer, daß er vergessen hat, sich wiederholt gegen die betreffende in Stettin angenommene Bestimmung entrüstet ausgesprochen zu haben. Im September 1892 (Nr. 9) erklärte er, eine Bestimmung, wonach die Genossenschaft die Pflicht habe, die Legitimation des Vorgängers des Sparkassenbuchs zu prüfen, wenn gegen die Auszahlung Einspruch erhoben ist, „könne nur ein Theoretiker, der weit vom Schuß steht, den Vereinen aufhalsen wollen." Und im Mai 1893 geht er gegen dieselbe Bestimmung als ein Werk der Theoretiker los, um dann auf den früheren Vorschlag Schulze-Delitzsch's zurückzukommen. Zur Aufnahme desselben in die Sparbücher hätten die Revisoren die Vereine sogar durch die **„unsinnige"** Behauptung geschreckt, die Sparbücher wären ohne solche Bestimmung au-porteur-Papiere.

Einen ihm genau bekannten Ausspruch des **Altmeisters** Schulze-Delitzsch für eine **unsinnige Behauptung,** — die ernsthaft nicht aufgestellt werden könnte, zu erklären, nimmt Dr. Glackemeyer keinen Anstand. Warum auch nicht? Es paßt durchaus zu seiner Kampfesweise.

---

*) Auf die in der Genossenschaftsbewegung thätigen Juristen liebt der Nichtjurist, der schon zwei juristische Bücher geschrieben hat, in allen Tonarten loszuziehen, aber einen ungeheuren Respekt hat er stets vor der juristischen Weisheit irgend eines jungen oder alten hannoverschen Rechtsanwalts, der ihm auf eine juristische Frage eine Antwort giebt, die ihm bestätigt, was er wissen will.

9. Krämer — die von Schulze-Delitzsch, Parisius und Pröbst beleidigten Kaufleute.

In Hannover oder in Hessisch-Oldendorf scheint das Wort Krämer ein grobes Schimpfwort zu sein. In einem Aufsatz in Nr. 40 der Genossenschafts-Blätter Jahrgang 1892 hatte ich, ohne den leisesten Angriff auf die Gegner der Konsumvereine daran zu knüpfen, von den größeren Konsumvereinen gesprochen, und sie als solche bezeichnet, die durch ihre Größe „in der That den so heftig gegen die Konsumvereine agitirenden Krämern gefährlich" geworden sind. Dr. Glackemeyer knüpft hieran im Oktober 1892 folgende Betrachtung:

„Herr Parisius glaubt in Nr. 40 der Blätter für das Genossenschaftswesen den Stand der Kaufleute mit dem Worte „Krämer" abthun zu können. Jeder Kaufmann, und wenn er auch nur ein **Krämer** ist, ist doch wenigstens ein selbstständiger Mann, während Herr Parisius im **Dienst** der Anwaltschaft arbeitet. Zu verdenken ist es allerdings Herrn Parisius nicht, wenn er gegen diese Krämer losgeht, er kämpft ja damit **um's liebe Brot.**"

Dr. Glackemeyer weiß recht gut, daß ich nicht „im Dienst" der Anwaltschaft stehe, sondern daß mein Verhältniß zu derselben nur darin besteht, daß der Anwalt Schulze-Delitzsch (seit 1865) und jetzt Schenck berechtigt ist, mich zu ersuchen, ihn auf dem Unterverbandstage zu vertreten, daß ich durch Beschluß des Allgemeinen Vereinstages zu Neustadt a/H. von 1869 aufgefordert worden bin, den Allgemeinen Vereinstagen beizuwohnen, und daß ich auf meinen Reisen für die Anwaltschaft außer den Reisekosten dieselben Tagegelder, wie die Verbandsdirektoren und dazu noch, da ich während jener Tage an meinem regelmäßigen Erwerb durch Schriftstellerei verhindert bin, hierfür noch mäßige Versäumnißkosten erhalte.

Dr. Glackemeyer weiß dies alles ganz genau. Er hat es beim Studium des Genossenschaftskalenders unter den Beschlüssen der Vereinstage gelesen. Kann er also jene Bemerkung in anderer als in **verleumderischer** Absicht veröffentlicht haben? Verdächtigt er nicht mit dieser einen Bemerkung nicht bloß mich, sondern zugleich auch den Allgemeinen Verband, den engeren Ausschuß und den Anwalt, indem er den Kaufleuten weißmacht, daß jene zu „Angestellten" oder „Besoldeten" nur Leute gebrauchen können, welche auf Kaufleute schimpfen?

Das lächerlichste dabei ist, daß auch nicht ein einziger irgendwie beleidigender Ausdruck von mir gebraucht ist. Wie man aus jedem deutschen Sprachwörterbuch und aus jeder Geschichte der deutschen Handwerker ersehen kann, ist Krämer oder Kramer der Kleinhändler zum Unterschiede von dem Kaufmann, welcher den Handel im Großen betreibt. In den mittelalterlichen Städten gehörten die Kramer oder Krämer zu den ältesten und vornehmsten Handwerkern. In Magdeburg sind die ältesten 1183 gegründeten Gilden die Gilden der Gewandschneider und der Kramer. Zur Aufklärung des Dr. Glackemeyer will ich erwähnen, daß Gewandschneider soviel besagen will, wie Kaufleute mit dem Privileg des Tuchausschnittes, dann aber Großtuchhändler und Großhändler im Allgemeinen. In Stendal bildeten die Gewandschneider die älteste Gilde, zu welcher auch die Stammväter des Altreichskanzlers gehörten. Später, aber lange bevor die Hohenzollern in die Mark kamen, war die Innung der Krämer, d. h. der Detailverkäufer mit denen der Gewandschneider und der Knochenhauer die politisch bevorrechteten „Dreiwerke". In vielen Orten sind noch jetzt Ausdrücke, wie Eisenkrämer (Berlin), Gewürzkrämer, Kramladen u. s. w. gebräuchlich. Ja noch heute giebt es in Naumburg, Zeitz und vermuthlich noch in andern Städten Thüringens „Krämerinnungen". Schließlich kann ich wider Dr. Glackemeyer als gewichtigen Eideshelfer noch den „**unsterblichen Meister Schulze-Delitzsch**" anrufen, der auf dem Stuttgarter Vereinstag 1879 in seiner Rede gegen die Agitationen wider die Konsumvereine ebenfalls einmal, in gleichem Sinne wie „Kleinhändlerinnung" das Wort „Krämerinnung" öffentlich anwendete (Mittheilungen, S. 66).

Ein Jahr, nachdem ich das gefährliche Wort gebraucht hatte, finde ich in Dr. Glackemeyer's Credit-Verein 1894, Nr. 1 einen entrüsteten Schimpfartikel mit der Ueberschrift „Die Krämer". Es soll nämlich in den Genossenschaftsblättern vom 25. November 1893 wieder einmal von den Kaufleuten in einem verächtlichen Tone gesprochen sein, indem man sie Krämer titulirte. Das Verbrechen hat diesmal in ebenso harmloser Weise, wie ich, Pröbst-München begangen. Von ihm behauptet Dr. Glackemeyer nun sofort wider besseres Wissen, er sei nur „Unterbeamter". „Sollte denn ein selbstständiger Kaufmann nicht über einen Unterbeamten stehen?" Pröbst ist, wie Dr. Glackemeyer wiederum aus dem Genossenschaftskalender wußte, Direktor des Statistischen Bureaus der Stadt München, zu deren Magistratsräten, was man in Hannover Senatoren nennt, der dortige Konsumvereins-Verbandsdirektor Barth gehört.

Da Pröbst Mitglied des engeren Ausschusses ist, knüpft Glackemeyer daran noch weitere Schimpfereien über diesen Herrn „Unterbeamten," den Anwalt, dessen Vertreter, den engeren und allerengsten Ausschuß wegen ihrer Verbandsreisen, beziehungsweise ihrer Separatreisen zu Sitzungen nach Berlin, doch nur um Handwerker und Kaufleute in den Kreditvereinen gegen den Allgemeinen Verband aufzuhetzen. —

Dr. Glackemeyer hat im Credit-Verein Nr. 9, Jahrg. 1893 aufgefordert, ein Mittel zu nennen, das er gebraucht habe, das „nicht faire gewesen sei." Da ich kein Englisch kann, habe ich mich an tüchtige Kenner der englischen Sprache gewendet. Mir wurde von einer Seite erklärt, fair (nicht faire) heißt schön, billig, ehrlich, not fair, unfair unbillig, nicht ehrlich, betrügerisch. Von anderer Seite wird mir gesagt, „nicht fair" sei noch schlimmer wie unanständig. Danach möchte ich mit Bezug auf das, was ich an Beispielen dieses Kapitels nachgewiesen habe, mir an Dr. Glackemeyer öffentlich die ganz gehorsamste Frage erlauben: Meint er im Ernst, daß die von ihm wider besseres Wissen vorgebrachten wahrheitswidrigen Verdächtigungen und Verunglimpfungen der Herren Morgenstern, Nizze, Pröbst, Schwanitz und meiner Wenigkeit — noch fair gewesen seien?

10. Dr. Glackemeyer drechselt eine „hämische" Bemerkung heraus.

Wie Dr. Glackemeyer mit der Wahrheit umspringt, davon bietet ein Beispiel eine Bemerkung in Nr. 8 seines Credit-Vereins 1890. In einem Bericht über neubegründete Genossenschaften hatte ich in Nr. 42 der Blätter für Genossenschaftswesen 1890 den Verband schlesischer ländlicher Genossenschaften e. G. m. b. H., Sitz Neisse, aufgeführt. Ich hatte hinzugefügt, „Ein Revisionsverband, verbunden mit Zentralkasse und Anwaltschaft in Form einer e. G. m. b. H. — eine Erfindung des Freiherrn von Huene." Mit diesen, ich kann wohl sagen harmlosen, Worten drückte ich meine Verwunderung aus, daß drei ganz verschiedene Zwecke, von denen nur einer, die Zentralkasse („Verbandskasse"), sich zum Gegenstand des Unternehmens einer eingetragenen Genossenschaft eignet, gemeinsam durch eine einzige eingetragene Genossenschaft verfolgt werden sollten. Das Genossenschaftsgesetz hat unter dem Revisionsverband eine Vereinigung von Genossenschaften, nicht eine Genossenschaft selbst vorausgesetzt und die Anwaltschaftsgeschäfte, „die Förderung der Bildung und Entwickelung ländlicher Genossenschaften" lassen sich nicht wohl „mittelst gemeinschaftlichen Geschäftsbetriebes" (§ 1 des Genossenschaftsgesetzes) erledigen. Die Zusammenfassung aller drei Zwecke in einer und derselben Genossenschaft ist eine Erfindung des Vorsitzenden, meines sehr klugen Landtagskollegen, Freiherrn von Huene, mit dem ich auf freundlichem Fuße stehe.

Dr. Glackemeyer schrieb nun im Credit-Verein in Nr. 8 1890 wörtlich:

„In Schlesien bildete sich ein Revisionsverband ländlicher Genossenschaften, verbunden mit einer **Zentralkasse**, basirt auf der beschränkten Haftpflicht. Herr Parisius meldete diese erfreuliche Thatsache in Nr. 42 der Blätter für Genossenschaftswesen mit der **hämischen** Bemerkung: **„Die Zentralkasse, eine Erfindung des Freiherrn von Huene."** Wenn nur Herr Parisius auch bald mal eine Erfindung für den Allgemeinen Verband machte!"

Liegt hier nicht eine absichtliche Wahrheitsentstellung in „hämischer", d. h. versteckt boshafter Absicht vor? Ist das anständig oder gar „fair", oder welche Bezeichnung verdient die Handlungsweise des Dr. Glackemeyer?

11. Das elende Bißchen.

Zu einem Hetzmittel ersten Ranges gegen den allgemeinen genossenschaftlichen Verband gestaltete Dr. Glackemeyer den Umstand, daß vor Berathung des Genossenschaftsgesetzes im Reichstage auf dem Genossenschaftstage in Erfurt 1888 die Anträge, sich für volle Beseitigung des sogenannten Einzelangriffs zu erklären, mit geringer Mehrheit abgelehnt waren. Die Bestimmungen des Gesetzentwurfs über das Umlageverfahren im Konkurse bildeten eine bedeutende Verbesserung des alten Genossenschaftsgesetzes und wichen auch vortheilhaft ab von den Vorschlägen der Novelle Schulze's, der aber, wenn gewisse Verbesserungen des von der Generalversammlung zu beschließenden Umlageverfahrens angenommen würden, für zulässig hielt, den Gläubigern das Recht des Vorgehens gegen den einzelnen Genossen, den Einzelangriff zu nehmen. Ich habe bereits S. 41 die Bewegung erwähnt, die damals über die Frage der Beibehaltung oder des gänzlichen Fortfalles des Einzelangriffs unter den Genossenschaften des allgemeinen Verbandes entstand.

Nach den mit geringen Aenderungen in das Gesetz übergegangenen Bestimmungen des Entwurfes wird unverzüglich nach Eröffnung des Konkurses auf Grund einer vorläufigen Berechnung der voraussichtliche Fehlbetrag durch Umlage mit Zwangsvollstreckung, und was dabei ausfällt durch fortgesetzte Umlagen als Vorschuß eingezogen. Nach Beginn der Schlußvertheilung wird durch eine neue Berechnung der endgültige Betrag der zur Befriedigung der Gläubiger erforderlichen Nachschüsse festgestellt und, wenn nöthig, durch weitere Umlagen eingezogen. Sollten drei Monat nach der für vollstreckbar erklärten Nachschußberechnung die Konkursgläubiger noch nicht vollständig befriedigt sein, so darf jeder derselben wegen des noch nicht getilgten Restes seiner Forderung den einzelnen Genossen im gewöhnlichen Prozesse direkt angreifen. Daneben geht die Einziehung der Nachschüsse auf Grund der Nachschußberechnung unverändert fort; es erhalten die durch einen Einzelangriff in Anspruch genommenen Genossen die von ihnen gezahlten Beiträge aus den Nachschüssen erstattet.

Nach der von mir seiner Zeit vertretenen und noch heute für richtig gehaltenen Ansicht ist im Verhältniß zu dem nach dem alten Gesetz gestatteten Einzelangriff, dessen Anwendung in einzelnen der schwersten Zusammenbrüche (Düsseldorf, Roßwein, Leubus) geradezu verheerend gewirkt hat, der jetzt noch zulässige Einzelangriff ein ungefährlicher, winziger Ueberrest, der Niemand erschrecken sollte, und so lange überhaupt die solidarisch unbeschränkt verhafteten Genossen im Stande sind, den Fehlbetrag aufzubringen, garnicht angewendet werden wird. Auch in ganz schlimmen Fällen wird eine Einigung mit den Gläubigern der verkrachten Genossenschaft, die seit der Konkurseröffnung keinen Anspruch auf Zinsen und Kosten mehr haben, noch vor der völligen Vollstreckung der Nachschußberechnung wahrscheinlich sein; aber wenn dies nicht der Fall ist, und wenn weder im Vorschußverfahren noch in den ersten drei Monaten des Nachschußverfahrens eine vollständige Befriedigung der Gläubiger erzielt ist, so kann es sich immer nur um einen verhältnißmäßig geringen Rest der Forderung handeln. Diesen Rest im gewöhnlichen Prozeß gegen einzelne Gläubiger einzuklagen, wird sich kein Gläubiger entschließen, da er — sofern überhaupt noch zahlungsfähige Genossen da sind, die Restforderung ohne alle Bemühung und ohne Kosten sicherer, billiger und schneller durch die Umlagen erhalten wird.

Ueber die Frage, ob es nützlich gewesen wäre, diesen Rest Einzelangriff, den die Verfasser des Entwurfes für nothwendig erklärten, zu beseitigen und ob es zu erzielen gewesen wäre, wenn die Genossenschaften des allgemeinen Verbandes einmüthig für die Beseitigung petitionirt hätten, darüber werden heute, wie vor sechs Jahren die Meinungen verschieden sein. Aber die Wortführer der Opposition von 1888 erkannten nach Erlaß des Gesetzes an, daß nunmehr der Streit begraben sein müsse, wenngleich man die Beseitigung des Einzelangriffs auch in Zukunft erstreben werde (s. S. 43). Bei öffentlich geführten Kämpfen sind Uebertreibungen unvermeidlich, sie sind in dem Streit um den Einzelangriff ohne Zweifel hüben und drüben vorgekommen. Nach der Entscheidung des Streites durch Erlaß des Gesetzes müßte jeder wahre Freund des Genossenschaftswesens bemüht sein, zur Beruhigung der Gemüther beizutragen. Und dazu eignet sich vor allem der Hinweis auf die großen Vorzüge des neuen Gesetzes vor dem alten, gerade in betreff der Geltendmachung der unbeschränkten Haftpflicht gegen die Genossen. Die unter Anregung von Schulze-Delitzsch vor Erlaß des preußischen Gesetzes vom 27. März 1867 errichteten Genossenschaften hatten, wie es im Entwurf des neuen Gesetzes heißt,

„die schärfste und unbeschränkteste Form für die Haftpflicht ihrer Mitglieder gewählt. Die Mitglieder waren, wie die einer offenen Handelsgesellschaft in direkter, solidarischer und unbeschränkter, sogar prinzipaler Weise den Gläubigern verhaftet. Jeder einzelne Genosse konnte statt der Genossenschaft selbst sofort von den Gläubigern derselben in Anspruch genommen werden".

Das preußische Genossenschaftsgesetz von 1867 und sodann das norddeutsche Gesetz vom 4. Juli 1868 haben die prinzipale zu einer subsidiären bürgschaftlichen Haftpflicht umgestaltet. Jetzt ist eine weitere bedeutende

Abschwächung der Solidarhaft erfolgt. Während der Gültigkeit der früheren Gesetze sind tausende von Genossenschaften gegründet, und haben hunderttausende von Mitgliedern erworben, ohne daß sie sich von der Solidarhaft abschrecken ließen. Durch den Nachweis der bedeutsamen Fortschritte unserer Gesetzgebung gerade in betreff der Geltendmachung der Haftpflicht müßte sich jeder Freund der Schulze-Delitzsch'en Genossenschaften, insbesondere der Kreditvereine, angelegen sein lassen, zu belehren und die verbreiteten Irrthümer zu zerstreuen.

Aber was thut Dr. Glackemeyer?

Er hält es für angemessen, ohne irgend welche sachliche Belehrung, nur über die Gefahren — nicht der Solidarhaft — sondern des bei einem Zusammenbruch im Konkurse möglichen direkten Angriffes eines nicht befriedigten Gläubigers auf einen einzelnen Genossen mit groben Uebertreibungen wieder und immer wieder hinzuweisen. Auf diese Weise drängt er wohlhabendere Mitglieder, die Mangels anderer Belehrung ihm Glauben schenken, aus den Kreditvereinen heraus und benimmt Personen ängstlicher Gemüthsart die Neigung, Kreditvereinen mit unbeschränkter Haftpflicht beizutreten. Der **erbittertste Feind Schulze-Delitzsch's und seines großen nationalen Werkes kann zur Schädigung** desselben nichts Wirksameres ersinnen und ausführen. Und diese zerstörende Thätigkeit betreibt er unter gleichzeitiger öfterer Versicherung, daß er und sein Blatt den Grundsätzen des unvergeßlichen Meisters Schulze-Delitzsch huldigen! Jeder Zusammenbruch, jeder größere Verlust eines Kreditvereins wird unter förmlichem Triumphgeschrei mit Redensarten über den voraussichtlichen Schaden, der durch Anwendung des direkten Angriffs entstehen werde, in den gehässigsten Redewendungen verkündet. Ob durch sein Gebahren das Vertrauen zu den eingetragenen Genossenschaften mit unbeschränkter Haftpflicht bei leichtgläubigen Lesern seines Blattes erschüttert werde, scheint ihm ganz gleichgültig zu sein, wenn er nur seinen Haß gegen Gegner seiner genossenschaftlichen Sonderbestrebungen dadurch befriedigen kann, daß er in schlecht unterrichteten Kreditvereinsmitgliedern den Irrthum erweckt, als sei der jetzt noch zulässige „direkte Angriff" eine furchtbare Gefahr für jedes Mitglied einer Genossenschaft mit unbeschränkter Haftpflicht und als seien an dem Fortbestand desselben lediglich diejenigen Genossenschafter schuld, welche auf dem Genossenschaftstage zu Erfurt ablehnten, einer Resolution gegen die betreffenden Bestimmungen des Entwurfes zuzustimmen. Sein Streben ist in erster Linie darauf gerichtet, alte und neue Freunde der Organisation und der Grundlehren Schulze-Delitzsch's herabzusetzen, sie mit Schmutz zu bewerfen, ihnen verwerfliche Beweggründe unterzulegen. Er benutzt dabei gewisse Aussprüche derselben als Schlagwörter, — anfänglich, bis zum Austritt seines Vereins aus dem Allgemeinen Verbande, ohne Nennung der Namen, von da ab mit Nennung der Namen. In erster Linie richteten sich seine giftigen Pfeile hier gegen mich.

Ich habe auf Unterverbandstagen und auf dem Erfurter Genossenschaftstage 1888 bei der Darstellung, wie wenig erheblich der Einzelangriff des Genossenschaftsgesetzentwurfs im Verhältniß zu dem des früheren Gesetzes sei, von dem „Bischen Einzelangriff" oder von dem „elenden Stückchen Einzelangriff", was noch zurückgeblieben sei, gesprochen. Auch ist von mir und anderen gesagt worden, in diesem Einzelangriff bekämpfe man ein „Schreckgespenst" oder „Schattengespenst." Solche Ausdrücke werden nun Dr. Glackemeyer's Schlagwörter. Schon in den ersten Nummern seines Credit-Vereins 1889, Nr. 1, 2, 3, 4 wird in kürzeren und längeren Artikeln der direkte Angriff besprochen. In Nr. 3 werden die Umwandlungen der Kreditvereine in Tondern, Ottensen, Rendsburg, Sonderburg und Kehl in Aktiengesellschaften auf den direkten Angriff zurückgeführt und bei Kehl, wo der Direktor sich bald nach der Umwandlung erschoß und die Aktiengesellschaft in Konkurs verfiel, wird die Ursache der Umwandlung folgendermaßen angegeben:

„Man sieht, auch am Rhein geht die verkehrte Saat auf. Auch den Männern dort will es nicht in den Kopf, daß der direkte Angriff nur ein „„elendes Stückchen““ ist, wie ihn ein Theoretiker reinsten Wassers in Erfurt nannte.*)“

Weiter wird von dem Herrn, der „den bleibenden Rest des direkten Angriffs“ nur ein „elendes Stückchen“ nannte, gesagt, daß er „allerdings im Falle der Noth außer Schußlinie steht“ (Credit-Verein 1890, Nr. 8). Das „elende Stückchen“ der Theoretiker vom grünen Tisch soll an der Umwandlung in Genossenschaften mit beschränkter Haftpflicht in Wandsbeck und Heiligenhafen schuld sein (Credit Verein 1890, Nr. 9); die Konsumvereine, welche bei Baarverkauf keines Kredits bedürfen, sollen immer nur um dem „elenden Stückchen“ zu entrinnen, sich in Genossenschaften m. b. H. umwandeln (Nr. 4). Als in Flatow ein Kassierer, der die Bücher fälschte, durchbrannte, wird von den Mitgliedern, die für einen Fehlbetrag von 15000 Mk. aufkommen sollten, gesagt, ob sie wohl auch den direkten Angriff als ein **elendes Stückchen**, ein **Schreckgespenst** ansähen, wie „unsere Herren Theoretiker, die **für ihre werthe Person hübsch weit vom Schusse** sind, diesen gefährlichen Gast zu nennen belieben.“ (Nr. 9, 1891.)

In Nr. 10 und 12, Credit-Verein 1890, nach dem Austritt des Niedersächsischen Verbandes, ward nun die Hetzerei mit Nennung der Namen fortgesetzt. Parisius habe von dem im neuen Gesetz bestehen gebliebenen Einzelangriff in Erfurt gesagt, es sei „nur ein elendes Bischen“ oder ein „elendes Stückchen“, Dr. Crüger bezeichnete es als „Schreckgespenst.“ Nun zeige sich bei dem Zusammenbruch in Saalfeld an dem Fehlbetrag von 520000 Mk., welche große Bedeutung „das elende Stückchen“ habe. Und so geht es in den Jahrgängen 1892, 1893 und 1894 gleichmäßig weiter, bei Zusammenbrüchen der Vereine in Glauchau, Ravensburg, bei den Verlusten des Vorschußvereins Allenstein in Folge von Wechselfälschungen, wiederholt bei Saalfeld, beim Kreditverein Ellerau und zuletzt bei Hornberg und Weimar. — Wo irgend bei einem Kreditverein große Verluste entstanden, gleichviel ob sie

---

*) Dem Direktor Thorwart-Frankfurt a. M., der auf einem Unterverbandstag die Kreditvereine vor Einführung einer anderen Haftart als der unbeschränkten Haftpflicht gewarnt hatte, hielt in Nr. 2, 1889 Glackemeyer vor, er werde leicht anderer Ansicht werden, wenn er seine Direktorstelle auf einige Jahre mit dem einer eingetragenen Genossenschaft mit direktem Angriff vertausche. Bei Aktiengesellschaften hafte man nur mit der Aktie, „uns“ wolle Thorwart einreden, für uns sei es besser „nicht allein mit dem ganzen Vermögen im Allgemeinen (?) zu haften, nein man müsse unbedingt auch dabei bleiben, sich noch direkt fassen lassen zu können.“ Dr. Glackemeyer weiß, daß die deutsche Genossenschaftsbank von Sörgel, Parrisius & Co. nicht Aktiengesellschaft, sondern Kommanditgesellschaft auf Aktien ist. Man kann dem Dr. Glackemeyer bei seiner Unwissenheit in betreff des deutschen Handelsrechts (s. das wichtige Recht der Revision, S. 81) nicht zumuthen, zu wissen, daß „die persönlich haftenden Gesellschafter“ einer Aktienkommanditgesellschaft, den Gläubigern der Gesellschaft eben persönlich und ganz unbeschränkt haften.

den Konkurs zur Folge haben oder nicht, überall muß das „elende Bischen“ des Einzelangriffes herhalten unter Nennung des Bösewichtes, der der den Ausdruck gebrauchte.

Als für die Kampfesweise des Dr. Glackemeyer bezeichnend hebe ich noch zwei Fälle hervor. Unter der Ueberschrift: „Das elende Bischen“ macht Dr. Glackemeyer in Nr. 6 des Credit-Vereins 1893 die Konkurse der Berliner Vereinsbäckerei m. b. H., des Konsumvereins zu Delmenhorst m. b. H. und des Kreditvereins zu Ellerau neben dem Fall von Saalfeld gegen mich und die Theoretiker mobil, denen die Kreditvereine es zu danken hätten, daß ihnen das elende Bischen „als schwerer Klotz an den Beinen hänge.“ Den Aufsatz beginnt er mit folgendem Satze:

„Herr Abgeordneter Parisius, der bekanntlich vielfach auf den Unterverbandstagen die Anwaltschaft vertritt, auch stets an den Allgemeinen Vereinstagen theilnimmt,*) bezeichnete auf dem Vereinstage in Erfurt den sogenannten direkten Angriff im neuen Genossenschaftsgesetz mit den Worten: **das elende Bischen!** Nach ihm sollte es nicht der Mühe werth sein, darüber zu reden. Schon damals wurde demselben entgegnet, für ihn, der keiner Genossenschaft angehöre, auch keinen Verein leite, möge es ein „elendes Bischen“ sein, nicht aber für Leute, die mitten in der Sache ständen.“

Unmittelbar hinter diesem Artikel kam einer „aus Heidelberg,“ der dieselbe Verdächtigung in neuer Beleuchtung brachte. Die Volksbank zu Heidelberg hatte **1882** schwere Verluste; sie wurde aus einer Krisis durch Geschick und Thatkraft ihrer Leiter gerettet, so daß sie schon **1885** wieder 5% Dividende zahlte. Damals galt das Genossengesetz von 1868 mit seinen mangelhaften Bestimmungen über Umlageverfahren und mit seinem unter Umständen recht gefährlichen Einzelangriff. Ein wahrheitsliebender Mann konnte doch nicht auf diesen Fall „das elende Bischen“ Einzelangriff, das in dem Gesetz von **1889** übrig geblieben ist, anwenden. Aber da kennt man Dr. Glackemeyer schlecht. Er erzählt im Credit-Verein 1893 Nr. 6 von dieser zehn Jahre zuvor erledigten Krisis der Heidelberger Volksbank und fügt hinzu:

„Die Angst vor dem direkten Angriff wirkte wie die Furcht vor einem Erdbeben. Für die Herren Parisius und Genossen will das nicht viel sagen, sie reden von dem direkten Angriff (NB. des Gesetzes von 1889) als von einem **„elenden Bischen.“** Die Herren stehen aber weit vom Schuß, so haben sie gut reden.“

Der letztere, in beiden Artikeln gebrauchte Hinweis, dessen sich Dr. Glackemeyer schon 1889 und 1890 bedient hatte, konnte nur dahin verstanden werden, daß mir Dr. Glackemeyer gottesfürchtig und dreist nachsagte, ich würde den in dem Gesetze von 1889 zurückgebliebenen Rest Einzelangriff nicht ein „elendes Stückchen“ nennen, wenn ich Mitglied eines Kreditvereins mit unbeschränkter Haftpflicht, also bei einem Zusammenbruch desselben selbst dem Einzelangriff ausgesetzt sei; einer solchen Gefahr nicht ausgesetzt, könne ich Andere wider besseres Wissen zureden die Gefahr zu mißachten! Nun passirte es aber, daß dem Dr. Glackemeyer, dessen Blatt ich damals noch nie gelesen hatte, ohne mein Zuthun eine Berichtigung zu Theil wurde. Er schrieb in Nr. 8, Credit-Verein 1893 von jenem Erfurter Vorfall und fuhr fort:

---

*) Hier kennzeichnet Dr. Glackemeyer meine Stellung zum ersten Male richtig, während er mich sonst — freilich wider besseres Wissen, als „von uns bezahlten“ Gehülfen des Anwaltes zu bezeichnen liebt.

„Jetzt theilt uns die Luisenstädtische Bank (E. G. m. u. H.) aus Berlin mit, Herr Parisius sei von Anfang an Mitglied ihrer Bank gewesen . . . der Vorfall in Erfurt aber geschah, eigenthümlich, daß Herr Parisius nicht sofort erwiderte, er sei allerdings Mitglied eines Kreditvereins. Wenn Herr Parisius trotz dieser seiner Mitgliedschaft für die Beibehaltung des **direkten Angriffs** war, so erklärt sich das theils daraus, daß sein Verein ihm Sicherheit genug bietet, daß er vor dem Schrecken des direkten Angriffs bewahrt bleiben wird . .“

Dr. Glackemeyer ist längst nicht mehr im Stande, die Beweggründe anständig denkender Gegner zu beurtheilen. Ich hielt es in Erfurt unter meiner Würde, auf einen „Vorhalt“, nach welchem bei mir eine niedrige Gesinnung vorausgesetzt wurde, ein Wort zu erwidern. War ich doch sicher, daß auf die mir zum überwiegenden Theil seit Jahren persönlich bekannten Versammelten, Verdächtigungen des Dr. Glackemeyer keinen mir nachtheiligen Eindruck machten!

Dr. Glackemeyer hat sich in seiner Hetzarbeit allmälig so verbiestert, daß er gar nicht auf den so nahe liegenden Gedanken verfällt, zu ermitteln, ob die Behauptung der Ungefährlichkeit des zurückgebliebenen Bischens Einzelangriff nicht inzwischen durch Thatsachen widerlegt werde. Das ist nun freilich nicht der Fall, sondern das Gegentheil. Die Bestimmungen des neuen Gesetzes über Geltendmachung der Haftpflicht finden nunmehr seit 4$^1/_2$ Jahren auf alle seitdem, und nach § 161 auch auf einen Theil der schon vorher in Konkurs verfallenen Genossenschaften m. u. H. Anwendung. Aber in dieser ganzen Zeit ist es noch **kein einziges Mal vorgekommen, daß ein Gläubiger** wegen des Ausfalles an seiner Forderung einen **einzelnen Genossen direkt angegriffen** hat. **Kein einziges Mal hat das elende Bischen bisher Schaden angerichtet!**

Aber das interessirt den Dr. Glackemeyer nicht. Was kümmert es ihn, ob durch seine Jahr aus Jahr ein wiederholten Hetzartikel viele seiner deutschen Mitbürger sich davon abschrecken lassen, an den Segnungen der Volksbanken nach Schulze-Delitzsch Theil zu nehmen; was kümmert es ihn, ob dadurch Kreditvereine, die als eingetragene Genossenschaften m. u. H. dem deutschen Bürgerthum in Stadt und Land segensreich wirken, schwer geschädigt werden. Was kümmert das den großen Mann, — wenn es ihm nur gelingt, durch seine rastlose Arbeit einige schlecht unterrichtete Kreditvereins-Leiter gegen mich und meine genossenschaftlichen Freunde aufzuhetzen und die thatsächlich bestehende, von Schulze-Delitzsch geschaffene und zu Nutz und Frommen deutscher Nation fortdauernd wirksame Organisation zu schädigen!

So sieht Doktor Glackemeyer im Lichte der Wahrheit aus!

Zehntes Kapitel.

Ein tröstliches Schlußwort.

Immerdar
Klar und wahr.
Hoffmann von Fallersleben.

Betrachtungen über das Können und Wollen des im Lichte der Wahrheit nach seinen eigenen Schriften und Aufsätzen geschilderten Mannes sind überflüssig.

Seitdem im vorigen Jahre auf Unterverbandstagen und auf dem allgemeinen Verbande über die feindseligen Bestrebungen der beiden Senatoren Dr. Glackemeyer-Hannover und Schulze-Gifhorn verhandelt ist, scheinen die Erfolge des Dr. Glackemeyer ihn selbst nicht ganz zu befriedigen. Wie es mit der freien Vereinigung deutscher Kreditgenossenschaften steht, die auf der Augustversammlung 1893 in Hannover begründet ist, darüber sind nur Vermuthungen möglich. Dr. Glackemeyer hat bis heute (1. Mai 1894) noch nicht verrathen, **welche Genossenschaften nach Hannover Vertreter gesendet** haben und **wie diese Vertreter heißen,** er hat nicht das geringste darüber veröffentlicht, **welche Kreditgenossenschaften der freien Vereinigung beigetreten** sind. Dr. Glackemeyer steckt sie alle **hinter den Busch** und läßt keinen heraus. Mit dem Beitritt scheint es nicht besonders auszusehen. In Hannover war beschlossen, daß „zur Deckung der nothwendigsten Ausgaben" jeder Verein vorläufig im Minimum jährlich 10 Mk. zu zahlen habe. „Der Honorigkeit der größeren Vereine" — schrieb Dr. Glackemeyer (Credit-Verein Nr. 9, 1893) — „will man die Selbsteinschätzung zu einem höheren Betrage vorläufig überlassen." Es waren im September schon „einige höhere Beträge" eingegangen. Im Mai 1894 aber schreibt Dr. Glackemeyer dem Verein Fackenburg im Briefkasten:

„Die Freie Vereinigung wird nicht in jedem Jahre zusammentreten, vielleicht aller 2 Jahre, die Kosten werden so minimal sein, daß der kleinste Verein sie zahlen kann. Auf dem nächsten Vereinstage, vielleicht Sommer 1895, wird auch dieser Kostenpunkt nochmals erörtert werden."

Die freie Vereinigung hat den Credit-Verein zu ihrem Organ erklärt, und wird etwaige Zuschüsse zu leisten haben. Dr. Glackemeyer **verschweigt die Zahl der Abonnenten sorgfältig.** Im Juni 1893 erklärte er, „sie wachse von Monat zu Monat" und in Nr. 1 und in Nr. 5 (Mai 1894) wiederholt er die gleiche Versicherung. Weiter aber darf Niemand etwas darüber wissen.

Den glänzendsten Erfolg scheint Dr. Glackemeyer in der im November 1893 begründeten, um Weihnachten eingetragenen „Zentral-Genossenschaftskasse für Niedersachsen zu Hannover E. m. b. H."*) zu erblicken.

Ueber die geschäftliche Leistung dieses neuen Instituts kann erst die Zukunft entscheiden. Zehn Geschäftsantheile sind gestattet, sie betragen je 1000 Mk., worauf 100 Mk. sofort einzuzahlen sind. 5000 Mk. Haftsumme, 30 Mk. Eintrittsgeld und 30 Mk. Austrittsgeld, ein besoldeter Vorstand von drei und ein Aufsichtsrath von sieben Mitgliedern. 16 Vereine gründeten die Kasse, 5 sind nachher beigetreten. Merkwürdig ist nur, daß die drei Mitglieder des besoldeten Vorstandes genau dieselben sind wie die besoldeten drei Vorstandsmitglieder der Kreditbank zu Hannover e. G. m. u. H.!

„Die Zentralkasse ist im Grunde genommen nichts anderes als jeder andere Kreditverein", sie „kann alle Arten Geschäfte machen wie jeder andere Kreditverein." Die Mitgliedschaft können neben Genossenschaften aller Art, Sparkassen, Innungen, Korporationen, Aktiengesellschaften u. s. w., auch Einzelpersonen erwerben. Die neue Zentral-Genossenschaftskasse

*) Das Statut enthält einige Verstöße gegen das Genossenschaftsgesetz, weshalb meines Erachtens die Eintragung nicht hätte erfolgen sollen. Aber es sind keine Nichtigkeitsgründe.

für Niedersachsen e. G. m. b. H. scheint mit der Kreditbank e. G. m. u. H. nicht bloß den Vorstand, sondern auch das Geschäftslokal gemeinsam zu haben, so werden wohl nur die Geldschränke verschieden sein. Gründe für diese immerhin auffällige Personalunion, sind bisher im Credit-Verein nicht angegeben. Erwägt man, daß der niedersächsische Verband an 50 Kreditvereine umfaßt und der Zentral-Genossenschaftskasse jede Genossenschaft im Deutschen Reiche beitreten kann, so ist die Mitgliederzahl bisher noch recht gering.

Wenn man sich längere Zeit mit den Aufsätzen und Schriften eines so eigenartigen Mannes, wie Dr. Louis Glackemeyer's in Hannover, beschäftigt, so liegt die Versuchung nahe, ihn noch zu ganz besonders schriftstellerischen Leistungen zu verlocken. Dies der Grund, weshalb ich gestattete, daß in Nr. 12 der Blätter für Genossenschaftswesen vom 24. März der Titel meines Buches und eine Probe daraus und dann in Nr. 15 vom 14. April die Kapitelüberschriften mitgetheilt wurden, aber ohne Nennung des Verfassers. Die Wirkung dieser Mittheilungen für die Nummern 4 und 5 des Credit-Vereins war allerdings überraschend. Dr. Glackemeyer scheint zu befürchten, daß sein Einfluß in gewissen Kreisen der Kreditvereine gebrochen werden könnte, wenn man ihm aus seinen eigenen Schriften nachweist, wie er die Organisation und die Grundlehren des unsterblichen Meisters Schulze-Delitzsch bekämpft, und oft mit recht unlauteren Waffen.

Sofort begann er sich zu vertheidigen. Niemals habe er Auflösung des allgemeinen Verbandes gefordert. Die „daneben" bestehende freie Vereinigung gehe doch nicht gegen unseren Altmeister Schulze-Delitzsch. Niemals habe er auf Lostrennung des Niedersächsischen Verbandes hingearbeitet. Aber bald besann er sich, daß die beste Deckung gegen einen Angriff der Hieb sei. Nun zieht er in alter Weise gegen die Anwaltschaft und ihren „Ring" vom Leder. Obschon er außer Titel und Ueberschriften fast nichts von dem „kommenden" Buche kennt, weiß er bereits, daß es ein **ganz niedrigstehendes Pamphlet** sei, das „im Hause in Berlin" (Bureau der Anwaltschaft) entstanden sei. Man sucht noch nach einem **„Strohmann" oder Sitz-Redakteur** dafür, das Pamphlet ist **brenzlicher Natur,** man kann sich dabei die **Finger verbrennen.** Aus den Kapitelüberschriften erkennt man die **arge Geistesarmuth.**

Und doch machen ihn die Kapitelüberschriften so besorgt, daß ihm die Drohung mit dem Staatsanwalt nicht genügt; aus dem Handgelenk schleudert er schon die Ueberschrift von zehn Kapiteln einer Gegenschrift. Es ist ihm schrecklich unangenehm, versichert er, sich gegen solche persönliche Angriffe und Verunglimpfungen fortwährend wehren zu müssen.*)

Daß sich ein Staatsanwalt dem Herrn Senator gegen ein — wissenschaftliches Buch zur Verfügung stellt, daran zweifle ich. Aber das thäte auch nichts. Erklären will ich noch, daß der Anwalt Schenck bis heute (1. Mai 1894) von dem Buche **nicht eine Zeile,** weder im Manuskript noch im Satz oder Druck gesehen hat, daß er nichts weiter davon kennt,

*) Dabei bringt er das Kunststück fertig, was in dem in Nr. 16 der Bl. f. G. mitgetheilten kurzen Auszug über den Streit mit Dr. Schneider über den zweiten, den eben verstorbenen Schulze-Delitzsch scharf angreifenden anonymen Artikel des Dr. Glackemeyer gesagt ist, auf den ersten, kurz erwähnten, harmlosen Artikel zu übertragen (s. oben S. 53 und Credit-Verein Nr. 5, S. 38).

als was auch Dr. Glackemeyer darüber in den Blättern für Genossenschaftswesen gelesen hat, und allerdings noch den Namen des Verfassers. Das Buch ist Zeile für Zeile geschrieben nicht in Spreeathen, sondern in der 115000 Einwohner zählenden „Großstadt“ Charlottenburg, Hardenbergstraße 18 zwei Treppen hoch.

In seinem Eifer, im Voraus dem Nachweise, daß er Schulze's Grundlehren bekämpfe, zu begegnen, macht Dr. Glackemeyer wunderliche Sprünge. So sucht er die Meinung Schulze's, daß nach dem alten Genossenschaftsgesetze nur physische Personen Mitglieder einer eingetragenen Genossenschaft werden können, zu einer „Grundlehre“ zu erheben, um die Bekämpfung derselben als gestattet hinzustellen, was ihm Niemand bestreiten wird. In einem anderen kleinen Artikel giebt er wieder solche Beweise seiner haarsträubenden Unkenntniß über die Vorgänge auf allgemeinen Vereinstagen, daß ich ihn noch besprechen will. Der Artikel lautet:

„Das Eintrittsgeld — auch eine Grundlehre?

Auf **Schulze's Antrag** beschloß der Allgemeine Vereinstag in Leipzig 1868, den Vertretern zu empfehlen, in maximo nicht mehr **als 9 Mk.** (damals 3 Thlr.) als Eintrittspreis (!) zu erheben. Auf **Schulze's Antrag** beschloß der Allgemeine Vereinstag in München 1878, in keinem Falle ein höheres Eintrittsgeld als 6 Mk. zu erheben. — Fiel da Schulze von seiner „eigenen Grundlehre“ ab, oder kam er durch Erfahrung zu dem niedrigeren Satze von 6 Mk. und hob darum den früheren Beschluß wieder auf? — Nur Kindern kann man erzählen, daß Fortschritt in unseren Einrichtungen ein Abfall von den Grundlehren Schulze's sei.“

So Dr. Glackemeyer, der die Mittheilungen über die Verhandlungen in Leipzig 1868 und München 1875 niemals gelesen hat. Wie verhält es sich in Wahrheit?

Es ist **unwahr,** daß der Vereinstag in Leipzig empfohlen hat, in maximo 9 Mk. Eintrittsgeld zu erheben. Woher Glackemeyer dies hat, weiß ich nicht. In Gadow's Kalender steht es richtiger. In Leipzig auf dem allgemeinen Vereinstag haben über die Frage der Bildung des Reservefonds Dr. Beeck-Halle und Lasswitz-Breslau als Referenten einen Antrag gestellt, in welchem auch der Satz vorkam: daß den Vorschußvereinen zu empfehlen ist (3.) zur Bildung des Reservefonds (a) von den Mitgliedern ein Eintrittsgeld von **in minimo 1 Thlr., in maximo 2 Thlr.** zu erheben. Schulze-Delitzsch hat weder für noch gegen ein Wort gesagt. Der Antrag ist vom Vereinstag angenommen.

Es ist **unwahr,** daß auf Schulze's Antrag der allgemeine Vereinstag in München den angeführten Beschluß gefaßt hat. Einen den Reservefond betreffenden Antrag der Darmstädter Volksbank begründete der Verbandsdirektor Bernhardt. Schulze-Delitzsch stellte und begründete den Zusatzantrag, den Vorschußvereinen zu empfehlen, „das Eintrittsgeld für beitretende Mitglieder nicht in einer Höhe festzusetzen, **welche den unbemittelten Klassen den Beitritt erschwert.**“

Das war seine von Dr. Glackemeyer bekämpfte „Grundlehre.“ Schulze meinte, eine bestimmte Summe festzusetzen, werde nicht wohl angehen, weil der Werth des Geldes nicht überall derselbe sei. Sein Antrag wurde mit sehr großer Mehrheit angenommen, daneben aber mit 43 gegen 32 Stimmen ein Unteramendement des Verbandsdirektors Knecht-Neustadt a. H., welches mit dem Leipziger Beschluß übereinstimmte, „in keinem Falle aber höher als 6 Mk. anzusetzen.“

Doch nun genug von diesen neuesten Glackemeyer'schen Geistessprüngen.

Eigentlich ist es schwer zu begreifen, wenn der Ehrgeiz der beiden Herren Senatoren noch nicht befriedigt sein sollte von dem, was sie erreicht.

Dr. Louis Glackemeyer gebürtig aus Hessisch=Oldendorf im Kreise Rintelen (Grafschaft Schaumburg, Hessischen Antheils), Regierungsbezirk Kassel,*) kam als Hessischer Volksschullehrer nach Hannover, wo er, vermuthlich nach eifrigen Studien den Doktortitel erwarb. Als „Institutsvorsteher Dr. Louis Glackemeyer" gründete er den Kreditverein eingetragene Genossenschaft, und trat darin sofort als besoldeter Direktor ein.

Hermann Schulze, gebürtig aus dem Dorfe Weilar im Eisenacher Oberlande (an der Feldabahn, vor der Rhön), also ein Sachsen=Weimaraner, kam schon in den fünfziger Jahren als Buchdrucker nach Gifhorn,**) wurde hier Buchdruckereibesitzer, Buchhändler, Herausgeber und Redakteur eines Wochenblattes und gründete 1860 einen Vorschuß= und Sparverein, dessen Direktor er wurde.

Aus kleinen Anfängen, durch rastlose Thätigkeit in Wort und Schrift, durch ein glänzendes Agitationsgeschick, haben beide Männer wirklich Bedeutendes erreicht. Dr. Louis Glackemeyer, seit Ende der 80er Jahre durch das Vertrauen seiner Mitbürger zum Senator der „Großstadt" Hannover gewählt, ist besoldeter Direktor der zu bedeutender Größe gelangten Kreditbank zu Hannover e. G. m. unbeschr. H., Direktor des Niedersächsischen Verbandes der Erwerbs= und Wirthschaftsgenossenschaften, 1882 von ihm begründet, erster Vorsitzender der von ihm 1893 begründeten freien Vereinigung Deutscher Kreditgenossenschaften, Herausgeber und Redakteur des von ihm 1889 begründeten Monatsblattes „Der Credit=Verein, Organ für die Creditgenossenschaften Deutschlands" — früher Organ des Niedersächsischen Verbandes, jetzt der freien Vereinigung, besoldeter Direktor der von ihm 1893 begründeten Zentral=Genossenschaftskasse, e. G. m. beschr. H. zu Hannover.

Hermann Schulze, seit 1878 Ritter zweiter Abtheilung des Großherzoglich Sachsen=Weimar=Eisenachschen Hausordens zur Wachsamkeit oder vom weißen Falken, seit langen Jahren durch das Vertrauen seiner Mitbürger zum Senator der Stadt Gifhorn gewählt, ist Direktor des Vorschuß= und Sparvereins zu Gifhorn, e. G. jetzt m. beschr. H., seit 1883 Mitbegründer und stellvertretender Vorsitzender des Niedersächsischen Verbandes der Erwerbs= und Wirtschaftsgenossenschaften, seit einer Reihe von Jahren Präsident des Zentralvorstandes kaufmännischer Vereine und Verbände Deutschlands,***) seit 1893 Mitbegründer und stellvertretender Vorsitzender der freien Vereinigung Deutscher Kreditgenossenschaften, seit 1893 Aufsichtsrathsmitglied (Vorsitzender?) der von ihm mitbegründeten Zentral=Genossenschaftskasse e. G. m. b. H. zu Hannover.

Großes, wahrlich, haben die Herren erreicht — äußere bedeutende Erfolge auch im Genossenschaftswesen. Humbug ist es aber, wenn Dr. Glackemeyer

---

*) Hessisch=Oldendorf ist keine „Großstadt", es hatte 1870 1361, 1890 1688 Einwohner, hat niemals zu Niedersachsen gehört, und ist eine der Städte, die auch heute noch keinen Vorschußverein besitzen.

**) Gifhorn ist keine „Großstadt", es hatte 1870 2804, 1890 3108 Einwohner.

***) S. 43 ist gesagt, Schulze=Gifhorn sei, soweit bekannt geworden, niemals Kolonialwaarenhändler gewesen, noch habe er sonst einen Kleinhandel mit anderen als Druckerzeugnissen betrieben. Letzteres scheint nicht richtig zu sein. Es ist mir mitgetheilt, Schulze=Gifhorn besitze auch eine große Torffabrik, betreibe daher einen schwunghaften Handel mit Torf.

in seinen Anfangs des Jahres erschienenen „Mittheilungen“ den Mitgliedern seiner Kreditbank u. A. verkündet:

„Der Niedersächsische Verband greift kräftig und mit Erfolg in die Gestaltung des Genossenschaftswesens ein, so daß er heute an der Spitze der Kreditgenossenschaften Deutschlands marschirt.“

Bei dergleichen Prahlereien gewinnt es den Anschein, als ob die beiden Herren Senatoren Hannoverscher Städte, von Geburt der eine Schaumburger Hesse, der andere Rhöner Franke, beide nicht Hannoveraner und nicht Niedersachsen, wenngleich sie sich gern als Ur-Hannoveraner und Ur-Niedersachsen geriren, in Ansehung des Genossenschaftswesens Hannover und das ganze Niedersachsen wie ein erobertes Land ansehen, dessen Bewohner den übermüthigen Siegern blinden Glauben und blinden Gehorsam schulden. In Wahrheit ist der Niedersächsische Verband, der als Unterverband des Allgemeinen Verbandes weniger als jeder andere Verband geleistet hat, seit seiner Lostrennung, trotz der stets einstimmigen Beschlüsse, in völliges Nichtsthun versunken, abgesehen vielleicht von den Revisionen, von deren Ausführung ich nichts weiß, aber nach den früheren Leistungen nichts günstiges erwarten kann.

Die großen äußeren Erfolge befriedigen die beiden Herrn noch nicht. Eins können sie mit all ihrem Agitationsgeschick nicht erreichen: Den **Geist „des Altmeisters“ Schulze-Delitzsch können sie sich nicht dienstbar machen und nicht bannen. Im Kampfe gegen seine Organisation und gegen seine Grundlehren müssen sie unterliegen** und zu derjenigen Bedeutung herabsinken, die ihnen zukommt, **denn die Wahrheit siegt!**

Druck von C. H. Schulze & Co. in Gräfenhainichen.

FSC
www.fsc.org
MIX
Papier | Fördert gute Waldnutzung
FSC® C083411

Kolibri 360 GmbH
Ferdinand-Jühlke-Straße 7
99095 Erfurt, Deutschland
produktsicherheit@kolibri360.de